Pedagogias do século XXI

C264p   Carbonell, Jaume.
        Pedagogias do século XXI : bases para a inovação
    educativa / Jaume Carbonell; tradução: Juliana
    dos Santos Padilha ; revisão técnica: Luciana Vellinho
    Corso. – 3. ed. – Porto Alegre : Penso, 2016.
        xxiv, 263 p. ; 23 cm.

        ISBN 978-85-8429-086-4

        1. Educação - Pedagogia. 2. Educação para a inovação.
    I. Título.

                                            CDU 37.022

Catalogação na publicação: Poliana Sanchez de Araujo – CRB 10/2094

Pedagogias do século XXI

BASES PARA A INOVAÇÃO EDUCATIVA

3ª EDIÇÃO

JAUME CARBONELL

Tradução
Juliana dos Santos Padilha

Revisão técnica
Luciana Vellinho Corso
Professora Adjunta da Faculdade de Educação da Universidade Federal do Rio Grande do Sul (UFRGS)
Mestre em Educação pela Flinders University - Austrália
Doutora em Educação pela UFRGS

2016

Obra originalmente publicada sob o título Pedagogías del siglo XXI. Alternativas para la innovación educativa.
ISBN 9788499216218
Copyright © 2013 Ediciones Octaedro, S.L., Barcelona, España. Todos los derechos reservados.

Gerente editorial: *Letícia Bispo de Lima*

Colaboraram nesta edição
Editora: *Priscila Zigunovas*
Assistente editorial: *Paola Araújo de Oliveira*
Preparação de originais: *Cristine Henderson Severo*
Leitura final: *Luiza Drissen Signorelli Germano*
Capa: *Márcio Monticelli*
Imagem da capa: *©shutterstock.com / Sanjatosi*
Editoração: *Kaéle Finalizando Ideias*

Reservados todos os direitos de publicação, em língua portuguesa, à
PENSO EDITORA LTDA., uma empresa do GRUPO A EDUCAÇÃO S.A.
Av. Jerônimo de Ornelas, 670 – Santana
90040-340 – Porto Alegre – RS
Fone: (51) 3027-7000 Fax: (51) 3027-7070

SÃO PAULO
Rua Doutor Cesário Mota Jr., 63 – Vila Buarque
01221-020 – São Paulo – SP
Fone: (11) 3221-9033

SAC 0800 703-3444 – www.grupoa.com.br

É proibida a duplicação ou reprodução deste volume, no todo ou em parte, sob quaisquer formas ou por quaisquer meios (eletrônico, mecânico, gravação, fotocópia, distribuição na Web e outros), sem permissão expressa da Editora.

IMPRESSO NO BRASIL
PRINTED IN BRAZIL

O autor

Jaume Carbonell é pedagogo, jornalista e sociólogo. Foi diretor da revista *Cuadernos de Pedagogía* (http://www.cuadernosdepedagogia.com) até sua aposentadoria, e é colaborador do periódico até hoje. É assessor do *El Diari de l'Educació* (http://diarieducacio.cat) e professor associado na Universitat de Vic. É autor de nove livros sobre educação e coautor de muitos outros.

Prólogo

Juana M. Sancho Gil
*Professora do Departamento de Didática e
Organização Educativa da Universidad de Barcelona*

Conhecendo a vida profissional de Jaume Carbonell, não parece surpreendente que queira encerrar esta etapa de sua intensa trajetória vital oferecendo-nos uma imagem do conjunto do que denominou As pedagogias do século XXI. Esta obra representa um marco que teve início com a criação, aproximadamente há 40 anos, junto a Fabricio Caivano, da revista *Cuadernos de Pedagogía*.* Foi um momento em que a Ley General de la Educación e o esperado final da ditadura espanhola foram aproveitados pelos diferentes movimentos de renovação pedagógica e por outras pessoas para propor e mostrar que formas alternativas de conceber e concretizar a educação eram possíveis. A revista, em que Jaume trabalhou desde jovem e da qual foi diretor durante os últimos 16 anos, até se aposentar, no final de 2012, foi testemunha e promotora de novas perspectivas para a educação.

Quando a reforma da Ley Orgánica General del Sistema Educativo (LOGSE)** promoveu, em sua etapa inicial, pela primeira e última vez na Espanha, a experimentação de formas de ensino centradas nos estudan-

---

* N. de R.: Revista mensal espanhola, surgida em 1975, que contempla a educação na forma de experiência, artigos de opinião, entrevistas, legislação, entre outros.
** N. de T.: Na Espanha, a Ley Orgánica General del Sistema Educativo (LOGSE), publicada em 1990, estabelece o famoso Projeto Curricular Básico, que supõe um programa de estudos básicos aberto. Assim, o poder público se encarrega somente da base curricular comum, sendo esta complementada pelo projeto pedagógico de cada instituição de ensino.

tes, na indagação e resolução de problemas, na liberação do jugo dos livros didáticos, entre outros, e se começou a falar de inovação mais do que de renovação pedagógica, ele também estava presente. Junto a Fernando Hernández, Antoni Tort, Emilia Sánchez-Cortés e Núria Simó, e com a ajuda do CIDE,* realizamos um estudo de três inovações na ação, que nos permitiu dimensionar as possibilidades e as dificuldades de colocar em prática princípios pedagógicos que questionassem as "normas da gramática da escola", assim denominadas por Tyack e Tobin (SANCHO et al., 1998).

No momento de escrever este texto, chega-nos um presente de uma colega inglesa. É um postal com uma fotografia, na cor sépia, do Instituto de Educação Froebel, de Londres, nos anos de 1900. A imagem nos mostra crianças em grupo falando, interagindo com diferentes objetos, trabalhando em uma horta... Depois a relaciono com as últimas imagens coloridas que tenho de diversas instituições de ensino: estudantes em filas diante do professor e do quadro, inclusive em uma escola de idiomas, com alunos com pouca idade. Podem-se ver computadores, projetores, etc., no entanto, os ambientes se parecem mais com os que vivenciei como estudante do que com os dessas fotos centenárias. Também vinculo tudo isso ao livro de Jaume, à configuração que ele nos apresenta das diversas pedagogias como formas de entender a educação, a qual situa no começo do século XXI. Essas três conexões me provocam tantos questionamentos, que me levariam a estender o que se supõe ser a introdução deste livro a uma publicação.

Compreendo que Jaume tenta situar as pedagogias alternativas que estão marcando o rumo da inovação educativa atualmente. Tendências ou iniciativas que, em geral, partem das ideias e dos projetos elaborados e postos em prática pelas pedagogias progressistas, pela Escola Nova e pelos movimentos de renovação pedagógica do século XX. A pergunta que aqui me parece relevante é: por que é tão difícil introduzir mudanças significativas na maneira de entender o que significa ensinar e aprender? Por que nos surpreenderia, e sem dúvida não aceitaríamos, que um médico continuasse a embasar sua prática nos saberes do final do século XIX e início do século XX, mas que, entre nós, às vezes ainda perdure e se arraigue – dadas as

---

* N. de T.: Centro de Pesquisa e Documentação Educativa do Ministério da Educação, Cultura e Esporte (MECD), da Espanha.

contrarreformas impostas em alguns países – a ideia de que ensinar é dizer, aprender é escutar, e o conhecimento é o que o livro didático apresenta e se repete nas provas (CUBAN, 1993)?

O trabalho de Jaume nos oferece valiosas pistas não sei se para dar resposta a esse problema, mas para explorá-lo, dimensioná-lo e compreendê-lo melhor. Porque somente assim estaremos em condições de enfrentá-lo sem ingenuidade e simplicidade. O que subjaz a cada uma das oito pedagogias consideradas neste livro, as oito formas de entender a educação, é uma concepção bastante diferente da que permeia a maioria das instituições educativas – inclusive algumas informais – sobre:

- Os sujeitos que ensinam e os que aprendem. Aos dois lhes reconhecem tanto a capacidade de ser como a de aprender; ambos são concebidos como pessoas com autoria e responsáveis por seus próprios processos, ações e omissões – não totalmente subordinados ao que os outros dizem ("o que obedece nunca se equivoca", isso nos diziam, quando eu era pequena).
- O conhecimento, que não é concebido como um conjunto de proposições declarativas e conceituais, das quais o aluno tem de se apropriar pela aquisição de determinados procedimentos (competências), mas como um diálogo permanente de aprendizes e professores, com seus próprios pensamentos socialmente construídos.
- A relação pedagógica, em que o docente deixa de ser o ator principal de um monólogo para ser um "diretor de obras ou cenas", em que cada estudante possa se desenvolver e dar o melhor de si.
- A avaliação, que não busca *medir* até que ponto o estudante sabe responder às perguntas da prova, senão regular a qualidade dos processos e resultados de aprendizagem alcançados e sua capacidade de transferi-los a diferentes situações, além de continuar aprendendo.

Teríamos de continuar os conceitos sobre as relações de poder, os materiais e recursos de ensino, o tempo e o espaço, a diminuição das barreiras entre o dentro e o fora da instituição, a relação entre os distintos componentes do sistema social, etc. Afinal, não estamos falando da *aplicação* de uma série de princípios, métodos ou materiais; estamos falando de uma concepção de mundo, de formas de entender a educação que colocam os sujeitos no centro do processo e tentam não reproduzir, desde o início, o *ideal* da *República* de Platão, uma sociedade composta por pessoas de ouro, de prata e de bronze.

Nesse sentido, o trabalho de Jaume nos oferece muitos e interessantes temas de estudo e reflexão; sobretudo, ao estar ancorado no presente e fundamentado em ideias precedentes, ajuda a entender o que vivemos, porque, como argumenta Søren Kierkegaard, "a vida apenas pode ser compreendida olhando-se para trás". Isso também nos prepara para a difícil e estimulante missão de inventar, construir, sonhar o presente/futuro. Porém, como termina a frase do filósofo dinamarquês, "unicamente pode ser vivida olhando-se para adiante". Um *adiante* que continua gerando ideias, propostas, olhares, ações, etc., que merecem que continuemos prestando atenção. Como as referências a seguir:

CUBAN, L. *How teachers taught*: constancy and change in American classrooms, 1890-1990. New York: Teachers College Press, 1993.

SANCHO, J. M. et al. *Aprendiendo de las innovaciones en los centros*. Barcelona: Octaedro, 1998.

SANCHO GIL, J. M. Grupo de investigación ESBRINA. *Subjetividades, visualidades y entornos educativos contemporáneos (2014SGR 632)*. Disponível em: <http://esbrina.eu>. Acesso em: 01 mar. 2016.

REUNI+D. Red Universitaria de Investigación e Innovación Educativa. MINECO. EDU2010-12194. Disponível em: <http://reunid.eu>. Acesso em: 01 mar. 2016.

INDAGA-T. Grupo de Innovación Docente para favorecer la Indagación de la Universidad de Barcelona (GIDCUB-13/087). Disponível em: <http://www.ub.edu/indagat>. Acesso em: 01 mar. 2016.

Apresentação

No ano 2000, sendo diretor do *Cuardenos de Pedagogía*, foi publicado *Pedagogías del siglo XX*, no qual se condensava a memória pedagógica de um século por meio da obra de 11 autores, cujas ideias haviam influenciado o pensamento e a prática dos professores mais inovadores, tanto na Espanha quanto na Europa e na América Latina: Montessori, Ferrer i Guàrdia, Dewey, Giner de los Ríos, Freinet, Neill, Makarenko, Piaget, Milani, Freire e Stenhouse. Onze maneiras diferentes de entender a melhoria, a mudança e a transformação da escola. Onze histórias pessoais comprometidas com pequenas ou grandes utopias. Onze modos de pensar, construir e viver a escola com mais plenitude, criatividade e justiça. De alguma maneira, esses foram, junto a outros, os "inventores" ou "descobridores" da educação contemporânea. Sua projeção e reconhecimento universal, a vigência de seus textos e de suas propostas e as marcas inesquecíveis que deixaram nas mentes e nos corações de inúmeros educadores já lhes valeram o merecido reconhecimento de clássicos.

Entretanto, não vamos nos aprofundar aqui – e muito menos no livro que apresentamos – no grau de influência e validade que essas pedagogias continuam tendo hoje, com suas correspondentes releituras, adaptações e aplicações nos diversos e complexos contextos educativos atuais. Porque a pergunta básica que me incitou a escrever este livro não é o que resta de tudo aquilo, mas o que há de novo; quais são os novos discursos e práticas pedagógicas que estão emergindo e iluminando este novo século e partir de onde se constroem. Uma tranquila indagação resultante de minha experiência profissional como jornalista e viajante educativo, com visitas a diversas instituições de ensino e participações em congressos e encontros profissionais, e que me proporcionou uma das ideias para selecionar as pedagogias do século XXI: agora, as referências, como no século anterior, já não são fundamentalmente os autores antes citados, mas as redes educativas que geram cumplicidades e compromissos. É evidente que, por trás dessas redes, há nomes, mas as marcas de identidade se associam a uma pedagogia, e o protagonismo mítico de uma pessoa se compartilha com outras e se dilui no coletivo. Assim, por exemplo, adquirem relevância as pedagogias sistêmicas, críticas, lentas, inclusivas, não diretivas ou que se relacionam com as inteligências múltiplas ou com os projetos de trabalho. Todas e cada uma delas dispõem de redes de intercâmbio e colaboração, de espaços de encontro e de um bom punhado de publicações e materiais.

Pode-se falar de características ou atributos comuns? Depende da lupa com a qual se olha: se a aproximação é muito genérica e se realiza com o propósito de destacar as coincidências, convergências e complementariedades ou, ao contrário, se se quer captar os detalhes e matizes, e o foco se põe sobretudo nas singularidades e nas diferenças. Em qualquer caso, como indica o subtítulo, trata-se de "bases para a inovação educativa", em que se percebe uma mesma música de fundo – a insatisfação com a instituição escolar tradicional e convencional e com os valores e conteúdos dominantes, e a busca de novos horizontes e de novos modos de ensinar e aprender –, mas com letras que sublinhem ou enfatizem determinados tópicos ou dimensões educativas. Em certos casos, pode ser a inclusão escolar para a conquista equilibrada e bem-sucedida da igualdade/diversidade ou a criação de recursos, cenários e oportunidades de aprendizagem para ativar cotidianamente a inteligência, estreitando os laços indissociáveis entre razão e emoção. Em outros casos, pode ser a aposta decidida pelo conhecimento integrado e pela transdisciplinaridade, em que as perguntas, os questionamentos e as hipóteses desestabilizam a organização curricular por matérias, ou pode ser o cuidado e carinho requeridos para favorecer relações mais fluidas e próximas entre os diversos atores da comunidade escolar que contribuam para a melhoria do bem-estar individual e coletivo. Contudo, todas essas alternativas se ocupam e se preocupam em melhorar as relações educativas e conseguir um ambiente escolar mais amável; em fomentar uma maior cooperação, participação e democratização da gestão escolar diária;

em estimular o protagonismo dos alunos e sua curiosidade pelo conhecimento; em transformar a sala de aula em um espaço de pesquisa e diálogo; em aproximar a escola da realidade e vice-versa, para que tudo aquilo que se ensine e aprenda na escola seja estimulante e faça sentido para a formação de uma futura cidadania mais livre, responsável, criativa e crítica, a fim de que se ative o desenvolvimento do pensamento e do conjunto de sentimentos e, finalmente, para que a escola seja mais educativa.

Essas pedagogias alternativas nutrem-se progressivamente – como já acontecia no século passado – de outros campos do saber: é a maneira de ampliar uma perspectiva educativa excessivamente recorrente e fechada em si mesma. Também é destacável que, em muitos casos, não se circunscrevem unicamente à escola, porque cada dia ganham terreno a aprendizagem e a formação fora dela. As evidências e experiências que as fundamentam são numerosas. Trata-se, sem dúvida, de uma das mudanças mais emblemáticas desta nova época: por isso lhe dedicamos o primeiro e mais extenso capítulo desta obra.

Fala-se de "pedagogias do século XX", e não *das* pedagogias: uma precisão que não é insignificante, pelo fato de serem assim consideradas todas as que estão nesse grupo, mas de nele não estarem todas as que são. Os critérios de seleção – como costuma ocorrer com frequência – respondem a uma complexa mistura de objetividade e subjetividade. Isso sim, como indicado no início desta obra, foi suprimido dos grandes relatos pedagógicos do século XX – embora algumas referências e suas marcas sejam perceptíveis – e daqueles outros considerados menores ou que, por diversas circunstâncias, ainda não tenham cristalizado em um discurso pedagógico suficientemente estruturado e com uma certa influência entre os professores e as escolas da Espanha. Nesse sentido, não figura um capítulo específico dedicado ao "construtivismo", uma das expressões que alcançou seu máximo auge durante a aplicação da LOGSE (a reforma educacional socialista mais emblemática), apesar de suas marcas estarem presentes implícita ou explicitamente em várias perspectivas pedagógicas. Muito menos existe um capítulo específico sobre a neurociência e a educação, que, certamente, será um dos temas principais das publicações pedagógicas dos próximos anos.

Há escolas que se identificam em seu projeto educativo, – e inclusive esta é sua razão de ser – com uma pedagogia específica. É o caso, por exemplo, das escolas livres ou não diretivas ou das escolas Waldorf, estas últimas mencionadas em dois capítulos deste livro. Em outras escolas, no entanto, o nível de identificação é menor, e os seguidores de tal ou qual proposta pedagógica se circunscrevem a uma parte do corpo docente ou a alguns professores individuais. E talvez o que seja mais comum sejam as escolas que não se encaixam e não se identificam com nenhuma etiqueta pedagógica e que tomam, de maneira mais ou menos integrada, diversos elementos das propostas pedagógicas incluídas nesta obra. Sim, porque o professor inovador pesquisa e experimenta continuamente, guiando-se por uma perspectiva bastante pragmática.

Como se elaborou este livro? A ideia inicial me ocorreu no momento de me aposentar e, à medida que os meses iam passando, ia ganhando mais força. Começaram as notas dispersas, as hipóteses e alguns esquemas classificatórios que iam se modificando continuamente. Em 2014, com um plano já mais sistematizado, começaram as consultas, leituras, releituras, navegações pela internet, conversas com especialistas ou conhecedores das distintas pedagogias e visitas a umas quantas escolas. Recorri, com muita frequência, aos textos da revista *Cuardenos de Pedagogía*, porque fazem parte de minha memória e de meu processo formativo desde seu primeiro número (janeiro de 1975) até minha aposentadoria (novembro de 2012). Além disso, porque, de certo modo, como escreve Juana M. Sancho Gil no Prólogo deste livro, este começou a ser gerado desde que entrei na redação de *Cuardernos*.

A estrutura interna de cada capítulo – que corresponde a uma pedagogia – é sempre a mesma e consta de cinco partes. Na primeira, inclui-se um ou vários breves relatos vivenciais expressamente recomendados ou retirados de outras publicações. Na segunda, são indicados, de modo bastante sintético, alguns dos antecedentes e referências mais emblemáticos, com o objetivo de mostrar que todo paradigma educativo tem sua própria genealogia e nunca parte do zero. A terceira parte constitui o núcleo central mais desenvolvido, em que se representam as marcas comuns de identidade de cada tendência pedagógica com os pertinentes matizes diferenciais, seguindo sempre um registro descritivo e dando ênfase tanto às bases teóricas que as sustentam como à sua intervenção educativa e ao seu processo de ensino e aprendizagem. Na quarta parte, apresenta-se uma amostra representativa de experiências explicadas com quatro pinceladas.

Primou-se pela diversidade, dando espaço não só a práticas de longa data e muito reconhecidas, mas também a iniciativas muito simples e modestas. Inclusive é possível que alguma dessas experiências, em razão dos vaivéns e das dificuldades educativas, já não existam quando você ler este livro, mas seu valor seguirá sendo válido, porque constituem uma fiel expressão da pedagogia tratada. Cada capítulo contém suas referências. A quinta parte, chamada de "Conclusão: questões para o debate", pouco comum nos ensaios pedagógicos, tem a função de submeter à crítica e ao questionamento as oito pedagogias do livro, com o propósito de promover o debate entre estudantes, docentes ou profissionais e cidadãos interessados pela educação, longe de reducionismos ou apriorismos maniqueístas. Portanto, é um convite à leitura pessoal e crítica de cada um.

Gostaria de agradecer, por último, a todas as escolas que abriram as portas para mim e às diversas pessoas que me ajudaram com algum tipo de informação. E, de modo especial, agradeço àquelas que leram previamente toda ou alguma parte desta obra, proporcionando-me sugestões para enriquecê-la.

Uma última consideração. Este livro oscila entre o ensaio e o manual não convencional para estudantes nos diversos campos educativos. Será o público leitor que determinará seu valor e sua utilidade. Contudo, de qualquer forma, descobrirá que aqui não se fala unicamente de como poderiam ser as escolas onde se aplicam essas pedagogias, mas de como realmente são. Em outras palavras, algumas utopias já estão sendo aplicadas hoje em algumas instituições escolares e em outros espaços educativos. E, embora essas inovações necessitem sempre ser renovadas, enriquecidas e consolidadas, servem de guia para muitos educadores que pensam e lutam, a cada dia, para transformar em sonho o desejo de uma educação inovadora, socialmente igualitária, culturalmente poderosa e totalmente livre. Enfim, a EDUCAÇÃO com maiúsculas.

Jaume Carbonell

Sumário

1 As pedagogias não institucionais: aprendizagem e educação fora da escola 1

Antecedentes e referências.. 3
    Da natureza para a cidade... 4
    Da desescolarização às tramas da aprendizagem................... 7

Marcas comuns de identidade 9
    Da difusão vertical à comunicação horizontal........................ 9
    As novas conexões entre as pessoas e os artefatos 11
    O conectivismo: uma nova teoria da aprendizagem............. 12
    O conhecimento do meio urbano, ou a cidade como currículo 13
    Outra cidade, e com mais ofertas educativas......................... 15
    A educação expandida: entre o não formal e o informal 16
    O contrato intergeracional... 17

Experiências.. 18
    A cidade educativa ou educadora... 18
    A deriva urbana 19
    A aprendizagem-serviço... 21
    A cidade das crianças 22
    As ofertas de educação não formal para a infância.............. 23

O banco comum de conhecimentos (BCC) e o intercâmbio
de saberes e habilidades.. 24
Centros sociais e culturais institucionais.. 26
Centros sociais e culturais autogerenciados.. 27
Universidades alternativas... 28
Universidad de la Tierra: a rede de formação agroecológica
no Estado espanhol.. 30
A expansão do conhecimento aberto: os MOOCs................................ 31
Wikipédia.. 32
O movimento dos indignados do 15M... 33

Conclusão: questões para o debate 35

Referências.. 41

Leituras sugeridas... 42

2 As pedagogias críticas 45

Antecedentes e referências... 46
Paulo Freire ou o despertar das consciências críticas........................... 47
Habermas ou a ação comunicativa... 49

Marcas comuns de identidade.. 51
Da crítica à transformação.. 55
Contra a neutralidade, o pensamento único e a fragmentação
curricular... 56
Multiculturalismo e feminismo: entre a diversidade e a igualdade 57
O diálogo e a cultura cruzam os muros da sala de aula........................ 58
O professor como transformador intelectual....................................... 59

Experiências... 60
Fedicaria: didática crítica... 60
Hegoa: cooperação, desenvolvimento e emancipação 61

Coletivo Escola Aberta	61
Tertúlias dialógicas	62
A educação no Movimento dos Trabalhadores Rurais Sem Terra do Brasil (MST)	63
A Universidade Transumante	64
Os orçamentos participativos como processo educativo	65
Conclusão: questões para o debate	66
Referências	72
Leituras sugeridas	73

3 As pedagogias livres não diretivas: alternativas para a escolarização comum 75

Antecedentes e referências	77
Summerhill: um mito que segue	77
Rousseau e Tolstoi	80
Marcas comuns de identidade	80
Desencanto ante o poder e a mudança política	82
Educação em liberdade	82
Escolha do que se quer aprender	83
Educação multidimensional: além da razão	83
Ambientes diversificados, ricos em materiais e cheios de oportunidades	83
Autogoverno	84
Os professores como mediadores	84
Agrupamentos entre níveis e flexíveis de ensino	85
Escolas pequenas	85
Economia precária e falta de reconhecimento	86
Experiências	86

      Rede Internacional de Educação Democrática... 86

      Rede de Educação Livre (Xarxa d'Educació Lliure, da Catalunha)......... 88

      Associação pela Livre Educação.. 89

      Três experiências muito singulares... 90

Conclusão: questões para o debate 94

Referências... 98

Leituras sugeridas.. 98

4 As pedagogias da inclusão e da cooperação 101

Antecedentes e referências.. 102

      Quatro discursos, quatro modelos.. 102

      As contribuições das pedagogias inovadoras do século XX................... 103

Marcas comuns de identidade 106

      Uma forma de vida.. 106

      Outra concepção educativa para transformar a escola........................... 108

      Da diversidade excludente à diferença inclusiva...................................... 110

      Grupos cooperativos e interativos 112

Experiências... 114

      Programa Cooperar para Aprender/Aprender a Cooperar (CA/AC).. 114

      Comunidades de aprendizagem 116

      Projeto INCLUD-ED (Strategies for Inclusion and Social Cohesion in Europe from Education)... 117

      O Projeto Roma.. 118

      A escola Folch i Torres: um estudo de caso 118

Conclusão: questões para o debate 119

Referências... 125

Leituras Sugeridas... 126

5 A pedagogia lenta, serena e sustentável 127

Antecedentes e referências 129
    A constante tensão entre *cronos* e *kairós* 129
    A contribuição da Escola Nova 130
    Slow, sustentabilidade e decrescimento 131

Marcas comuns de identidade 133
    Tempo sequestrado, tempo liberado 133
    Slow School 136
    O tempo e o controle dos governos em relação à educação:
    horários e avaliações 140

Experiências 143
    Tempo para pensar, fazer e compartilhar 143
    O tempo dos professores 145
    Alimentação saudável na escola 146
    Amayuelas: povo ecológico 147
    Slow people: tempo e solidariedade 148

Conclusão: questões para o debate 149

Referências 154

Leituras sugeridas 155

6 A pedagogia sistêmica 157

Antecedentes e referências 158
    Aromas e ressonâncias na educação contemporânea 158
    As contribuições da ciência e de outras referências atuais ... 161
    O eixo alemão-mexicano-catalão-espanhol 166

Marcas comuns de identidade 167
    Um novo olhar para compreender o que ocorre dentro
    da sala de aula e com as famílias 167

       Multidimensionalidade e inteligência transgeracional 168
       As ordens do amor 169
       A família em primeiro plano 170
       A escola como espaço total de comunicação 172
       A equipe docente: "como nos olhamos e como nos falamos" 173

Experiências 174
       A rede de pedagogia sistêmica 174
       Mães e pais: uma malha de olhares, relações e acompanhamentos 175
       Um caso de déficit de atenção: "Meu filho é minhas mãos
       e meus pés" 176
       A tabela periódica: cada aluno se identifica com um elemento 178
       Gestão compartilhada, liderança distribuída 179

Conclusão: questões para o debate 180

Referências 185

7 As pedagogias do conhecimento integrado: os projetos de trabalho 187

Antecedentes e referências 189
       A fragmentação do saber e o domínio disciplinar 189
       O longo e complexo caminho da interdisciplinaridade
       e do conhecimento integrado-globalizado 192
       De que falamos quando falamos de projetos de trabalho?
       Da interdisciplinaridade à transdisciplinaridade 198

Marcas comuns de identidade 200
       Uma nova visão da escola 200
       Conversação cultural 202
       Compartilhar perguntas, questionamentos e hipóteses 203
       Questionamento sobre os problemas reais 204
       Aprendizagem situada 205

Inclusão e pluralidade de vozes 206
A aprendizagem relacional: uma viagem da informação
   ao conhecimento 207
A narrativa como construção da identidade 208
Sem desejo e paixão não há projeto 209
O lugar dos professores como criadores de circunstâncias 209

Experiências 210
   Velázquez tem dois "z" 210
   De mãos dadas com os Voadores Misteriosos 212
   Relações entre saberes 213
   Como vamos ser iguais? 214
   É real a realidade? 216

Conclusão: questões para o debate 218

Referências 224

Leituras sugeridas 225

8 As pedagogias das diversas inteligências 227

Antecedentes e referências 230
   A hegemonia da razão 230
   Entre visões reducionistas e integrais 231
   As inteligências múltiplas de Gardner 234
   Novos movimentos que ampliam o conceito de inteligência 235

Marcas de identidade 238
   A inteligência é multidimensional e se constrói sendo utilizada 238
   As inteligências se relacionam com as diversas áreas
      do currículo 239
   A inteligência emocional facilita o acesso a todo tipo
      de conhecimento 241

A inteligência social melhora a convivência e aprofunda
a democracia.. 243

As dimensões estratégica, intuitiva e prático-executiva transformam
o pensamento em ação... 244

A inteligência ética dá sentido e credibilidade
às outras inteligências.. 246

Experiências.. 249

Escolas infantis de Reggio Emilia.. 249

Inteligências múltiplas no Colégio Montserrat..................................... 250

Escolas Waldorf Micael: o caminho do corpo e da arte....................... 251

Filosofia para crianças.. 252

Conclusão: questões para o debate... 254

Referências.. 259

Leituras sugeridas.. 260

Epílogo 261

1

As pedagogias não institucionais: aprendizagem e educação fora da escola

Passeio por Sevilha

Tarde ensolarada no final de fevereiro. Caminho à deriva pelas estreitas ruas do bairro La Macarena. Entro na igreja homônima e contemplo por um bom tempo a beleza desta virgem, tão elegante, envolvida em seu manto vermelho e em seu banho de prata. Diante da porta de um hotel, uma mulher faz soar uma trombeta, enquanto grita desesperadamente: "Não está certo; que paguem o que me devem". São os gritos da solidão e da impotência. Um transeunte se detém e aplaude sua atitude. Depois de passar por diversas escolas de flamenco, cruzo as muralhas árabes e, na grande esplanada, meu olhar repousa em um antigo quiosque onde se vendem churros com chocolate.

Minha andança desemboca em La Alameda, o jardim mais antigo da cidade, um pulmão muito popular dentro do seu centro histórico, em outro tempo inundado pela proximidade do rio Guadalquivir e meio abandonado – hoje convertido em um dos ícones do encontro, da festa e da cultura organizada ou espontânea dos sevilhanos. Aqui se misturam todas as gerações: aposentados tomando sol, famílias inteiras com a merenda, grupos de adolescentes fazendo os deveres, jovens bebendo cerveja e conversando, sempre presos a seus telefones celulares, crianças confinadas no parque infantil ou correndo livremente. Algumas estátuas inconfundíveis e um punhado de bonitas árvores dão vida a uma vida e a uma conversa que inunda todos os lugares de La Alameda. No bar La República e em muitos outros. Na livraria Extravagante, com um espaço reservado para a leitura infantil. No Centro Cívico Las Sirenas. Em certos bares onde soa uma música...

Na manhã seguinte continuo o passeio, mas desta vez com um itinerário mais programado. No bairro San Lorenzo, salpicado por bonitos edifícios e praças e uma e outra igreja com sua pertinente Irmandade, é inevitável uma visita à capela onde se guarda "El Jesús del Gran Poder", uma metáfora contundente do sofrimento e uma das imagens mais veneradas da cidade. Após caminhar um bom tempo, alcanço a praça Encarnación, onde se levanta um dos projetos arquitetônicos modernos mais singulares da cidade: Metropol Parasol, em cujo subsolo há um museu sobre o passado romano e histórico da cidade. No piso inferior, há um mercado reformado e, no alto, construíram terraços panorâmicos – as chamadas "setas de Encarnación" – nas quais se aprecia a brancura da cidade, matizada pelos tons avermelhados e amarelados e pelo ocre das construções religiosas.

Sigo pelo centro urbano, e a retina se detém em um grande cartaz fixado em uma das agências bancárias de Cajasol: "Caixa, solução já". Ao lado acampa um grupo de membros da PAH (Plataforma de Afetados pela Hipoteca), que denuncia o escasso interesse do governo por sua causa. Recupero as forças em La Campana, um estabelecimento que mantém a beleza de antigamente, antes de me dirigir para o Museu de Belas Artes, onde se concentram as joias do barroco sevilhano, com as virgens de Murillo e os frades de Zurbarán.

Depois de um passeio pelas tabernas do bairro Triana – onde me entretenho lendo a placa que dá fé de que ali, naquela casa, aconteceram alguns episódios de El Lazarillo de Tormes, de Cervantes –, a penúltima etapa se dá nas margens do Guadalquivir, esse rio parcialmente navegável, que a Exposição Universal de 1929* e, sobretudo, a Expo de 1992 aproximaram da cidade para o deleite de seus habitantes. A essa hora, convivem ali remadores, ciclistas, corredores, pessoas que passeiam e alguns casais e grupos de jovens que acariciam um sol de fim de tarde.

A janta acontece em um antigo armazém, Antigua Abacería de San Lorenzo, com meus amigos Nico, Rafa e Soraya, um local hospitaleiro, que durante o dia também é padaria e onde nos servem o "prato do avô justo": croquetes árabes e um vinho que desce muito bem, chamado "as tetas da sacristã". Estende-se um debate sobre o assistencialismo, a função das irmandades, a política atual, a escola pública, as habituais piadas e algumas dicas cinéfilas e literárias.

O passeio noturno tem que terminar inevitavelmente em uma taverna. Escolhemos El Corral de Esquivel, um dos pontos de encontro com os amigos de Rafa. Ele mesmo conta, enquanto cuidamos da última taça, a lendária história

---

* N. de T.: A Exposição Internacional de 1929 de Barcelona ocorreu de 20 de maio de 1929 a 15 de janeiro de 1930. Sevilha abrigou os países latino-americanos, além de Portugal e Estados Unidos. O evento gerou um grande desenvolvimento urbanístico nessas cidades.

do roqueiro Silvio, um dos mitos sevilhanos, que morreu alcoolizado. Muitos dos bares da zona têm uma foto dele – como se fosse um santo –, que mostra uma taça cheia de conhaque. Depois de se casar com uma moça da nobreza inglesa, de se separar e ter um filho que não chegou a conhecer e depois de muitas atribulações, o cara começou a juntar as peças com as poucas informações que sua mãe lhe havia dado, veio a Sevilha e descobriu quem era seu pai. E se fala de como Silvio começou a conhecer os amigos e os músicos de seu pai, de como, sem saber espanhol, aprendeu as canções de seu pai e as cantava com seu grupo de rock; de como hoje é um novo mito (o filho de Silvio), que periodicamente vem com sua banda ao local chamado A Caixa Negra, em La Alameda, de como as pessoas vão escutá-lo, porque canta e bebe igual a seu pai e parece a reencarnação viva daquele mito que morreu alcoolizado.

Jaume Carbonell, *março de 2014*

ANTECEDENTES E REFERÊNCIAS

McLuhan já previu, em meados do século XX, o que hoje é uma realidade exponencialmente aumentada, devido ao enorme impacto das tecnologias da informação e comunicação, mais utilizadas pela infância e juventude nas ruas e nos lares do que nas salas de aula:

> Hoje em nossas cidades, a maior parte do ensino acontece fora da escola. A quantidade de informação comunicada pelos jornais, revistas, filmes, canais de televisão e rádios excedem em grande medida a quantidade de informação comunicada pela instrução e por textos na escola. Este desafio destruiu o monopólio do livro como ajuda para o ensino e derrubou os próprios muros das escolas de um modo tão repentino, que estamos confusos, desconcertados. (McLUHAN, 1986).

A educação informal, e a não formal – a do menino que brinca na rua e em outros lugares e a do filho que cresce em uma família –, sempre foram tanto ou mais influentes que a educação formal escolar no processo de socialização. No transcurso das últimas décadas, a oferta de educação extraescolar contemporânea foi se diversificando e generalizando como complemento ou substituição de algumas funções que a escola não cumpre, ou as cumpre de maneira insuficiente ou deficiente, com o objetivo de atender a novas necessidades e a coletivos historicamente excluídos no âmbito do trabalho, do lazer, da cultura e da própria infância e juventude, mediante uma ampla oferta de atividades extracurriculares organizadas por associações de pais, empresas, ONGs, entidades culturais e instituições oficiais que se desenvolvem na escola ou fora dela.

John Dewey sustenta que a educação assistemática e extraescolar, que a criança adquire na família, na rua ou em outras instâncias socializadoras do contexto mais imediato, é mais vital, profunda e real; e que a educação formal, ou escolar, é mais abstrata e superficial, menos influente, mas também mais ampla, completa e sólida. Além disso, o desafio consiste em articular adequadamente as qualidades positivas de ambas modalidades educativas, integrando a aprendizagem formal às vivências cotidianas do meio.

Além disso, cabe destacar que historicamente diversas experiências pedagógicas inovadoras foram assentadas na periferia da escola e muito se enriqueceram com as contribuições de outros campos do saber.

Da natureza para a cidade

Para Rousseau, a natureza é o meio e a essência da criança, o melhor educador que garante seu crescimento; em consequência, deve-se permitir que ela se deixe influenciar pelos benefícios de seu *habitat* natural, sem intervenção nem interferências das pessoas adultas e das instituições, que lhes impõem modelos artificiais que alteram sua ordem natural. A ingênua confiança na espontaneidade da criança e o culto mítico da natureza levam o pensador genebrino a desprezar qualquer contato infantil com a sociedade e a estruturar o processo educativo em torno do individualismo e da subjetividade da criança. A contribuição de Rousseau e sua aposta pelo paidocentrismo* supõe uma mudança de perspectiva, uma autêntica revolução copernicana, pois rompe com a concepção dominante tradicional do *trivium* e do *quadrivium*** na transmissão do saber.

---

* N. de T.: Concepção de educação em que tudo está a serviço do aprendiz.
** N. de R.T.: Disciplinas adotadas na Idade Média: *trivium* (gramática, retórica e dialética) e *quadrivium* (aritmética, geometria, música e astronomia).

O discurso de Rousseau, com diferentes matizes, está presente nas origens da Escola Nova. Assim, um dos 30 aspectos da escola ativa definidos por Adolphe Ferrière é que a escola esteja situada no campo, porque este constitui o meio natural da criança, embora se acrescente que seja interessante a sua proximidade da cidade, para o desenvolvimento da cultura intelectual e artística. Há propostas que preconizam um total isolamento dos alunos na natureza, a fim de protegê-los das influências "perigosas", "maléficas" e pouco saudáveis da cidade – como é o caso da escola *Iasnaia Poliana*,* de Tolstoi. Mais adiante, surgem, entre outras, as escolas *plein air*, na França, as *open air schools*, na Inglaterra, e as escolas municipais ao ar livre em Barcelona – que escolarizam a infância com problemas respiratórios. Se bem que a maioria combina as vantagens do meio natural com o conhecimento do meio urbano. Além disso, não faltam as experiências que tratam de reproduzir em seu interior a filosofia da cidade, como se fosse uma república ou comuna.

A relação da escola com a vida é uma das premissas de todos os projetos inovadores. Para Dewey, a escola não é um lugar de preparação para a vida, mas um espaço de vida, onde os alunos possam desenvolver suas experiências escolares adquiridas, reconstruindo-as continuamente e desenvolvendo outras novas. Freinet critica o divórcio entre a escola e a vida e, para superá-lo, transforma radicalmente a organização da sala de aula e dos modos de ensinar e aprender. Ademais, desde a Instituição Livre de Ensino (ILE),** insiste-se na tese de que a escola deve estar em meio à vida, e esta, por sua vez, entrar inteiramente na escola: "Não há nada depreciável na educação; a vida toda deve ser uma completa aprendizagem, e todo o mundo não apenas pode como deve ser professor" (CARBONELL, 1985). Para isso, a ILE organiza saídas de campo e viagens a diferentes Comunidades Autônomas da Espanha, para estudar aspectos arqueológicos, geográficos, agrícolas, botânicos ou industriais, ou realiza cursos completos de Arte em museus.

---

* N. de T.: No final dos anos de 1850, Tolstoi abre sua própria escola em sua propriedade Iasnaia Poliana, na qual ele mesmo dava aulas para os filhos de camponeses de uma forma liberal. A liberdade da criança deveria ser totalmente preservada, rejeitando-se interrogatórios e notas.

** N. de T.: Grupo criado em 1876 por catedráticos afastados da Universidade Central de Madrid, que defendiam a liberdade e eram contra adequar seus ensinos a dogmas religiosos, políticos ou morais. Foram inspirados pela filosofia de Karl Christian Friedrich Krause.

Também na Escola Moderna de Francisco Ferrer y Guardia, são frequentes as saídas à cidade, para se informar sobre distintos acontecimentos cívicos ou para conhecer o funcionamento e as condições de trabalho nas fábricas. Por detrás do estudo do meio mais imediato, aprecia-se uma metodologia que rompe com os esquemas baseados puramente na memorização da pedagogia tradicional, como expressa Martí Alpera (2008), diretor do Grupo Escolar Pere Vila (Barcelona), durante a II República:

> Não é uma geografia de nomes, de palavras e de cifras, mas de imagens, de visões objetivas, das percepções claras das relações do homem com o meio. Procuramos uma simplificação da doutrina, já que não se trata de ensinar muita doutrina, senão de ensiná-la bem. (MARTÍ ALPERA, 2008).

O último movimento de relação da escola com a cidade acontece no início dos anos de 1970, com a fórmula da cidade educativa ou educadora, retirada do renomado relatório da UNESCO, "Aprenda a ser: la educación del futuro", coordenado por Edgar Faure (1973). Abordaremos essa proposta mais adiante.

Não podemos deixar de mencionar o impulso que ocorreu na Espanha, sobretudo no primeiro terço do século XX, da extensão universitária, da educação popular, no seio das associações de operários, de sedes do Partido Socialista Operário Espanhol (PSOE) e de outras entidades e das missões pedagógicas, autênticas escolas ambulantes, pelas quais estudantes e outros voluntários levavam a música, o cinema, a arte, o teatro e os livros até as aldeias mais recônditas e abandonadas.

Por último, no campo da educação organizada ou do tempo livre, cabe destacar o trabalho desenvolvido pelas colônias escolares de férias desde o final do século XIX, em consonância com o projeto da Escola Nova e com as campanhas sanitárias que enfrentavam as doenças das crianças nas cidades, devido às suas penosas e insalubres condições de vida.

> A vida compartilhada por um grande número de crianças exerce sobre cada uma delas uma influência benéfica: mostram-se mais despertas, mais alegres, o que afeta satisfatoriamente a sua saúde. [...] As vantagens são notáveis para a educação do espírito e para a do corpo. (CARBONELL, 1985).

A outra iniciativa tem a ver com o Movimento Escoteiro ou *Scout*, fundado por Baden Powell, em princípios do século XX na Inglaterra, com grande aceitação em vários países, destinando-se à infância e à juventude. Trata-se de um movimento regeneracionista,* de orientação militar no começo e pacifista depois, que reivindicava a vida ao ar livre – o meio natural é o lugar pedagógico por excelência –, a épica da aventura, do companheirismo e do espírito de trabalho.

Da desescolarização às tramas da aprendizagem

Na década de 1970, em um movimento de florescimento das utopias sociais, a publicação de *La sociedad desescolarizada*, de Iván Illich (1974), e de *La escuela ha muerto*, de Everett Reimer (1973), agita o mundo da educação. Seu argumento radical contra a escola e, mais especificamente, contra sua obrigatoriedade e seu processo de institucionalização não se dirige contra um modelo escolar determinado, mas contra a essência e a própria função da escola, seja esta pública ou privada, ativa ou tradicional, grande ou pequena, elitista ou igualitária, fascista, democrática ou comunista.

> A escola é uma instituição construída sobre o axioma de que a aprendizagem é o resultado do ensino. E a sabedoria institucional continua aceitando esse axioma, apesar das provas angustiantes em sentido contrário. Todos aprendemos a maior parte do que sabemos fora da escola. Os alunos constituem a maior parte de sua aprendizagem sem seus professores e, com frequência, mesmo com estes. (ILLICH, 1974).

Para Illich, a escola perdeu sua legitimidade e credibilidade, porque está desconectada da realidade; porque confunde ensino com saber e competência com titulação; porque a instrução segmentada em materiais como "tijolos pré-fabricados" afoga o horizonte imaginativo; porque é incapaz de ensinar habilidades devido ao engessamento curricular; porque esconde um currículo oculto, para conseguir a doutrina e a domesticação de consumi-

---

* N. de T.: Movimento intelectual espanhol, surgido no final do século XIX, que refletia sobre as causas da decadência da Espanha e a perda de suas colônias de forma objetiva e documentada. Defendia a renovação da vida política espanhola. Seu principal representante foi Joaquín Costa.

dores dóceis e manipuláveis; porque não promove a aprendizagem individual nem diminui a desigualdade social; porque sua excessiva burocracia a torna ineficaz e porque supõe um desperdício econômico e um crescente custo impossível de ser assumido. Reimer insiste que a origem do "mal" está na institucionalização do saber: "O currículo por níveis é a pedra angular de todo o sistema, já que é o que determina a institucionalização da infância, do ensino e da frequência escolar" (ILLICH, 1973).

Essa análise contundente leva esses autores a uma solução igualmente radical: se a escola atual não serve, não há que se incomodar para mudá-la. Deve-se suprimi-la. Mas ambos não ficam na crítica, mas oferecem uma alternativa para este mundo sem escolas: as tramas, ou redes, de aprendizagem. A alternativa mais radical para a escola seria uma rede ou um serviço que desse a cada indivíduo a mesma oportunidade de compartilhar seus interesses atuais com outros, os quais seriam movidos pelas mesmas questões. A desescolarização significa tirar para fora das salas de aula a relação entre as pessoas, terminar com o monopólio do ensino nas mãos de professores que dispõem de uma titulação especial e fomentar o direito de cada um de compartilhar seus conhecimentos com outros.

Em *La sociedad desescolarizada*, Illich descreve quatro categorias de tramas:

> a. *Serviços de referência sobre objetos educativos*, que permitem o acesso a coisas ou processos usados para a aprendizagem formal e que se encontram em lugares muito diversos: bibliotecas, agências de aluguel, laboratórios, museus, fábricas, aeroportos...
>
>> Em uma cidade aberta ao povo, os materiais de ensino que agora são guardados em laboratórios ou lugares fechados poderiam ser disseminados em depósitos abertos na rua e administrados de maneira independente, de modo que os adultos e as crianças pudessem visitar sem perigo de serem atropelados. Ou as comunidades poderiam proporcionar bônus ou direitos limitados, conforme as idades, o que lhes daria acesso especial a certos materiais custosos e escassos, deixando por outro lado os materiais mais simples à disposição de todos.

b. *Mercado de habilidades*, em que as pessoas possam fazer uma lista com suas habilidades e endereços, bem como as condições para que possam servir de modelos a outras que queiram aprendê-las. Estes seriam centros de habilidades livres e abertos ao público, inclusive proporcionando uma moeda para a troca comercial de serviços.

c. *Serviço de busca de parceiros*, que seria concebido como uma rede de comunicações, possibilitando que as pessoas descubram a atividade de aprendizagem que desejam para si, com a esperança de encontrarem um parceiro para esta busca.

d. *Serviço de referência sobre educadores independentes*, que pode figurar em um catálogo que indique os endereços e as descrições profissionais, semiprofissionais e independentes, com as condições de acesso a seu serviço. "O fato de desescolarizar a educação deveria aumentar mais, e não afogar, a busca de indivíduos de sabedoria prática que estivessem dispostos a apoiar o recém-chegado em sua aventura educativa" (1974).

Mais adiante, veremos as razões por que essa alternativa gerou seguidores apaixonados e críticos radicais e como, apesar de que não se tem notícia da morte da escola, existem algumas alternativas a esta, como a escola em casa (*home schools*) e o grande desenvolvimento das tramas e redes de aprendizagem na sociedade da informação e do conhecimento.

MARCAS COMUNS DE IDENTIDADE

No século XXI, as pedagogias não institucionais enriquecem seu discurso teórico, sustentado por sólidas práticas educativas, sobre a crescente competição enfrentada pela escola nos lares, nas cidades e na sociedade em rede, com uma crescente e diversificada oferta de educação não formal e um maior impacto da educação informal, à medida que vai cristalizando um currículo alternativo, muito mais poderoso e atrativo que o do currículo escolar oficial.

Da difusão vertical à comunicação horizontal

A citação inicial de McLuhan neste capítulo aconteceu em um momento em que os meios de difusão comandavam a passagem da sociedade industrial para a sociedade da informação e do conhecimento. Neste momento, no entanto, a mudança mais nova e substancial é que a quantidade de informação, conhecimentos, dispositivos e oportunidades formativas se multiplicam fora da instituição escolar. E o que é ainda mais importante: tudo isso não se limita à difusão controlada e hierarquizada de outrora, mas se abrem e se democratizam o acesso à comunicação, o intercâmbio, a construção e a intervenção da informação e do conhecimento. Isso tudo provoca ainda mais o questionamento sobre o lugar da escola na transmissão do saber e no processo de ensino e aprendizagem. Essa mudança de paradigma é bastante sintetizada graficamente pelo sociólogo Manuel Castells (2006):

> O sistema de comunicação da sociedade industrial, centrado no *mass media** e caracterizado por uma distribuição unidirecional (um para muitos), está sendo substituído, na sociedade em rede, por uma estrutura *web* global e horizontal de comunicação, que inclui o intercâmbio multimodal de mensagens interativas de muitos para muitos, sincrônica e assincronicamente.

Neste novo contexto comunicativo, com a internet e a *Web* 2.0, como ícones mais emblemáticos, diluem-se as fronteiras entre ensino e aprendizagem, entre produção e consumo. Todos somos professores e aprendizes ao mesmo tempo, e se descanoniza o papel protagonista do especialista. Como diz Burke (2013), as pessoas comuns são liberadas do monopólio do conhecimento dos especialistas e passa a ser possível uma espécie de enfoque autodidático. Assim, enfatizam-se a função, o sentido, o lugar e a importância da sociedade-rede e da escola-rede, conectados como infraestruturas, experiências e artefatos de educação permanente.

Este novo cenário foi definido como um centro comercial educativo ou como uma escola de serviço total, já que está aberta 24 horas e conta com uma rede de informação que nunca dorme, com serviço de internet, bibliotecas, laboratórios, academias ou pátios à disposição de toda a comunidade.

Tudo isso significa que a escola tal como a concebemos até agora está em retrocesso? Mais adiante – na seção final de cada capítulo –, iremos nos referir a essa questão, mas o que está de fato sendo valorizado é a existência de novas modalidades mais flexíveis de atenção à primeira infância, seguindo a tendência dos países nórdicos e indo mais além da escola infan-

---

* N. de R.T.: Meios de comunicação de massa.

til. Na educação primária, a *homeschooling** está há muito tempo desenvolvida nos Estados Unidos, mas sua inserção na cultura da Espanha é ainda bastante lenta e minoritária. Na educação secundária é onde menos alternativas são vislumbradas com vistas a uma educação formal. Ao contrário, estão no auge as ofertas de aprendizagem não institucionais, em estudos mais avançados, como os cursos *on-line* abertos, como os *Massive Open On-line Courses* (MOOCs), alguns deles inclusive com certificação (*digital badgets*) (FERNÁNDEZ ENGUITA, 2012; BURKE, 2013; VÁZQUEZ CANO; LÓPEZ MENESES; SARASOLA, 2013).

As novas conexões entre as pessoas e os artefatos

Segundo Sacristán (2013),

> [...] a chegada da internet criou um mundo interconectado, onde as fontes de informação e de conhecimento estão sem hierarquia em boa medida, já que qualquer pessoa conectada pode incluir suas próprias informações no ciberespaço, quando e como queira, o que dá lugar a processos multiplicadores de um enorme potencial comunicativo. E cada computador tem a capacidade técnica de copiar e modificar as informações, com reproduções até agora desconhecidas para as indústrias culturais.

Essa estrutura horizontal e democrática, concretizada pela *Wikipédia*, pela blogosfera e pelo conjunto da internet, incrementa as possibilidades na hora de produzir e compartilhar conhecimento, facilitando múltiplas interconexões entre as pessoas devido à abundância de informação, à sua velocidade de difusão, à sua onipresença e às várias plataformas colaborativas que facilitam, entre outras coisas, a diversidade da arte de ler e escrever: mais formal ou coloquial, mais sintético ou extenso, mais simples ou complexo, mais padrão ou criativo. Contudo, embora essas múltiplas interconexões

---

* N. de R.T.: *Homeschooling*, do inglês "educação domiciliar". Forma de ensino que oferece aos pais a possibilidade de educar seus filhos em casa, sem a necessidade de matriculá-los em uma escola de ensino regular. No Brasil não há amparo legal para a educação domiciliar com base nos seguintes documentos: o artigo 6º da Lei de Diretrizes e Bases (LDB) que diz ser dever dos pais ou responsáveis efetuar a matrícula das crianças na educação básica, a partir dos 4 anos de idade; o artigo 129 do Estatuto da Criança e do Adolescente (ECA) que impõe aos pais ou responsáveis a obrigação de matricular seus filhos na rede regular de ensino; e o artigo 246 do Código Penal que classifica casos semelhantes como crime de abandono intelectual. Segundo a Associação Nacional de Educação Domiciliar (Aned), existe atualmente cerca de 2,5 mil famílias brasileiras que utilizam esta forma de ensino.

facilitem a oportunidade de se manter informado, nem sempre garantem a capacidade de se estar informado – e essa realidade não é insignificante –, algo que supõe uma atitude consciente e ativa por parte dos cidadãos.

No entanto, o ambiente digital não apenas facilita a conexão entre as pessoas, mas também entre diferentes artefatos culturais, entre tecnologias e linguagens. A cultura *remix*, por exemplo, permite adaptar, combinar e fusionar vários conhecimentos com o objetivo de compreender a realidade e produzir novos produtos criativos. Para Pedro Jiménez (2012), se somos capazes de *remixar* o conhecimento, é porque somos capazes de "dominá-lo". Para ele, o *remix* é uma forma de comunicação e uma nova forma de vida.

O conectivismo: uma nova teoria da aprendizagem

Para Dolors Reig, o conectivismo é uma teoria da aprendizagem superadora do behaviorismo e do construtivismo, que incorpora elementos das teorias dos sistemas, da complexidade, do caos, das redes e da neurobiologia. Essa teoria parte da suposição de que as organizações e as pessoas são organismos que aprendem e que as ferramentas que utilizamos na *web* definem e moldam nosso pensamento. Porque

> [...] já não nos serve o velho modelo, baseado na aceitação passiva dos conteúdos produzidos por meritocracias e indústrias da publicação fechadas ao mundo. Os novos modelos apostam na abertura, no fim dos espaços fechados dentro e fora da *web*. As redes sociais e de conteúdos distribuídos e centralizados em ambientes autoconstruídos são elementos essenciais deste futuro. [...] O aumento do interesse pela gestão do conhecimento em contextos dinâmicos e complexos mostra a necessidade de uma teoria que trate de explicar a relação entre a aprendizagem individual e a organizacional. (REIG, 2012).

Na prática, o conectivismo exige conhecimento e muita conversação, colaboração e participação social ativa, horizontalidade e dimensionalidade, aprendizagem autônoma e contínua, inteligência coletiva, ambientes não estruturados nem regulados e, finalmente, empoderamento e formação para a cidadania digital. (Veja também o desenvolvimento do conectivismo definido por George Siemens, o inventor dos MOOCs, na seção "Experiências".) Milhões de usuários passam a ser consumidores e produtores, de modo que exercem o chamado jornalismo cidadão.

Não obstante, como destacaremos mais adiante, esse empoderamento individual e coletivo gera sérias dúvidas e matizações em outros discursos, ao relativizar o valor crítico e a fidedignidade do conhecimento gerado na rede (BUCKINGHAM, 2013); ao mostrar o paradoxo de que a sociedade do conhecimento gera desinformação e ignorância (INNERARITY, 2011); ou ao indicar que, muitas vezes, o mito da ágora, como elemento de dinamismo e coesão social comunitária, é reduzido a uma mera presença de uma massa acrítica e manipulável (ZAFRA, 2013).

As aprendizagens são visíveis ou invisíveis e vêm formadas por um conjunto de microdiscursos que não acontecem contínua e inconscientemente em qualquer intervenção educativa e que transformam o corpo e a mente dos sujeitos envolvidos (ACASO, 2012). Essa mesma autora propõe como desafio a *rEDUvolution,* que parte, entre outras premissas, de que o que ensinamos não é o que os estudantes aprendem:

> A meta que persigo é sair da (des)aprendizagem para a aprendizagem e criar alternativas aos modelos hegemônicos de exercício da pedagogia, construindo dinâmicas que operem como microrrevoluções e debilitem o sistema, mediante a organização de cidadãos que gerem seu próprio corpo de conhecimentos. (ACASO, 2013).

O conhecimento do meio urbano, ou a cidade como currículo

Um dos eixos estratégicos de intervenção das pedagogias inovadoras foi o impulso do diálogo entre a escola e a comunidade, a fim de se construírem pontes permanentes entre o conhecimento que é produzido dentro e fora dessa instituição e de conseguir, com o tempo, a transferência e o uso da cultura escolar na vida cotidiana e a incorporação da experiência de vida e extraescolar à educação formal. Dentro dessa perspectiva, afloraram diversas aproximações sobre o conhecimento e a pesquisa sobre o ambiente urbano, porque a cultura se encontra no território. Para Frabboni (1980), o primeiro alfabeto é o lugar; para outros autores, a cidade em seu conjunto ou alguns de seus espaços mais emblemáticos no transcurso da história constituem os melhores livros didáticos: a praça, a catedral, a rua, o parque, o *shopping*, etc. (FRABBONI; GALLETTI; SAVORELLI, 1980; MARTÍNEZ BONAFÉ, 2014; CARBONELL, 2008).

Na verdade, a cidade é um livro aberto em que se condensam um passado e um presente forjados pelas transformações lentas ou rápidas, em todos os âmbitos da vida laboral, familiar e social, em que se mostram diversas formas de distribuir, ocupar, substituir e apropriar-se de um espaço ativa ou passivamente.

O objetivo das pedagogias inovadoras, escolares e não institucionais é o de educar o olhar, as inteligências múltiplas e as diversas linguagens comunicativas, para descobrir, explorar, perceber e sentir o que acontece na cidade de maneira explícita e oculta. O novo modelo urbano dominante é o das grandes superfícies comerciais, das novas ágoras, ou lugares de encontro, onde se vai conformando um estilo de vida uniforme, impessoal e globalizado, que significa o progressivo e definitivo desaparecimento do mundo artesanal. José Saramago tratou desse fenômeno literariamente em *A Caverna*, e Marc Augé, a partir de uma perspectiva sociológica, ao se referir tanto aos *shoppings* quanto às autoestradas, aos hotéis e caixas automáticos, os quais define como não lugares ou lugares anônimos. São "[...] espaços de anonimato, lugares monótonos e frios, aos quais não lhes corresponde nem identidade nem memória e que não têm nada a ver com contextos especiais, culturalmente identificados ou identificáveis" (AUGÉ, 1994). No entanto, dentro da cidade convivem diversas cidades e submundos, com níveis, formas de vida e expectativas muito diferentes, todos submetidos a tensões, contradições e mutações. Além disso, há fachadas e asfaltos, em que são penduradas memórias com uma forte carga simbólica.

Em toda cidade, misturam-se as ambivalências e dicotomias: os sonhos e as esperanças com as frustrações e abandonos; o espaço privado das relações mais íntimas e familiares com o espaço comunitário dos vizinhos e das associações; o ordinário com o extraordinário; a cidade que integra e a que marginaliza; o conformismo e a subordinação com o poder, a insubordinação e a contestação; a crescente especulação e privatização com a recuperação do espaço público; a solidão mais absoluta com os múltiplos encontros; o lazer e a cultura fechada com a festa e a cultura nas ruas; a competição, o autoritarismo, a desigualdade e a exclusão social com o diálogo, a solidariedade, o respeito, a participação democrática e a coesão social; as periferias urbanas abandonadas com os centros cuidados e reinventados para o turismo; o domínio institucional com a apropriação social; o previsível com o imprevisível; o espaço cheio de vida com aquele de mero trânsito; os cenários do prazer com os lugares da dor; as proibições e barreiras visíveis com aquelas escondidas ou invisíveis; as cidades inacabadas com as cidades ameaçadas.

A cidade é uma fusão de identidades culturais e sociais. Uma bifurcação de caminhos e histórias. Uma sinfonia de sons e linguagens (orais, escritos, corporais, imagéticos, simbólicos, de costumes, de geometrias, etc.) que se modificam no transcurso do dia e da noite.

A cidade, em síntese, constitui um livro aberto, uma espécie de Wikipédia, em que todo sujeito pode contribuir livremente, acessar, relacionar, contextualizar, reelaborar, compartilhar, sistematizar, sintetizar e se questionar continuamente em torno de um amplo e incalculável capital de conhecimentos.

Outra cidade, e com mais ofertas educativas

Este é o duplo desafio que enfrentam as pedagogias não institucionais: promover uma oferta de iniciativas culturais organizadas para todos os públicos, em um ambiente urbano, na medida do possível mais verde, ecológico e sustentável. Porque está comprovado que as cidades pensadas e adaptadas às pessoas menos favorecidas também são altamente saudáveis e proveitosas para as outras pessoas. No entanto, o crescimento urbano das últimas décadas tem ocorrido em uma direção oposta, com a consequente perda dos espaços naturais da infância, cuja recuperação é reivindicada.

> O desinteresse social impossibilita, quando são crianças, de ir para as ruas e praças acolhedoras, porque geralmente estas não existem. O interesse social as substitui por espaços especializados e cercados e pelas visitas escolares bem-intencionadas. Desapareceu a aventura, a iniciativa individual ou do grupo, o choque com as pessoas e as normas, conhecer as proibições e a transgressão, avançar em direção ao desconhecido e descobrir novos territórios e personagens. (BORJA, 1990).

Neste texto sintetiza-se uma perda: a do lugar natural e espontâneo da brincadeira infantil como espaço de realização de experiências em liberdade; e uma obsessão: a da vigilância, do controle e da segurança por parte das pessoas adultas, que chegam a enclausurar a infância em *playgrounds*, todos clones, cercados, de superfícies planas e isentos de lugares para o esconde--esconde, para a aventura e o mínimo risco para fazer voar a imaginação. O espaço exterior da brincadeira vivencial e compartilhada foi sequestrado e substituído pelo refúgio tecnológico do jogo artificial e individual.

A publicação de *La ciudad de los niños*, do psicólogo italiano Francesco Tonucci (1996), especializado no pensamento e no comportamento infantil, contribuiu para mudar o olhar adulto sobre a cidade, a partir do ato de dar a palavra à criança, coletando suas perguntas, seus olhares e suas propostas (ver seção "Experiências").

Em relação às iniciativas culturais, promovidas para se conhecer a cidade – bem como para descobrir e se familiarizar com o ambiente natural –, estas se polarizam em várias direções, tratando de combinar e complementar as ofertas para o público em geral com aquelas destinadas especificamente para a infância. Isso ocorre com as atividades relacionadas ao cinema, ao teatro, à música e à arte – em muitos museus existem departamentos pedagógicos ou oficinas infantis –, com as bibliotecas e a difusão da leitura (clubes de leitura, de contar histórias e outras atividades recreativas destinadas à leitura, às férias, às bibliotecas itinerantes, às piscinas ou outros lugares). A presença infantil está menos frequente nas rotas diurnas e noturnas da cidade – às vezes teatralizadas ou em bicicletas – e nas rotas literárias, históricas, gastronômicas, para se conhecer o patrimônio artístico e arquitetônico, ou na rota da pobreza, organizada pelos próprios desfavorecidos. Também existem espaços para se trocar ideias e boas práticas que deem apoio ou questionem as políticas culturais locais ou para se debater sobre a gestão cultural do país. E não se pode esquecer da contribuição de alguns cafés, bares e tabernas, onde se contam e escutam histórias apaixonantes. Eduardo Galeano corrobora isso: "Cursei um ano de ensino médio e deixei a escola; aprendi a narrar escutando histórias de contrabando" (GALEANO, 2002). (Veja "A cidade educativa ou educadora", na seção "Experiências".)

A educação expandida: entre o não formal e o informal

A educação não formal responde às necessidades mutantes da sociedade em cada momento histórico e oferece um amplo conjunto de atividades, promovidas por diferentes instâncias e meios, que vão desde o fomento da leitura e da formação cultural para toda a população até as atividades extraescolares e de lazer. Algumas dessas iniciativas já foram citadas anteriormente, mas há muitas outras que formam uma trama complexa e difusa, na qual se juntam a educação não formal com a informal: a família, as escolas de idiomas e outras, as atividades de lazer e esporte, a televisão, os *videogames*, a internet e todos os recursos e estímulos presentes no processo de socialização da infância e da juventude (TRILLA, 1993).

Recentemente, o coletivo Zemos98* (2012) cunhou o termo "educação expandida", para significar a importância da "educomunicação", aquela educação unida indissociavelmente à comunicação e que tece redes com outros conceitos, como o do audiovisual, artístico e experimental, e que é gerada fora das instituições educativas** e dos processos educativos formais. Embora se trate de desenvolver, estender e difundir novas formas de produção, comunicação e aquisição do conhecimento, que se relacionam à teoria do conectivismo e da aprendizagem social – esta que acabou de ser comentada –, a questão central da educação expandida não é tanto o que se aprende, mas sim como, onde, quando e com quem se aprende, ou seja, os novos espaços, pessoas e redes com os quais se compartilha o saber (ZEMOS98, 2012). Um discurso que se enlaça com as teses illichistas da "sociedade desescolarizada", que voltam a emergir depois de um longo período de hibernação, ao ressignificarem a educação e tirá-la dos espaços formais e regrados.

O contrato intergeracional

Antes da escolarização da infância, o processo de socialização natural transcorria em uma contínua relação de proximidade no trabalho e na vida cotidiana. A escola supôs uma conquista e um espaço de proteção da infância, mas também um espaço de perda de contato e distanciamento entre

---

* N. de T.: Coletivo que atua na área da cultura digital, audiovisual e na educação e comunicação. A Zemos98 organiza todo ano, em Sevilha, um festival para agregar grupos e artistas que trabalham no mesmo sentido. Os trabalhos da Zemos podem ser vistos no site do coletivo (www.zemos98.org).

** N. de R.T.: Referente ao pensador austríaco Ivan Illich, cujas ideias influenciaram aos que criticavam a escola e problematizavam a educação. Sua obra mais famosa é *Sociedade Sem Escolas* (1971) em que defende a desescolarização da educação, autodidatismo e redes de aprendizagem.

as crianças, os jovens, os adultos e os idosos. A pesquisa demonstrou que a riqueza da socialização infantil cresce, à medida que crescem a quantidade, a diversidade e a qualidade das interações de meninos e meninas com os jovens, adultos e idosos; daí a conveniência de se recuperar espaços comuns de encontro e vivências, de experiências e projetos compartilhados. Algo que tem a ver com a recuperação do espaço público não especializado e fechado e que é destinado à infância.

Em *La carta de las ciudades educadoras*, não apenas se recomenda o diálogo entre as gerações como fórmula de convivência pacífica, mas também como forma de se buscar projetos comuns e compartilhados entre grupos de pessoas de distintas idades. Em Fano, Itália, "A cidade das crianças",* promovida por Tonucci, uma criança propôs: "Os idosos estão sozinhos; se estivessem com as crianças e os jovens, os pais estariam mais tranquilos, e os velhos acompanhados". Trata-se, prossegue Tonucci, "[...] de oferecer aos idosos a possibilidade de presentear as crianças com um pouco de seu tempo ou, se se preferir, de presentear as crianças com a companhia e a riqueza dos idosos" (TONUCCI, 2002).

EXPERIÊNCIAS

A cidade educativa ou educadora

A cidade educativa ou educadora é uma das mais belas utopias que se propõe a converter a cidade em uma enorme fonte de estímulos e recursos educativos, que estão a serviço da formação integral de todos os cidadãos. Para isso, mobiliza-se o conjunto do capital social e cultural da comunidade (atores, equipamentos, serviços públicos, espaços, associações, grêmios, sindicatos, etc.), a fim de integrá-los dentro de um projeto comum. Aprende-se com a cidade e, ao mesmo tempo, aprende-se sobre a cidade, a qual se transforma em uma agência educativa e de formação, em um espaço de aprendizagens

---

* N. de T.: "A Cidade das Crianças" é uma iniciativa que nasceu em 1991, na cidade italiana de Fano, e consiste em uma filosofia de governança dos municípios, tomando-se as crianças como parâmetro das necessidades de todos os cidadãos. Desse modo, elas são ouvidas, e a cidade é projetada a partir das suas opiniões e ideias. O pedagogo Francesco Tonucci é o autor e promotor desse conceito.

múltiplas e de educação contínua, onde as diversas linguagens expressivas, o lúdico e o conhecimento tratam de dar unidade e globalidade à vida infantil. Tudo isso se assenta no triângulo informação/formação/participação.

A cidade educadora é um desenvolvimento e uma criação do diálogo entre a escola e a comunidade escolar. Nesse sentido, a cidade é uma excelente oportunidade para romper a tradicional lógica disciplinar e experimentar as propostas interdisciplinares e globalizadoras (CARBONELL, 1995; TRILL, 1999).

A experiência pioneira aconteceu na cidade italiana de Turim, entre os anos de 1975 e 1985, com o objetivo de incidir tanto na mudança escolar quanto na mudança social e administrativa do município. Em 1990, com a celebração do Primeiro Congresso Internacional de Cidades Educadoras, este modelo é inserido e sistematizado. Na ocasião, ocorreu a aprovação da carta inicial, em que se definem os objetivos básicos para o impulso educativo da cidade e a criação da Associação Internacional de Cidades Educadoras (AICE). Essa associação se encarrega de ir atualizando seus princípios à luz dos novos desafios e novas necessidades sociais dentro dos eixos mais estratégicos (qualidade de vida, igualdade, diversidade, equilíbrio com o meio natural, entre outros), além de difundir as boas práticas e de promover um congresso a cada dois anos.

A rede de cidades educadoras é hoje extensa. Contudo, suas experiências são bastante descontínuas e parciais. Na verdade, resulta muito complicado articular o potencial educativo de uma cidade em um projeto unitário.

A deriva urbana

Charles Baudelaire e Walter Benjamin fazem referência ao passante sem rumo, que experimenta a cidade sem nenhuma outra intenção que a de vagar ou caminhar de um modo incondicional. Jaume Martínez Bonafé resgata esta imagem, porque nos permite pensar o currículo *flâneur**

---

* N. de R.T.: *Flâneur*, termo francês que significa "preguiçoso", "vadio". Provém do verbo *flâner* que significa "para passear". O currículo *flâneur*, na perspectiva do pesquisador espanhol Jaume Bonafé, significa que a rua também ensina e é preciso aprender a ler as mensagens que ela emite. A rua é uma aula, uma lousa, um lugar onde se escreve. Não é apenas parte do caminho percorrido até o museu, o centro cultural ou a escola.

"[...] como a experiência particular em que o sujeito constrói e desconstrói significados em sua relação com a cidade" (MARTÍNEZ BONAFÉ, 2014).

Na realidade, a exploração não organizada do ambiente é uma ferramenta crítica e uma prática estética que permite descobrir zonas da cidade escondidas, vazias e esquecidas, nomeá-las e ressignificá-las. Esse aparente "perder o tempo", perdendo-se pela cidade, é uma maneira de se deixar surpreender pelo imprevisível que qualquer passante pode encontrar, cruzando o olhar com outra pessoa na rua, contemplando uma vitrine, entrando em um bar, escutando um som, tratando de decifrar um grafite em um muro parcialmente abandonado ou percebendo o lento ou acelerado discorrer da vida cotidiana. Um passeio que coloca à prova o caráter, a sensibilidade, a capacidade de admirar, o espírito de aventura, o que, por conseguinte, recria e enriquece o processo de subjetividade do sujeito. Sem dúvida, pressupõe uma experiência de aprendizagem vivencial e racional, às vezes mais visível, e outras, mais invisível, mas muito forte.

Essa deriva urbana foi proposta e praticada pelo movimento surrealista e, posteriormente, pelo situacionista* (muito ativo no Movimento de Maio de 1968 na França), como uma forma de antiarte e de contestação ao sistema capitalista.

> A deriva é uma atividade lúdica coletiva, que não apenas remete à definição das zonas inconscientes da cidade, mas que também propõe investigar, apoiando-se no conceito de "psicogeografia", nos efeitos psíquicos que o contexto urbano produz nos indivíduos. A deriva é uma construção e uma experimentação de novos comportamentos na vida real, a materialização de um modo alternativo de habitar a cidade, um estilo de vida que se situa fora e contra a sociedade burguesa. (CARERI, 2013).

---

* N. de T.: Internacional Situacionista foi um movimento de cunho político e artístico, influenciado pelo dadaísmo e pelo surrealismo. O movimento se iniciou no dia 28 de julho de 1957, porém, sua fase mais ativa foi no final dos anos de 1960. Os mais famosos membros do grupo eram Raul Vaneigem e Guy Debord, que tendiam a polarizar as opiniões. No início, a ideia era criticar a arte, depois passaram a compreender que a superação da arte só viria pela transformação ininterrupta do meio urbano. Não era construir cidades ideais, mas fazer do urbanismo e da arquitetura ferramentas de uma revolução do cotidiano. Para explorar a relação das pessoas com os espaços físicos, os situacionistas criaram o termo "urbanismo unitário", que seria a visão do espaço como terreno fértil para a experimentação e o jogo. Um exemplo disso é a "psicogeografia", que é o aprofundamento nas relações emocionais e comportamentais de um indivíduo com os espaços urbanos. Relacionada a esse procedimento está também a prática da "deriva", ou seja, apropriar-se da cidade a partir de um "andar sem rumo".

A aprendizagem-serviço

Trata-se de uma filosofia e proposta educativa em crescente expansão, que articula processos de aprendizagem e de serviço com a comunidade em um único projeto, em que os participantes (estudantes do ensino fundamental, médio e superior e de outros âmbitos educativos e sociais) aprendem e ao mesmo tempo trabalham centrados nas necessidades reais de seu meio, em parceria com entidades sociais, a fim de melhorá-lo. A aprendizagem melhora o serviço que é oferecido à comunidade, e aquilo que se aprende pode ser transferido à realidade na forma de ação. Este é um dos seus grandes méritos: comprovar que o que se estuda tem uma aplicação na vida cotidiana.

A aprendizagem-serviço sustenta-se em dois grandes pilares: a educação em valores, a partir de situações problemáticas, enfrentando desafios desde a experiência direta por meio das ferramentas que oferece a inteligência moral; e a educação para a cidadania, baseada na participação ativa, responsável, cooperativa e solidária, para contribuir na melhoria da qualidade de vida da sociedade.

Essa proposta metodológica pode ser definida de várias formas. Um projeto educativo com potencialidade social; um método para a educação formal e não formal, de caráter flexível, mas que dispõe de seus próprios espaços e tempos; um trabalho para se aprender a colaborar em um marco de reciprocidade; um processo de aquisição de conhecimentos e competências para a vida; um método de uma pedagogia ativa e reflexiva; uma estratégia para se avançar na direção da justiça social; um trabalho em rede, em que convergem as instituições educativas e as entidades sociais que intervêm na realidade; e, claro, uma das atividades mais emblemáticas da cidade educadora, pois contribui para reforçar as políticas de coesão social e de fortalecimento da comunidade e de sua rede de associações. Esta proposta segue esta sequência: aprendizagem + trabalho + projeto + participação + reflexão.

As iniciativas e experiências surgidas em institutos e universidades espanholas são muito variadas: *bachilleres** que se preparam para ensinar

---

* N. de T.: O sistema de ensino espanhol se divide em escola infantil (de 0 a 6 anos), educação primária (de 6-7 /11-12 anos), educação secundária obrigatória (de 12-13/15-16 anos) e *bachillerato* (16-17/ 17-18 anos). *Bachilleres* são os estudantes que terminaram o *bachillerato*.

pessoas adultas que jamais utilizaram um computador; estudantes aspirantes a auxiliar de enfermagem que dão palestras a mulheres imigrantes que cuidam de idosos; um grupo de adolescentes que se capacitam para serem dinamizadores de atividades recreativas e para oferecer aos jovens do bairro um programa alternativo para as noites de fim de semana. Também há aquelas iniciativas que tentam recuperar a memória histórica, mediante o registro de testemunhos orais sobre a ditadura franquista; promover os campos de trabalho para a recuperação de fontes e caminhos e para a preservação do patrimônio natural; reabilitar terras em zonas degradadas da cidade; realizar campanhas para o Banco de Alimentos; lutar contra a mudança climática, etc.

A cidade das crianças

"O que aconteceria se as cidades fossem administradas, levando-se em conta as necessidades e as perspectivas infantis, bem como o bem-estar e a segurança das crianças? Ficariam mais habitáveis" (TONUCCI, 1996; 2003). Esse é o ponto de partida da criação da primeira cidade das crianças, no município italiano de Fano, onde se criou um espaço público para o estudo, projeto e experimentação de mudanças na cidade, tendo a criança como parâmetro.

A essência dessa proposta, teorizada e impulsionada pelo psicólogo Francesco Tonucci, é dar a palavra à criança, para que proteste, pergunte e sugira, o que, de certo modo, segue a ideia de assembleia de Freinet, com o "critico, felicito e proponho". Trata-se de converter a cidade em um espaço de aprendizagem democrático, onde a criança tem pleno direito de participar como cidadão – e não como futuro cidadão –, projeto que está em consonância com a Convenção Internacional dos Direitos da Criança.

Essa participação infantil ocorre pelo conselho das crianças, no qual elas se expressam e são ouvidas – "para mudar a cidade, não para contentá-las" (TONUCCI, 1996); e pelos projetos, mediante os quais elas planejam espaços e estruturas reais da cidade com a colaboração de técnicos, tais como urbanistas, arquitetos e psicólogos. O êxito dessa proposta, que posteriormente se estendeu a outras cidades da Itália e do mundo, depende, sobretudo, da mudança de olhar por parte das pessoas adultas e da sensibilidade dos governos locais.

Há anos existem na Espanha alguns municípios comprometidos com esse projeto, mas é, em geral, de forma parcial e descontínua. Criaram o seu Conselho das Crianças e promovem algumas atividades em torno da Agenda 21 Escolar e do "caminho escolar", ou seja, a organização de um caminho amigo e seguro, que permita que as crianças vão a pé para a escola. Essa é uma forma de favorecer sua presença nas ruas, com a colaboração dos comerciantes e dos vizinhos, ao mesmo tempo em que se estimulam a confiança e a autoestima dos menores. A rede espanhola "A cidade das crianças" é coordenada por um grupo de trabalho da Associação Ação Educativa.

As ofertas de educação não formal para a infância

A educação não formal se define como o conjunto de processos, atividades, meios e instituições específica e diferencialmente projetados em função de objetivos explícitos de instrução ou formação e que não estão diretamente relacionados com o sistema educativo regrado (TRILLA, 1993). O universo da educação não escolar é amplo e se circunscreve aos âmbitos do trabalho (cursos de capacitação profissional, para o primeiro emprego, entre outros), do lazer e da cultura, da inclusão social e, em um sentido mais amplo, da educação contínua, sobre a qual foram incluídos numerosos exemplos neste capítulo.

No campo específico da escola cabe recordar que as atividades extraescolares são práticas antigas e que, no transcurso do século passado, à medida que se estendia a escolaridade, crescia também a demanda pela manutenção desses serviços e atividades. Assim, a gestão destes ficava a cargo de entidades públicas ou privadas, das associações de pais e alunos das escolas ou se estabeleciam distintas modalidades mistas de colaboração.

A lista é grande, mas se pode fazer uma distinção entre as atividades respaldadas por um projeto educativo integral, como o Escotismo ou os clubes, que funcionam o ano todo ou somente no verão (acampamentos, colônias de férias e clubes de veraneio), e aquelas outras que, geralmente, restringem-se ao ensino e à aprendizagem de uma área ou matéria específica, como dança, teatro, música, idiomas, esportes, pintura, etc. Nos últimos anos, essas atividades aumentaram, sobretudo, as relacionadas com a música – são muitas as crianças e os jovens que aprendem a tocar um instrumento ou que integram um coral; com os idiomas, principalmente inglês, devido ao surgimento de escolas de idiomas de qualidade muito diversa; e com o esporte. Aos sábados, uma enorme quantidade de estudantes se desloca pelas cidades para competir em diferentes esportes e categorias.

Essas atividades extraescolares constituem, em alguns casos, um complemento ao que se faz e estuda na escola, e em outros, uma evidente substituição.

O banco comum de conhecimentos (BCC) e o intercâmbio de saberes e habilidades

Esta é uma proposta de educação aberta e colaborativa, que rompe as tradicionais barreiras institucionais e disciplinares e dá ênfase à ideia de que a educação pode acontecer em qualquer momento e lugar. Nasce no ano de 2006 como um laboratório de educação mútua e intercâmbio cidadão, como consequência da expansão do *software* livre, das redes sociais e dos sistemas de troca de arquivo. O BCC tem como objetivo desenvolver, criar e proteger espaços de intercâmbio e transmissão livre de conhecimentos, potencializar o saber como um bem comum que permita seguir aprendendo e encontrar estratégias mais eficientes que conduzam a novas formas de comunicação, formação ou participação cidadã. Trata-se de um movimento global que aplica a filosofia e os métodos do *software* livre a dinâmicas coletivas de aprendizagem e de educação mútua. Criam-se ferramentas para transformar diferentes aspectos da vida, mediante novas formas de participação, organização e cooperação. Também se organizam oficinas e encontros: os mercados de intercâmbio de conhecimentos livres.

Quantas vezes você sentiu que, se soubesse "algo", esse conhecimento poderia mudar sua vida radicalmente? O que você gostaria de saber fazer e nunca encontrou alguém que lhe explicasse? Quantas coisas você poderia ensinar a seus amigos e que poderiam ajudá-los? Conhece alguém que sabe fazer algo "valioso", "curioso", "especial"? Este *post* é uma crônica sobre a primeira sessão do BCC, no Instituto de Educação Secundária (IES)* Antonio Domínguez Ortiz: "a arte de escutar, aprender e compartilhar" (DÍAZ, 2012).

---

* N. de T.: São escolas de ensino secundário, com aulas do ciclo obrigatório (ESO, idades entre 12 e 16 anos) e do ciclo opcional (bachillerato), bem como de ensino profissional.

Em 2009, desenvolveu-se nesse IES uma oficina de banco comum de conhecimentos (BCC), com o objetivo de trocar saberes, opinar e contribuir com ideias sobre assuntos públicos, doar tempo e criar uma rede local entre alunos, professores e vizinhos. Depois de algumas sessões informativas e formativas, foram utilizados *posts* para expor conhecimentos: O que quero aprender?; *posts* verdes para ofertar saberes: O que posso ensinar?; e amarelos para propor ofertas de conhecimentos de pessoas com as quais se tem algum vínculo. Em uma das sessões, o BCC se expande para o bairro e, dentro de um mercadinho habitual, é introduzido o intercâmbio de conhecimentos como uma oferta a mais. Na última sessão, esse tipo de mercado se instala nos distintos espaços da escola.

A experiência supõe uma autêntica revolução na instituição de ensino, ao se modificar o papel do professor e do aluno e questionar seu próprio funcionamento na maneira de organizar e transmitir o conhecimento.

Há lugares onde existem redes de intercâmbio de conhecimentos e habilidades em processo ou já muito consolidadas. Funciona mais ou menos assim: Sara ensina Rosana a fazer uma massagem, que ensina Mohamed a fazer um currículo, que ensina elétrica a Jordi, que ensina Clara a fazer um vídeo, que ensina os usos das plantas medicinais a John, que ensina inglês a Oriol, que ensina catalão a Lili, que ensina Paco a tocar violão, que ensina contabilidade a Julia, que ensina Miguel a bailar tango, que ensina Susana a cozinhar, que ensina informática a Saïd, que ensina Rosa a jogar xadrez, que ensina agricultura ecológica a Ángeles, que ensina Gabriel a pintar...

Essa rede é um sistema de intercâmbio de conhecimentos, habilidades e experiências aberto a todo mundo, sem fins lucrativos, que se baseia na ideia de troca e no princípio de reciprocidade: toda oferta supõe uma demanda, e toda demanda vai acompanhada de uma oferta. Quem aprende tem que ensinar, e quem ensina tem que aprender. E qualquer um sabe algo que pode interessar a outra pessoa. Nunca se paga com dinheiro algum curso nem ensinamento: a moeda é o saber. Esses intercâmbios, ademais de gerar uma aprendizagem, costumam estabelecer sólidos vínculos e afetos pessoais e, ao mesmo tempo, tem gerado diversas iniciativas de cooperação e projetos de economia social.

Essa rede tem grandes semelhanças com o banco comum de conhecimentos (BCC), mas se diferencia dele, porque não existe uma relação direta com o uso de *software* livre. Também porque grande parte desses intercâmbios acontece no domicílio dos participantes ou em centros coletivos, como centros cívicos, sociais e culturais ou escolas para adultos, mediante uma equipe de agentes ou colaboradores, que se encarregam de fazer os contatos. Além disso, porque essas trocas se associam diretamente com duas das tramas de aprendizagem definidas por Illich, no início deste capítulo: o mercado de habilidades e o serviço de busca de parceiros.

Uma experiência similar é a chamada banco do tempo, segundo a qual, dentro dessa mesma filosofia de intercâmbio, trocam-se serviços por tempo.

Centros sociais e culturais institucionais

São todos aqueles espaços públicos ou a cargo de fundações empresariais, bancárias ou de outro tipo, embora a sua gestão possa ser compartilhada com outras entidades. Há ofertas específicas para a infância e a juventude, mas há muitas outras destinadas ao público em geral. O leque de opções é muito amplo, e somente apresentaremos sucintamente uma amostra das ofertas existentes hoje em dia na Espanha, evidenciando essa diversidade. Dentro desta amostra, também se diferenciam em sua denominação e gestão os **centro cívicos**. Trata-se de equipamentos públicos municipais dirigidos por técnicos contratados pelas prefeituras. Seu objetivo é a dinamização cultural – organizam-se cursos, exposições, conferências e outros tipos de atividades socioculturais – e a colaboração com entidades e associações. Por exemplo, são cedidos espaços a entidades ou grupos de vizinhos, de forma pontual ou frequente, embora a participação dos vizinhos costume ser reduzida.

E como experiências mais específicas temos o **Matadero, um Centro de Criação Contemporânea**, que ocupa um dos espaços mais significativos da arquitetura industrial madrilena. Dependente da prefeitura de Madrid, é administrado por diversas entidades relacionadas às artes cênicas e visuais, *design*, música, dança, cinema, literatura, urbanismo, paisagismo e moda. Esse centro promove a criação, em todas as suas formas e experiências, especialmente as propostas transversais nos três eixos de atuação: formação, difusão e criação. Um dos espaços mais emblemáticos é a Casa do Leitor, que se ocupa da formação, promoção e experimentação com a leitura. Outra iniciativa singular é o **Centro de Cultura Contemporânea de Barcelona**, espaço criado pela prefeitura e pela assembleia legislativa da Comunidade de Catalunha, dedicado à pesquisa, transformação e inovação no âmbito da cultura em geral, com forte incidência na cultura urbana. Promove a inovação, as relações entre ciência e cultura, os ambientes virtuais e o jornalismo de dados.*

Por último, selecionamos um equipamento do âmbito privado: a **Caixa Fórum**, espaço de exposições e atividades culturais que depende da Obra Social La Caixa.** Organizam-se, entre outras atividades, visitas familiares a exposições e oficinas interativas e multimídias.

Centros sociais e culturais autogerenciados

Trata-se de espaços autogerenciados pelos próprios vizinhos, com uma forte participação social. Neles está muito presente a cultura alternativa e de caráter transformador. Entre muitos outros, cabe citar **La Tabacalera**, um centro comunitário situado na antiga Fábrica de Tabaco de Lavapiés (Madrid). Lá se organiza desde a autogestão e a autonomia – não há qualquer tipo de dependência administrativa e econômica do poder público – com estruturas horizontais de gestão e cooperação na tomada de decisões. Há música, dança, poesia, pintura, conferências, reuniões, arte audiovisual, oficinas, intervenções no bairro... Fomenta-se a cultura alternativa, crítica, transformadora e livre: "aquilo que é produzido e reproduzido na Tabacalera deve estar sujeito a licenças livres, ser acessível gratuitamente e ter como objetivo a ampliação do domínio público no âmbito do conhecimento e da cultura".

Ademais, há numerosos **edifícios ocupados e convertidos em associações e centros comunitários**. O movimento okupa é muito diversificado em suas teorizações e práticas sociais. Uma delas foi converter o espaço ocupado não em moradia, mas sim em centro comunitário e cultural – às vezes, ambas as funções se alternam –, aberto ao bairro, com a organização de atividades diversas, no mesmo estilo do que a Tabacalera oferece, e sempre

---

* N. de T.: Jornalismo voltado à extração, formulação, filtragem, análise e exposição de dados, para a produção de pautas relevantes.
** N. de T.: Entidade social do banco espanhol La Caixa.

mantendo os princípios de autogestão e de participação direta, buscando alternativas para a cultura oficial. Os problemas econômicos e administrativos – às vezes derivados também da própria organização – dificultam a continuidade normalizada desses tipos de centros.

E com características similares, mas com alguma singularidade específica, cabem mencionar as **associações de vizinhos**. Esses espaços, conquistados depois de uma longa luta entre vizinhos em alguns bairros, estão entre os centros cívicos – são realizadas atividades culturais e recreativas semelhantes – e os centros autogerenciados, pois são administrados por coletivos e entidades do próprio bairro. No entanto, também há associações populares – e espaços com outras denominações e um caráter claramente emancipador –; lugares onde se aprende a desfrutar, conviver, aprender e ensinar, pensar e viver de outra maneira; movimentos sociais que com frequência desconfiam do governo – a desconfiança costuma ser mútua – e tratam de recuperar espaços públicos para desenvolver suas próprias alternativas.

Universidades alternativas

Também aqui as ofertas são amplas e diversas. Nesta seção, selecionamos uma rede grande e totalmente consolidada e outra de âmbito muito mais reduzido e em processo de desenvolvimento. Entre as primeiras, cabem citar as **universidades populares**. Trata-se de um projeto de desenvolvimento cultural, cujo objetivo é promover a participação social e a educação continuada para melhorar a qualidade de vida das pessoas e da comunidade. Essas instituições dependem em grande parte das prefeituras ou de outras instâncias públicas e entidades sem fins lucrativos. Sua ação trata de globalizar e integrar as dinâmicas e recursos existentes dentro do município, embora essa missão, assim como o grau de participação social, dependa de cada universidade, há umas que são mais administradas e reguladas pelo governo, já outras são mais abertas e ativas em relação à participação social.

A maioria das ofertas é de oficinas e cursos de certa duração – alguns se estendem durante todo o ano letivo –, mas também se organizam atividades culturais pontuais e ofertas específicas para determinadas associações e coletivos.

Na prática, as universidades populares são a educação de adultos no campo da educação não formal, diferentemente das tradicionais escolas para o público adulto, que são regradas e preparam para a obtenção de um certificado – o qual era sobretudo antes, na Espanha, dos estudos primários; hoje, do ensino secundário obrigatório. A prova disso é que a Federação Espanhola de Universidades Populares (FEUP) está integrada ao Conselho Internacional de Educação de Adultos e é membro da Associação Europeia de Educação de Adultos.

Dessa forma, vejamos a programação da Universidade Popular de Logroño para destacar a amplitude e a diversidade de áreas temáticas: cultura geral, criação artística e artesanal, cozinha e alimentação, massagem, humanidades, novas tecnologias e fotografia, mundo sustentável, temas da região espanhola de La Rioja e cultura popular, música e teatro, crescimento pessoal, saúde pessoal, dança, idiomas e criação dos filhos. Além disso, como atividades culturais, organizam-se conferências, fóruns, sessões de cinema, exposições, caminhadas e viagens culturais.

Além das universidades populares, existe uma grande oferta de cursos de extensão universitária para pessoas aposentadas ou maiores de 55 anos. Nas universidades de Madrid e em outras cidades espanholas, essas instituições são denominadas "universidades para a terceira idade" e oferecem diversos programas de ensino superior de certa profundidade – cursos ministrados pelos próprios professores universitários, com uma duração de um a três anos e sem avaliações –, não sendo necessário nenhum requisito acadêmico prévio para seu acesso. Na Andaluzia estes cursos são chamados "aulas universitárias para a terceira idade"; na Universidad de Barcelona, "Universidade da Experiência". Em boa parte destas instituições, além de cursos formativos, organizam-se jornadas, oficinas, conferências e visitas culturais.

Outra modalidade destinada a esse grupo são as aulas para a terceira idade mais dependentes de prefeituras, centros de recreação e desenvolvimento comunitário, onde se realizam diferentes atividades, de maneira mais flexível, menos intensa e sistematizada do que nas aulas universitárias, e que se destinam à prevenção e integração das pessoas nessa faixa etária.

Universidad de la Tierra: a rede de formação agroecológica no Estado espanhol

Essa incipiente iniciativa consiste em uma plataforma de contato entre pessoas e organizações de todo o país, a fim de propiciar debates, sinergias e atuações que têm como objetivo o paradigma da soberania alimentar e a luta por um mundo mais justo. O primeiro projeto da rede é a plataforma *web*, www.universidadesdelatierra.org, que pretende ser uma ferramenta para compilar e divulgar os distintos cursos e opções formativas que organizam, presencial ou virtualmente, coletivos e instituições que tratam de temas agroecológicos de forma regular. Entre eles, encontra-se a Coordenadora de Organismos de Agricultores e Criadores de Gado (COAG); Ecologistas em Ação, o Instituto de Estudos sobre Desenvolvimento e Cooperação Internacional Hegoa e diversas universidades.

Parte-se da crítica do atual modelo agroindustrial, que defende uma produção e distribuição em grande escala e de forma globalizada, utilizando as monoculturas, as máquinas, os fertilizantes inorgânicos e, muitas vezes, os organismos modificados geneticamente (OMGs); e se aposta na soberania alimentar, conceito definido pela organização mundial La Vía Campesina e pelo fórum da ONG sobre esta questão:

> A soberania alimentar é o direito dos países e dos povos de definir suas próprias políticas agrárias, alimentares, de emprego, pesca e terra, de forma que sejam ecológica, social, econômica e culturalmente apropriadas para elas e suas circunstâncias únicas. Isso inclui o verdadeiro direito à alimentação e produção de alimentos, isto é, todos os povos têm o direito a uma alimentação saudável, nutritiva e culturalmente apropriada e à capacidade de manter-se a si mesmos e às suas sociedades.

(Aqui também podemos fazer referência à experiência de "Amayuelas"* e às "As pedagogias críticas".) Outro projeto é o da Universidade Transumante, que trataremos mais adiante.

---

* N. de T.: Povoado ecológico de Palencia, Espanha, que articula iniciativas e projetos para um desenvolvimento rural integral, sustentável e solidário.

A expansão do conhecimento aberto: os MOOCs

Os *Massive Open On-line Courses* (MOOCs), ou Cursos *On-line* Abertos e Massivos, são uma modalidade de educação aberta, que oferece cursos gratuitos de todo tipo mediante plataformas educativas na internet. São a expressão da evolução da educação aberta na *web* e das máximas possibilidades do ensino e da aprendizagem fora da sala de aula.

A paternidade dessa iniciativa se atribui a Georges Siemens, que, junto a Stephen Downes, criou o primeiro MOOC: *Conectivism and Connective Knowledge*. A partir daí, a oferta de cursos aumentou de forma espetacular. Em 2012, lançou sua plataforma de cursos massivos e, pouco depois, surgiu *Miriada X*, um projeto impulsionado pela Universia – rede de universidades de fala hispana e portuguesa, promovida pelo Banco Santander e Telefônica – e que disponibiliza para as 1.232 universidades ibero-americanas que integram essa rede uma plataforma para criar e compartilhar MOOCs sem custo algum. Milhões de estudantes estão presentes em distintas plataformas e recebem cursos de todo tipo. Os MOOCs também funcionam como uma "loja", na qual se podem comprar materiais (VÁZQUEZ CANO; LÓPEZ MENESES; SARASOLA, 2013).

Existem diferentes tipos de MOOC em função dos objetivos, metodologias e resultados que se esperam. O primeiro modelo está baseado nos cursos universitários tradicionais, tanto na aquisição de conteúdos quanto na avaliação, mediante provas estandardizadas.

O segundo modelo está fundamentado na filosofia do pioneiro George Siemens sobre a aprendizagem conectivista, na qual se aprende por meio do intercâmbio de informação e da interação intensa e facilitada pela tecnologia. Siemens estabelece os seguintes princípios:

- a aprendizagem e o conhecimento se baseiam na diversidade de opiniões;
- a aprendizagem é o processo de conectar nodos ou fontes de informação;
- a capacidade de aumentar o conhecimento é mais importante que o que já se sabe;

- é necessário nutrir e manter as conexões para facilitar a aprendizagem contínua;
- a habilidade de ver as conexões entre os campos, ideias e conceitos é primordial;
- é preciso informação atualizada e precisa em todas as atividades do processo conectivista.

O terceiro modelo é uma mistura dos anteriores e enfatiza a resolução de tarefas por parte dos alunos.

As vantagens desses cursos são evidentes pela facilidade de acesso a uma enorme quantidade de informação e a conteúdos atualizados e pelo acesso teórico e massivo ao conhecimento, porque na prática, como acontece com o uso de outros dispositivos tecnológicos, não existe uma efetiva igualdade de oportunidades, dadas as dificuldades econômicas ou no uso do ambiente *on-line*. Entre as dificuldades, cabe destacar que o conteúdo dos cursos é excessivamente homogêneo e não pode ser adaptado aos diferentes contextos nem atender à diversidade dos estudantes. Por outra parte, nesses cursos existe um alto índice de abandono, já que os estudantes não conhecem de antemão o tempo de estudo necessário, que resulta superior ao previsto. E a partir prestigiosas universidades norte-americanas, lançou-se um movimento ofensivo contra os MOOCs.

Wikipédia

> Wikipédia é o lugar global da memória: uma praça pública gigantesca, um lugar onde são bem recebidas quaisquer pessoas e, sem dúvida, o maior acampamento imaginável. Um *hub* hospitaleiro de onde se pode pensar o que (nos) vem. (ORTEGA; RODRÍGUEZ, 2011).

Esses mesmos autores afirmam que, quando a Wikipédia acabava de fazer 10 anos, recebia a visita de 400 milhões de usuários, buscando informação em algum dos 17 milhões de artigos redigidos em alguma das cerca de 300 línguas em que está escrita. Hoje, e em um futuro não muito distante, essas cifras podem crescer de modo impressionante.

Esta enciclopédia monumental enterrou, já faz alguns anos, as enciclopédias de papel. As razões são óbvias: o baixo custo, o acesso livre e gratuito e a atualização permanente, com novas perguntas, conhecimentos e revisões. Na Wikipédia se rompe a divisão hierárquica entre o especialista e o amador, entre o mundo acadêmico e a cidadania. Não se questiona a propriedade ou autoridade em relação ao saber, mas todo mundo se sente proprietário e com direito de exercer sua autoridade cultural. Na verdade, trata-se de escrever e reescrever continuamente uma obra coletiva com a sabedoria e a participação de muitas pessoas: um processo de colaboração que supera também a distinção entre produtores e consumidores, de modo que a livre circulação da informação questiona as ideias estabelecidas sobre a propriedade privada.

A Wikipédia, da mesma forma que acontece com os *blogs* ou as redes sociais, não é uma mera tecnologia, senão um conceito e uma filosofia sobre o modo de produzir, conversar e interagir, em que qualquer usuário pode contribuir com algo: introduzir, ampliar ou matizar conteúdos, convertendo-se em coeditor sem intermediários, embora, como veremos mais adiante, sejam muitas as críticas a esse artefato tecnológico, pela sua qualidade e pelo controle de seus conteúdos.

O movimento dos indignados do 15M[*]

A indignação e o protesto nas praças ganharam força em torno de um *slogan* de alto conteúdo político e educativo: "Não somos mercadoria nas mãos de políticos e banqueiros", porque, a partir dele, gerou-se um intenso, massivo e prolongado debate. As praças converteram-se em uma autêntica ágora, em uma minicidade alternativa, onde se conjugaram os verbos conversar, dialogar, respeitar, compartilhar, cooperar, participar, refletir, como poucas vezes se havia feito. As assembleias, as reuniões e os grupos de trabalho significaram um exercício de aprendizagem e empoderamento democrático, ao fortalecerem a autonomia e a criatividade individual e coletiva. Além disso, avançaram em direção à criação de um imaginário comum, ao evitarem

---

[*] N. de T.: Movimento apartidário e não sindicalista, que se organiza por meio de assembleias descentralizadas pelos bairros das cidades da Espanha.

tanto a atual atomização e fragmentação social quanto os grandes relatos e dogmas ideológicos muito fechados e ultrapassados.

As lições e aprendizagens do 15M estão situadas em vários planos: no da comunicação linguística (a expressão oral, o respeito ante todas as opiniões, a obtenção de consensos apesar das votações, entre outros); no plano do conhecimento da realidade (economia, política, alimentação saudável, qualidade de vida, ecologia, consumo responsável, agricultura ecológica, moradia, etc.); no plano do civismo, com normas de convivência muito cuidadosas, com um amplo e espontâneo movimento de solidariedade e com estratégias de resistência passiva e pacífica; no plano da gestão do espaço público, com a resolução de mil problemas práticos de logística organizacional e financeira cotidiana; e no plano do uso bastante efetivo e criativo das redes sociais de que tanto se fala e que chegaram a tomar o lugar dos meios de comunicação convencionais.

E o que vem depois do 15M? Sem entrar em valorações políticas, o movimento dos indignados deixou uma marca para o futuro: despertou a consciência de um amplo setor da cidadania e gerou um estado de opinião diante velhos e novos problemas; incomodou e introduziu alguns pesadelos na classe política, embora esta tenha a pele muito dura para remover em excesso suas consciências; e, o que é muito importante, alguns coletivos do 15M, sem abandonar o protesto, aderiram à alternativa. Então, se em maio de 1968 um dos lemas era: "Seja realista, peça o impossível", agora este é substituído por outro: "Seja radical, peça o possível". Na realidade, entrou-se no reino da possibilidade, sem esperar, como em outros tempos, revoluções para fazer as mudanças estruturais necessárias, mesmo que não se renuncie a isso. Assim, os coletivos de indignados, junto a outros movimentos sociais, tratam de formar cooperativas de consumo responsável, de voltar à terra para cultivá-la como antes, em consonância com a soberania alimentar, de buscar alternativas às grandes companhias elétricas ou aos grandes bancos, de desenvolver experiências de economia solidária, de criar novos espaços de aprendizagem crítica ou de buscar soluções diante da perda de moradia por falta de pagamento da hipoteca. Quanta cultura e quanta aprendizagem existem na luta da Plataforma de Afetados pela Hipoteca (PAH)!

CONCLUSÃO: QUESTÕES PARA O DEBATE

1. *Illich e seu mundo sem escolas.* O diagnóstico sobre a saúde e a função da escola suscitou, depois da publicação de *La sociedad desescolarizada* (1974), grandes cumplicidades – as mesmas que causaria hoje? –, mas sua proposta alternativa foi amplamente contestada. Foi tachada de improvisada e pouco fundamentada, de iluminada, fantasiosa e idealista, ao abstrair as leis da sociedade, os conflitos entre as diversas classes e categorias sociais, as relações de poder e os processos de socialização que regem o devir da história. E criticavam esta proposta por situar-se em uma sociedade bucólica, perfeita e harmoniosa, como se fosse um retorno à Arcádia feliz da mãe natureza.

Outro debate se polariza em torno da possibilidade de resistência – diante das teses também em voga dos reproducionistas* – e da mudança da instituição escolar. Todas as escolas são iguais? É evidente que podem sê-lo em suas funções, estrutura e gramática escolar básica, mas também, na prática, as funções, as relações que se estabelecem entre professor e aluno e as formas de ensinar e aprender se matizam e se reorientam em diversas direções, tanto da ótica de igualdade e justiça social – em relação à oferta pública e privada – quanto da ótica mais pedagógica.

Por último, – e esta talvez seja a questão principal dos ataques à proposta illichiana –, há de se levar em conta que o monopólio escolar do saber pode ser substituído rápida e eficientemente por outro monopólio que controle igualmente a indústria da formação fora da escola, concretizada nas denominadas redes e tramas de aprendizagem, mas com um dado nada anedótico: a não obrigatoriedade desse tipo de oferta pode deixar os filhos das famílias mais pobres muito desprotegidos e excluídos.

---

* N. de T.: Alguns autores da teoria reproducionista são Bourdieu e Passeron. Eles procuraram demonstrar que, contrariamente à ideia de que a escola tem uma função democratizadora, esta exerce uma função reprodutora, ou seja, tende a reproduzir todo o sistema de poder, conduzindo à manutenção social. Isso porque o desempenho escolar dos alunos é determinado pelas suas origens culturais e sociais. Assim, o sucesso escolar é visto sob um ponto de vista determinista, exterior à própria escola.

A proposta de Illich não prosperou, mas acertou com a ideia de que as tramas de aprendizagem tivessem no futuro um crescente peso fora da educação formal e nas alternativas da escola em casa. No entanto, diante esse vertiginoso crescimento e a inércia e resistência à mudança institucional, chegará um dia em que se confirmará a morte da escola?

2. *Três cenários para o futuro da escola.* Como se mostrou ao longo deste capítulo, o modelo escolar atual se revela cada vez mais obsoleto e em piores condições na hora de competir com a crescente e diversificada oferta educativa produzida fora da escola e da educação formal, da qual apresentamos uma amostra de experiências. Isso significa que, se esse divórcio se acentuar, chegará um momento em que outros espaços educativos substituirão a escola? Há analistas que, sem entrar em detalhes, contemplam este cenário, ao indicar "o incerto porvir de uma instituição exausta" (FERNÁNDEZ ENGUITA, 2012). Não obstante, qualquer outra alternativa não poderá deixar de cumprir a função de custódia, de socialização e, até certo ponto, de igualdade de oportunidades, apesar de suas evidentes restrições quanto à equidade.

Há um segundo cenário, o mais desejável da ótica da justiça social e da inovação pedagógica: o de uma decisiva e sólida abertura da escola ao exterior, com uma estreita coordenação/colaboração entre a educação formal e não formal. Trata-se de experiências e projetos que se relacionam com a transformação da escola, a participação democrática e o compromisso da comunidade. Um conjunto de iniciativas apontadas neste e em outros capítulos do livro e que requerem uma maior consolidação e generalização dentro de um projeto de educação pública.

Naturalmente, existe um terceiro cenário: a manutenção do *status quo*, com rápidas alterações cosméticas e adaptações à modernidade, seguindo-se a máxima lampedusiana de que algo tem que mudar para que tudo continue igual. A inércia institucional, o enraizamento das tradições acadêmicas e do corporativismo docente são muito poderosos; tanto como o medo da mudança real.

Hoje, na prática, convivem esses três cenários, e os movimentos de presente/futuro reforçam-nos da mesma forma. Isso depende, sobretudo, se o foco está mais na perspectiva macro ou na realidade micro, das ideias preconcebidas com que se contempla a paisagem e do olhar mais parcial ou sistêmico.

3. *A denominada educação não formal às vezes é muito formal.* Existe o equívoco muito difundido de que toda atividade de aprendizagem e/ou formativa, produzida fora da escola, tem um caráter mais flexível, criativo e crítico. Assim é em muitas ocasiões, mas nem sempre, pois seu interesse e qualidade são muito heterogêneos. As chamadas atividades extraescolares ou alguns cursos para jovens e adultos reproduzem a rigidez, a uniformidade e as misérias do currículo acadêmico e da instituição escolar, que, felizmente, também se rompe em mais de uma ocasião. O caso do esporte é um exemplo paradigmático: não há dúvidas de que este tem um caráter saudável e formativo, porém, torna-se difícil praticá-lo, se esta atividade não está centrada em um clube e em uma competição, onde as crianças, desde muito pequenas, são submetidas a uma forte pressão e são avaliadas continuamente para serem selecionadas ou excluídas. E, vejamos, é preciso ser muito prudente na hora de avaliar e mitificar a globalidade das ofertas da educação não formal, porque às vezes há mais criatividade e riqueza no que se desenvolve dentro da escola.

4. *Mais informação e mais especialização. Também mais inteligência e compreensão?* Diversos autores questionam essa ideia. Este é o caso, por exemplo, de Daniel Innerarity (2011) que, paradoxalmente, define a sociedade da informação e do conhecimento como a sociedade da informação e do desconhecimento. O autor atribui essa ignorância a três fatores:

   a) O caráter não imediato de nossa experiência de mundo, tendo em vista que o contraste entre o que sabemos e o que se pode saber é enorme, e porque "quanto mais complexo é um sistema, mais inevitável resulta aceitar sem compreender".

   b) As mediações tecnológicas pelas quais nos relacionamos com a realidade deixam-nos seres mais submissos. "Em uma sociedade que é mais inteligente que cada um de nós, há mais saber do que o que podemos saber", onde o usuário cada dia sabe utilizar mais artefatos e elementos que não entende.

c) O excesso de informação, junto à crescente especialização e fragmentação do conhecimento, gera mais confusão e dificulta nossa compreensão do mundo. Nesse mesmo diagnóstico coincide Peter Burke (2013): coletivamente sabemos muito mais, mas individualmente nos custa cada vez mais. Porque, depois da divisão do trabalho na sociedade industrial, sucedeu a divisão do conhecimento na atualidade, acrescentada pelo fechamento corporativo e credencialista, que amplia o divórcio da sociedade com o conhecimento comum.

5. *Por que subsiste o abismo entre a escola e a comunidade escolar?* Algumas razões já foram apontadas. Outras têm relação com o fato de a escola não ter acabado de digerir sua crescente perda de hegemonia informativa e formativa, ela continua errando e errando com as reformas – que não são educativas, este é um matiz importante –, nas quais se reforça o currículo academicista, menosprezando outras modalidades e espaços de aprendizagem; com a rigidez da organização e dos horários, que impede de se fazer uso contínuo e eficaz das múltiplas possibilidades e ofertas formativas da comunidade; com o caráter isolado de muitas de suas atividades, desligadas de qualquer projeto. Tudo isso converte o conhecimento do meio externo em algo epidérmico e parcial, como um parênteses dentro de uma programação tradicional, porque, afinal, não se propõe romper os muros da escola. Muitas iniciativas são realizadas por mimetismo ou porque respondem a uma moda. Algo parecido ocorre com algumas iniciativas do governo espanhol, seja do país, da comunidades autônomas ou das cidades. Em muitos casos, por exemplo, definir-se como cidade educadora é uma mera retórica e declaração de princípios e intenções, com alguma atividade pontual envernizada com um *slogan* que se repete uma e outra vez, com leves adaptações aos novos tempos. São marcas que vendem, como as marcas de uma cidade, de uma empresa ou de um automóvel.

6. *As práticas participativas necessitam de um longo e paciente treinamento democrático.* A participação é uma condição necessária, mas não suficiente para fortalecer os processos democráticos de qualquer grupo ou de uma comunidade. Requer-se muita aprendizagem e uma grande capacidade de autoliderança compartilhada, para conduzir os debates, fazê-los progredir e facilitar a tomada de decisões. Nas assembleias são tão nefastos os autoritarismos e personalismos quanto as discussões, motivo pelo qual é preciso respeitar ao máximo a livre expressão de todos os participantes, já que as discussões se eternizam e não levam a nenhuma parte. Há debates estéreis que se eternizam – e ninguém diz nada, porque se considera uma falta de respeito e uma atitude politicamente incorreta. Debates que, ao final, geram cansaço, frustração e umas quantas deserções. Não resulta fácil conseguir o equilíbrio dos tempos do debate com os da necessária tomada de decisões; a livre expressão de ideias e posições com a brevidade às vezes necessária; o debate na internet com a discussão presencial; a articulação das assembleias com outras instâncias intermediárias, igualmente participativas e transparentes; e, por fim, a democracia com eficiência. Um conjunto de saberes que se aprendem com a experiência nos distintos cenários educativos.

7. *Na Wikipédia, nem tudo que reluz é ouro.* Assim dizíamos na introdução deste livro: raras vezes existem o branco e o preto absolutos. Na educação, como em outros campos sociais, as coisas são bastante multicoloridas e dependem da cor com que se olhe. Está cheia de contradições e paradoxos. Isso acontece também em relação à Wikipédia. Nas experiências aqui descritas, foram destacadas as contribuições e as grandezas inquestionáveis desse artefato ou conceito tecnológico, que, obviamente, também é objeto de críticas igualmente bem fundamentadas. Porque a questão é dicotômica: todo mundo pode melhorar os conteúdos da Wikipédia, mas também pode desqualificá-los. "Na prática, os *wikis* funcionam; sua debilidade aparente é sua fortaleza" (GÓMEZ I FONTANILLS, 2005). Já Richard Sennett se refere às normas de redação

estabelecidas para fazer frente aos conteúdos considerados tendenciosos e errôneos, no entanto, seu discurso vai além, e ele coloca o dedo na ferida, em um dos debates de maior importância:

> Os profissionais enfrentam um dos problemas estruturais das classes sociais: como fazer coexistir a qualidade do conhecimento com a possibilidade de se comunicar de maneira livre e igualitária no seio da sociedade. (SENNETT, 2010).

8. *E se a internet vem abaixo, o que acontecerá?*

> A internet é uma maravilha, mas temos que pensar que nunca fomos tão dependentes de algo. Jamais. Se você pensar nisso, é bastante irônico que o que nos atraiu até aqui nos possa levar de volta até a Idade da Pedra. (DAN DENNETT, 2014).

Esse filósofo sustenta que não é nada apocalíptico afirmar que é questão de tempo a queda da *web* – também o preveem outros especialistas. E quando isso ocorrer, será preciso ter por perto os botes salva-vidas, ou seja, o tecido social das instituições que existiam antes da chegada da internet. Esta última opinião é discutível, porque a fortaleza de muitas redes virtuais se combina com sólidas interações presenciais. Mas não podemos esquecer que o pensamento neoliberal tem um enorme poder e facilidade para inserir-se, controlar, privatizar e esvaziar de conteúdo as iniciativas e redes de educação não formal, com o conseguinte aumento da desigualdade.

REFERÊNCIAS

ACASO, M. *Pedagogías invisibles*: el espacio del aula como discurso. Madrid: Los Libros de la Catarata, 2012.

ACASO, M. *rEDUvolution*: hacia la revolución en la educación. Barcelona: Paidós, 2013.

AJUNTAMENT DE SABADELL. *Educació i canvi social*. Sabadell: Ajuntament de Sabadell, 1999.

AUGÉ, M. *Los no lugares. Espacios del anonimato*: una antropología de la modernidad. Barcelona: Gedisa, 1994.

AUTORÍA COMPARTIDA. Aprendizaje-servicio (monográfico). *Cuadernos de Pedagogía*, nov. 2014.

BADEN-POWELL, R. *Escoltisme per a nois*. Vic: Eumo, 2007.

BATLLE, R. *El aprendizaje-servicio en España*. PPC: Madrid, 2013.

BORJA, J. La ciutat conquistada. Un punt de vista des de la sociología. In: AJUNTAMENT DE BARCELONA (Ed.). *La ciutat educadora*. Barcelona: Ajuntament de Barcelona, 1990.

BUCKINGHAM, D. Entrevista de Juan Bautista Martínez Rodríguez. *Cuadernos de Pedagogía*, 440, p. 63-67, 2013.

BURKE, P. *Common knowledges*. Barcelona: CCCB, 2013.

CARERI, F. *Walkscapes*: el andar como práctica estética. Barcelona: Gustavo Gili, 2013.

CASTELLS, M. *La sociedad red*: una visión global. Madrid: Alianza, 2006.

DENNETT, D. Artículo de Toni García. *El País*, 25 mar. 2014.

DEWEY, J. *Democracia y educación*. Madrid: Morata, 2004.

DÍAZ, R. ¿Y si la educación sucede en cualquier momento y en cualquier lugar?. In: *Zemos98*: educación expandida. Sevilla: Zemos98, 2012.

FAURE, E. *Aprender a ser*: la educación del futuro. Madrid: Alianza / UNESCO, 1973.

FERNÁNDEZ ENGUITA, M. El incierto porvenir de una institución exhausta. *Claves de Razón Práctica*, v. 222, p. 21-33, 2012.

FRABBONI, F.; GALLETI, A.; SAVORELLI, C. *Primer abecedario, el ambiente*. Barcelona: Fontanella, 1980.

GALEANO, E. *El País*, 16 mayo 2012.

GÓMEZ I FONTANILLS, D. Wikipedia, un projecte comunitari en xarxa. In: COL·LECTIU INVESTIGACIÓ. *Recerca activista i moviments socials*. Barcelona: El Viejo Topo, 2005.

ILLICH, I. *La sociedad desescolarizada*. Barcelona: Barral, 1974.

INNERARITY, D. *La democracia del conocimiento*: por una sociedad inteligente. Barcelona: Paidós, 2011.

JIMÉNEZ, P. Algunas ideas sobre tecnología, aprendizaje y remezcla. Conversación con Alejandro Piscitelli. In: *Zemos98*: educación expandida. Sevilla: Zemos98, 2012.

McLUHAN, M. *El aula sin muros*. Barcelona: Cultura Popular, 1986.

MARTÍ ALPERA, F. *Por la escuela pública y la infancia*. Madrid: Biblioteca Nueva, 2008.

MARTÍN, C. et al. *El aprendizaje-servicio (ApS)*: educación y compromiso cívico. Barcelona: Graó, 2009.

MARTÍNEZ BONAFÉ, J. La ciudad en el currículum y el currículum en la ciudad. In: GIMENO SACRISTÁN, J. *Saberes e incertidumbres sobre el currículum*. Madrid: Morata, 2010.

MARTÍNEZ BONAFÉ, J. La ciudad como contenido del currículo. *Cuadernos de Pedagogía*, v. 447, p. 81-83, 2014.

ORTEGA, F.; RODRÍGUEZ, J. *El potlattch digital:* Wikipedia y el triunfo del procomún y el conocimiento compartido. Madrid: Cátedra, 2011.

REIG, D. Educación social autónoma abierta. In: *Zemos98*: educación expandida. Sevilla: Zemos98, 2012.

REIMER, E. *La escuela ha muerto*. Barcelona: Barral, 1973.

ROSSEAU, J.-J. *Emili o de l'educació*. Vic: Eumo, 1985.

SACRISTÁN, A. (Comp.). *Sociedad del conocimiento, tecnología y educación*. Madrid: Morata, 2013.

SARAMAGO, J. *La caverna*. Madrid: Alfaguara, 2001.

SENNETT, R. *The craftsman*. Barcelona: CCCB, 2010.

TONUCCI, F. *La ciudad de los niños*. Buenos Aires: Losada, 1996.

TONUCCI, F. *Cuando los niños dicen ¡basta!* Madrid: Fundación Germán Sánchez Ruipérez, 2003.

TRILLA, J. *Otras educaciones*. Barcelona: Anthropos, 1993.

VÁZQUEZ CANO, E.; LÓPEZ MENESES, E.; SARASOLA SÁNCHEZ-SERRANO, J. L. *La expansión del conocimiento en abierto*: los MOOC. Barcelona: Octaedro, 2013.

ZAFRA, R. Entrevista de Eduardo Fernández Rodríguez. *Cuadernos de Pedagogía*, v. 440, p. 36-39, 2013.

ZEMOS98. *Educación expandida*. Sevilla: Zemos98, 2012.

LEITURAS SUGERIDAS

BORJA, J. *La ciudad conquistada*. Madrid: Alianza, 2003.

CARBONELL SEBARROJA, J. *Manuel Bartolomé Cossío*: una antología pedagógica. Madrid: Ministerio de Educación y Ciencia, 1999.

CARBONELL SEBARROJA, J. Escuela y entorno. In: CONGRESO INTERNACIONAL DE DIDÁCTICA: volver a pensar la educación. Madrid: Morata, 1995. v. I.

CARBONELL SEBARROJA, J. *Una educación para mañana*. Barcelona: Octaedro, 2008.

CAYLEY, D. *Conversaciones con Iván Illich*. Madrid: Enclave de Libros, 2013.

COL·LECTIU INVESTIGACIÓ. *Recerca activista i moviments socials*. Barcelona: El Viejo Topo, 2005.

DELGADO, M. *Sociedades movedizas:* pasos hacia una antropología de las calles. Barcelona: Anagrama, 2007.

DERECHOS de la infancia y autonomía en las ciudades actuales. In: ENCUENTRO LA CIUDAD DE LOS NIÑOS, 6. Madrid: Acción Educativa, 2010.

GIMENO SACRISTÁN, J. *Educar y convivir en la cultura global.* Madrid: Morata, 2001.

HANNOUN, H. *Iván Illich o la escuela sin sociedad.* Barcelona: Península, 1976.

ILLICH, I. et al. *Un mundo sin escuelas.* México: Nueva Imagen, 1977.

LEFEBVRE, H. *La producción del espacio.* Madrid: Capitán Swing, 2013.

PALACIOS, J. *La cuestión escolar.* Barcelona: Laia, 1978.

PUIG, J. M. (coord.) *Aprendizaje-servicio:* educación para la ciudadanía. Barcelona: Octaedro, 2006.

ROSSEAU, J-J. *Emilio, o De la educación.* Madrid: Alianza, 2005.

TAIBO, C.; VIVAS, E.; ANTENTAS, J. *La rebelión de los indignados*: el movimiento 15M: democracia real ¡ya! Madrid: Popular, 2010.

TRILLA, J. La ciudad educadora. *Cuadernos de Pedagogía,* v. 278, p. 44-50, 1999.

WAGENSBERG, J. *Si la naturaleza es la respuesta, ¿cuál es la pregunta?* Barcelona: Tusquets, 2002.

2

As pedagogias críticas

Ramón

Ramón tinha 9 anos, quando eu era professor na escola pública de La Pobla de Vallbona, no final dos anos de 1970. Aquele menino, de cabelos rebeldes e joelhos marcados pelos golpes do jogo e das aventuras na horta da escola, estava prematuramente etiquetado como um desastre, um fracasso. Foi assim que meus colegas o apresentaram, assim certificava seu histórico escolar e assim parecia ser percebido pela família e pelos vizinhos.

No entanto, rapidamente Ramón começou a ser uma criança muito admirada por seus amiguinhos de aula e, sem dúvida, também pelo seu professor. Todos esperávamos ansiosos, toda manhã, que se abrisse a porta da sala (claro, sempre com uns minutos de atraso) e aparecesse Ramón. O figura tirava de sua surrada mochila um papel amassado, que geralmente adornava com alguma mancha de óleo, e subia ao tablado, que algum dia tinha sido território exclusivo do professor, e se punha a ler. Então, saíam daquele papel as histórias mais lindas, mais imaginativas e mais divertidas que vocês podem supor. Ficávamos em silêncio, atentos e na expectativa, e aos poucos os olhares de meninas e meninos se acendiam com aquelas histórias.

Eu aproveitava aqueles textos livres, aquelas criações literárias, para trabalhar outro currículo, de outra maneira. Com Ramón desenhávamos, medíamos, contávamos, discutíamos, escrevíamos, pensávamos, viajávamos, líamos, cantávamos, sentíamos, aprendíamos. Com os textos de Ramón recuperei a cultura popular, a experiência da vida cotidiana, os desejos das crianças, os projetos que lhes davam ilusão, os saberes que desejavam, os territórios e culturas que desejavam explorar. Eu, então, começava a ensaiar a pedagogia Freinet e tinha muito claro que a escola devia estar a serviço do povo, e não ao contrário. Além disso, nunca esquecerei o terno e carinhoso reconhecimento do grupo para com este amiguinho, ao qual se conferiu, dentro do território livre da sala de aula, a autoridade de nos ajudar a crescer e a experimentar o verdadeiro sentido do viver. Com Ramón entrava na sala o sujeito, a biografia, a própria palavra, o desejo.

Suponho que vocês se dão conta de que não estou falando de didática, mas de política. De um modo de entender a escola, o professor e o currículo, nascido do desejo de emancipação, da vontade de resistir às pressões da escola reprodutora de desigualdades sociais e de buscar espaços para ensaiar pedagogias libertárias. Certamente foi esse desejo emancipatório que me aproximou da intuição e da experiência de partir e precisamente reconhecer o que a escola oficial – a do sucesso de uns e não de todos –, desprezava: o fracassado escolar.

Jaume Martínez Bonafé

ANTECEDENTES E REFERÊNCIAS

Os anos de 1960 e 1970 foram anos social e politicamente agitados – lutas de liberação colonial e nacional, protestos estudantis e contra a Guerra do Vietnam, etc. – que supõem o nascimento de movimentos sociais e contraculturais e a cristalização de novas ideias, que tratam de compreender melhor os envelhecidos e renovados mecanismos de reprodução social e inculcação ideológica do sistema capitalista, ao mesmo tempo em que se alimentam de sonhos e utopias para transformá-lo.

O campo da educação foi especialmente rico e prolixo na produção de novos relatos. Basta recordar, por exemplo, à parte das obras que serão mencionadas mais adiante, a publicação de *Ideología y aparatos ideológicos de Estado* (ALTHUSSER, 1970); *La reproducción* (BOURDIEU; PASSERON, 1970), que explica como se garante a reprodução das distintas classes sociais por meio da cultura dominante; ou *La escuela capitalista en Francia* (BAUDELOT; ESTABLET, 1971), em que se aplica a tese dos autores recém-mencionados ao contexto francês. Textos que tiveram um grande impacto, sobretudo nos círculos marxistas e progressistas.

Essa narrativa sociológica dos chamados "reproducionistas" enfatizava a estreita correspondência entre a infraestrutura (a economia) e a superestrutura (ideologia), até o ponto de considerar que a realidade era, fundamentalmente, o produto das estruturas do sistema dominante. Esse determinismo, como veremos em detalhe posteriormente, foi questionado radicalmente pelas pedagogias críticas, que atribuem um especial protagonismo ao sujeito como agente de mudança e transformação social.

Do que falamos quando nos referimos a pedagogias críticas? A gama epistemológica e conceitual é muito ampla, porque, até certo ponto, em sua definição se incluem todos os relatos que têm relação direta com a análise e a mudança social. Apesar disso, existe um consenso em apontar dois nomes importantes entre suas referências iniciais: Paulo Freire e Jürgen Habermas. A maioria dos autores que está comprometida com a crítica à escola e/ou com a escola crítica é influenciada por eles em maior ou menor medida.

Paulo Freire ou o despertar das consciências críticas

Seu pensamento, distante de dogmas e verdades absolutas – mas não neutro – e aberto a quantas ideias lhe permitem compreender e transformar a realidade a favor da igualdade e da promoção cultural dos desfavorecidos, está em contínua reconstrução e nunca se dá por acabado. Assim, são perceptíveis as marcas kantianas e hegelianas, o personalismo de Mounier e Lacroix, o cristianismo radical (vinculado à teologia da libertação), o marxismo – sobretudo, o cultural de Gramsci –, o "freudomarxismo" de Fromm e Marcuse, o estruturalismo, o pensamento de teóricos das lutas coloniais e outras influências humanistas.

Seus livros, nos quais se misturam os registros científico e poético, figuram entre os mais lidos e referenciados no mundo educativo contemporâneo e conformam uma das propostas mais sólidas e reconhecidas da educação popular e libertadora. Neles se destaca a dialética entre sujeito e objeto (ou entre subjetividade e objetividade), entre consciência e natureza e entre teoria e prática. Trata-se de uma educação que necessita tanto da formação técnica científica e profissional quanto de sonhos e utopias: "Não há mudança sem sonho, da mesma forma que não há sonho sem esperança", costumava repetir com frequência. Desejos e utopias que o próprio Freire vê como possíveis: porque a mutação das consciências mágica, ingênua e adormecida pode conduzir à transformação social. Sua obra foi escrita à luz da reflexão que lhe proporciona sua experiência como educador e seu compromisso político: foi militante do Partido dos Trabalhadores brasileiro e esteve alguns anos à frente da Secretaria de Educação de São Paulo.

No prático e teórico *La educación como práctica de la libertad* (1969), argumenta sobre a importância de alguns conceitos-chave: a conscientização, processo mediante o qual as pessoas, a partir de sua experiência cotidiana compartilhada, adquirem uma consciência crítica de si mesmas e da realidade, que transformam em ação. Sua prática pedagógica, antagônica aos cânones da educação tradicional e a algumas correntes renovadoras e construtivistas – que abstraem ou relativizam a centralidade do contexto social –, não se perde em receitas metodológicas. Ao contrário, como prática política, atinge o cerne da mudança democrática radical. Isso é percebido, principalmente, na *Pedagogía del oprimido* (1970), em que se analisam as diferenças entre a educação bancária ou domesticadora, como instrumento de opressão, e a educação libertadora. A primeira se limita a depositar uma informação nas mentes passivas e acríticas dos educandos, mediante uma comunicação unilateral, que exclui sua experiência e participação, a fim de que eles se adaptem e acomodem à ordem estabelecida.

A segunda, a libertadora, ao contrário, é uma educação problematizadora, em que o professor e o aluno criam de forma dialógica – outra das contribuições genuínas de Freire –, um conhecimento do mundo que é resultado de uma investigação do universo vivencial dos próprios educandos, que desperta suas consciências para lutar contra o sofrimento, a injustiça e a ignorância e pela transformação social. Sim, porque, para Freire, as pessoas são seres humanos nascidos para a transformação, e não para a mera adaptação. Neste diálogo horizontal, visualiza-se o reconhecimento do outro que se enriquece com a inter-relação, o intercâmbio e a aprendizagem mútua a partir de outra premissa muito freiriana: ninguém educa ninguém, ninguém educa a si mesmo, os homens se educam entre si, mediados pelo mundo; porque "ninguém ignora tudo, ninguém sabe tudo".

Por isso, a alfabetização das pessoas adultas – um ato político conscientizador – não pode acontecer de cima para baixo, mas de dentro para fora, pelo próprio analfabeto e com a simples colaboração do educador. Uma alfabetização que transcende o domínio mecânico da lectoescrita:

> Jamais aceitei que a prática educativa deveria limitar-se apenas à leitura da palavra, à leitura do texto, mas que deveria incluir a leitura do contexto, a leitura do mundo. Minha diferença está sobretudo no otimismo crítico e nada ingênuo, na esperança que me alenta e que não existe para os fatalistas. A questão está em como transformar as dificuldades em possibilidades. Por isso, na luta por mudar, não podemos ser nem só pacientes nem só impacientes, mas pacientemente impacientes. (FREIRE, 1970).

A sombra esperançadora de Freire é muito generosa e grande e, por ser um pensamento tão aberto e polissêmico, iluminou e recriou grande quantidade de discursos e práticas pedagógicas, que vai além da alfabetização de pessoas adultas, de atividades dialógicas ou de experiências de participação democrática horizontal, tanto na escola como em outros cenários educativos.

Habermas ou a ação comunicativa

Embora a origem da escola de Frankfurt se remonta ao ano de 1922, o que aqui se destaca é a contribuição mais genuinamente educativa e madura de Habermas, um de seus representantes mais significativos, com a obra *Teoría de la acción comunicativa* (1988). Seu pensamento oscila entre a vinculação ao pensamento ilustrado da modernidade, tomando como principal referência a contribuição kantiana sobre a relação entre subjetividade e racionalidade, e a dialética marxista, que lhe serve para compreender as relações de opressão na sociedade pós-industrial, a fim de revelar o conteúdo da razão instrumental que, em nome da eficiência, oculta os interesses das classes dominantes e de propor sua própria visão do projeto emancipador.

Essa teoria da ação comunicativa contempla, simultaneamente, a sociedade como mundo de vida (as esferas da vida privada e da opinião pública) e como sistema (o econômico e o administrativo). Nesses quatro âmbitos, produzem-se múltiplas relações de intercâmbio mediante o dinheiro e o poder. No entanto, dentro dessa rede sistêmica – e aí temos um elemento central da teoria de Habermas – as estruturas não anulam a intervenção do sujeito como protagonista. Ao contrário, pela ação comunicativa, e não atuando como ser individual, mas como ente coletivo, esse consegue fazer acordos e coordenar ações voltadas à transformação social.

A linguagem atua como um importante mediador para a conquista de acordos e entendimento. Neste diálogo e cooperação intensa, que incorpora a pergunta, a reflexão, a crítica, o dissenso e o consenso, vão se trabalhando a competência comunicativa, a compreensão subjetiva do mundo e a consciência crítica; condições necessárias para a emancipação individual e coletiva.

O desenvolvimento e a concretização da teoria de Habermas no campo da educação estão na obra de W. Carr e S. Kemmis, em *Teoría crítica de la enseñanza* (1988), em que são muitas as distinções habermasianas entre a via relacionada aos saberes e interesses técnicos, destinados a controlar e regular objetos mediante a pesquisa empírico-analítica; a via dos interesses práticos, em que se busca o entendimento humano mediante a pesquisa hermenêutico-interpretativa; e a terceira via, teorizada por Habermas, em que se descobrem a unidade e a superação das anteriores mediante a relação dialética entre teoria e prática.

Carr e Kemmis consideram que os problemas da educação são basicamente práticos. Por isso, estabelecem um marco de atuação que lhes permite abordá-los: a pesquisa crítica ou pesquisa-ação.

> A pesquisa-ação (action research) é, simplesmente, uma forma de indagação autorreflexiva que empreendem os participantes em situações sociais para melhorar a racionalidade e a justiça de suas próprias práticas, seu entendimento delas e as situações em que acontecem. (CARR; KEMMIS, 1988).

Uma pesquisa-ação propõe-se à melhoria da prática e de sua situação, a uma maior compreensão sobre elas. Esse modelo de pesquisa-ação difere do teorizado e impulsionado por John Elliot, na medida em que o seu se situa na perspectiva prática da mera interpretação, eludindo explicações e teorizações externas, o que para Carr e Kemmis é de suma importância para captar a função e os efeitos estruturais das diversas dimensões educativas que incidem na sala de aula e na escola; ou seja, para relacionar o micro com o macro no horizonte da perspectiva crítica e emancipadora.

Para os pedagogos, da mesma forma que para outros autores críticos, não existe a neutralidade em nenhum processo de intervenção e pesquisa educativa: sempre estão carregados de valores. Nesse sentido, questionam as teorias da pesquisa positivista e empírica, que apenas reconhecem a medição quantificável, e qualificam como pouco científicas e, inclusive, irracionais as teorias políticas não empíricas. Em contrapartida, indicam outros caminhos de pesquisa e conhecimento, de ordem qualitativa, de ampla implantação e credibilidade, tanto na educação como em outras ciências sociais.

É preciso dizer que o modelo de pesquisa de Kemmis e Carr teve certa repercussão nos grupos inovadores espanhóis da década de 1980, coincidindo com uma fase experimental da reforma que respeitava e inclusive alimentava o debate e a aplicação de diversos discursos e práticas críticas e alternativas. Uma situação experimental que desapareceu rapidamente ao se impor a LOGSE* (reforma socialista) e um Projeto Curricular Básico (o DCB, em espanhol), de inspiração construtivista psicológica.

MARCAS COMUNS DE IDENTIDADE

Existe uma grande complexidade e confusão no momento de delimitar a cartografia das pedagogias críticas, em função das classificações ou definições mais amplas ou restritivas. Antes de indicar os traços comuns, seria necessário comentar algumas singularidades e aspectos marcantes dos estudos de cinco autores selecionados. Aqui e em outros capítulos do livro, pode-se pensar na seguinte frase: "São todos os que estão, mas não estão todos os que são". Vejamos.

Michael Apple, inicialmente influenciado por Habermas, continua na esteira do neomarxismo cultural gramsciano. Ele é um sociólogo muito comprometido com a transformação educativa e social – esferas que para ele são inseparáveis. Apple foi um dos pioneiros que denunciou o Reproducionismo, com sua pertinente resposta da resistência, e que analisa o fundo ideológico da relação e dos modos dominantes do pensamento curricular (APPLE, 1986; 1996), com um amplo estudo sobre a produção e a função dos livros didáticos: "Em todo o mundo, o conhecimento oficial se resume ao livro-texto; é a essência do currículo, é onde se definem quais conhecimentos são ensinados" (APPLE, 1997; 1998). Em sua rica produção, também denuncia o impacto na prática educativa das políticas mais rea-

---

* Ver nota de rodapé na p. vii.

cionárias da nova direita, bem como a comercialização e a privatização das escolas por parte do neoliberalismo, que trata de reduzir a política à economia, convertendo o mundo em um vasto supermercado. Michael também realizou um estudo sobre uma amostra de quatro instituições de ensino dos Estados Unidos, que lhe permitiu caracterizar os componentes de uma escola e de um currículo democrático (participação da comunidade, inclusão, cooperação e busca do bem comum), uma importante contribuição ao Movimento Internacional das Escolas Democráticas, que na Espanha resultou em algumas publicações (APPLE, 1997; FEITO; LÓPEZ RUIZ, 2008).

Henry Giroux, ativista intelectual e um dos fundadores da pedagogia crítica nos Estados Unidos, nutre-se de uma ampla diversidade de tradições teóricas: Marx, Gramsci, a Escola de Frankfurt (Adorno, Marcuse, Horkheimer e Habermas), Freire, Willis, Giddens, Bauman, entre outros. Seu relato contempla as escolas como esferas públicas democráticas, com a tarefa de educar os estudantes na linguagem crítica, a possibilidade e a democracia:

> Devemos começar a definirmos como cidadãos críticos, cujos saberes e ações coletivas pressuponham algumas visões específicas da vida pública, a comunidade e a responsabilidade moral, e não como figuras secundárias, de vanguarda, profissionais e acadêmicos que atuam sozinhos. (GIROUX, 2005; 1993).

Nesse sentido, teoriza a importância de conscientizar e capacitar os educadores e profissionais de outros âmbitos sociais e culturais, para que se convertam em intelectuais transformadores, abrindo vias de resistência e emancipação (GIROUX, 1990). Esse é um dos eixos constantes de reflexão. O outro está relacionado aos estudos culturais, à política cultural e ao impacto que os meios de comunicação e outros artefatos extraescolares têm sobre a infância e a juventude: o trabalho sobre a cultura popular na televisão, no cinema e na música servem para mostrar-lhe que os valores e significados sociais são produzidos tanto no currículo escolar como no campo mais amplo da cultura. E como férreo defensor da democracia radical, opõe-se ao neoliberalismo, ao fundamentalismo religioso, ao militarismo, ao imperialismo e a outros "ismos" que penetram e se instalam na instituição escolar.

Basil Berstein, sociólogo e sociolinguista anglo-saxão, com influências de Durkheim e alguns pontos de conexão com o estruturalismo, também se dirige à crítica da reprodução, mas se interessa, sobretudo, pela análise do discurso pedagógico: sua tese é de que os reproducionistas focam seu interesse no que se transmite – já ele defende que o crucial está no que sucede durante o processo de transmissão e comunicação. Para isso, analisa os mecanismos de controle que operam no ensino transmissor e os mecanismos de poder que sancionam a classificação do saber: o que é legítimo ou não de se incluir no currículo (BERSTEIN, 1988; 2001). Outra contribuição muito original e emblemática parte destas duas perguntas: como se aprendem as atitudes de uma classe social? Como se traduzem em estruturas de consciência as configurações de uma classe social? E aqui entra o conceito de código:

> O código é precisamente a gramática da classe social. O código é a gramática implícita e diferencialmente adquirida pelas pessoas das diferentes classes, uma gramática que lhes permite distinguir entre os variados contextos, distinguir quais são os significados relevantes em cada um e como expressá-los publicamente. (BERSTEIN, 2001).

Existem dois códigos: o elaborado, de caráter universal e alheio ao contexto; o próprio das classes dirigentes e médias, imposto na escola, e o restrito, que depende do contexto e é usado pela classe trabalhadora. A discrepância entre esses dois códigos é apontada como uma das causas do fracasso escolar (BERSTEIN, 1989). No interessante filme *Entre os muros da escola*, de Laurent Cantet, há uma longa e substanciosa sequência sobre o uso dos tempos verbais – na realidade, sobre o pretérito imperfeito do subjuntivo –, que ilustra perfeitamente a distância entre ambos os códigos.

A obra de Paul Willis, *Aprendiendo a trabajar* (1988), constitui um marco da sociologia e da pedagogia crítica. Trata-se de um trabalho etnográfico realizado na Inglaterra dos anos de 1980, quando ele acompanhou um grupo de jovens da classe operária, de uma escola de ensino médio em suas atividades escolares e laborais. Willis, também temeroso do determinismo econômico das teorias reproducionistas, tratava de averiguar por que esses jovens se inclinavam voluntariamente pelos trabalhos manuais.

Suspeitou que seus destinos estavam condicionados a um currículo fortemente mediado por valores masculinos que correspondiam aos da cultura trabalhadora da fábrica. Entretanto, também percebeu que essa predisposição não se devia a uma carência de capacidades por parte dos estudantes, mas sim ao seu desprezo pelo modelo escolar imposto, que obedecia a códigos culturais que não geravam identificação alguma, por estarem muito distantes de seu contexto cotidiano e de seus desejos. Essa pesquisa suscitou um amplo debate entre reproducionistas e críticos. Estes últimos apontaram que o que se evidenciava não era o fracasso dos alunos, senão o da escola como instituição socialmente inclusiva. Ademais, argumentavam que existem espaços de resistência e autonomia, em que os jovens podem desenvolver seu potencial criativo para que atuem como agentes de promoção e igualdade. Precisamente em *Cultura viva* (1998) e em outros trabalhos mais recentes, Willis apresenta novos elementos sobre a capacidade dos jovens, quando estes se envolvem em experiências culturais não impostas a partir de cima, que são construídas pela autonomia, respondendo a seus próprios interesses e códigos de identificação.

Peter McLaren, freirista declarado, é um dos críticos mais ferozes, tanto na linguagem quanto no conteúdo, do capitalismo e neoliberalismo global: por suas consequências para a construção da subjetividade e identidade, pela colonização de todo o espaço geográfico e social, pela criação de novas divisões e aumento da desigualdade social, pelo esvaziamento de toda a identidade racial e étnica, pela fragilidade democrática – apesar de sua extensão universal – e pelo deslocamento e dissolução do sujeito como consequência de sua condição pós-moderna. "Vivemos em um mundo regido por gângsteres de alta tecnologia, engenheiros genéticos e ladrões empresariais" (McLAREN, 2008). Em seu último livro, *Capitalistas y conquistadores. Una pedagogía contra el Imperio* (2012), recorda as ideias essenciais sobre a pedagogia crítica, às quais não se deve renunciar:

> Prática de crítica e crítica da prática hegemônica; pedagogia das perguntas sobre quem e como se moldam as lentes capitalistas com que interpretamos o mundo; pedagogia que humaniza as relações na sala de aula a partir do compromisso com a justiça social; essa pedagogia é uma pedagogia revolucionária crítica. (MARTÍNEZ BONAFÉ, 2013).

E o autor se lamenta, profundamente, do que considera um esquecimento injustificável: as relações e a luta de classes – afastando-a do sexismo e do racismo – por parte do pós-modernismo, dos estudos culturais, das universidades e, inclusive, de alguns setores das pedagogias críticas.

Vejamos alguns dos atributos comuns a esses e a outros pedagogos críticos.

Da crítica à transformação

É importante acrescentar a esses dois conceitos nucleares os de hegemonia, resistência, possibilidade, esperança, liberação, emancipação, diálogo intersubjetivo, consciência e autoconsciência, empoderamento, contexto, participação, etc. A questão-chave reside na combinação equilibrada entre a linguagem da crítica – que analisa as diversas e complexas relações de poder, interesses, discursos, estruturas, tensões e contradições que operam no interior da instituição escolar, e que causam situações de sofrimento, opressão, injustiça e desigualdade – e a linguagem da possibilidade, que traz confiança e favorece a mediação e a ação humana para gerar experiências culturais alternativas e espaços de transformação e emancipação social, sempre pensando nos grupos mais frágeis e desfavorecidos. Portanto, há um desprezo frontal aos mecanismos e valores que conformam o sistema educativo capitalista em sua expressão neoconservadora e neoliberal (mercantilização, individualismo, competitividade, privatização, razão técnica instrumental, avaliações padronizadas, etc.). Não obstante, também existe um desprezo ao determinismo econômico da ortodoxia marxista da reprodução.

No caminho para a emancipação transformadora estão muito presentes, embora com diversas modulações, a proposta dialógica de Freire e a ação comunicativa de Habermas, que se expressam no reconhecimento da subjetividade do sujeito, no livre diálogo entre estudantes e professores, na convivência e participação democrática ou na construção de um conhecimento não fragmentado e não alheio à experiência dos alunos. Tudo isso ajuda a construir uma comunidade de aprendizagem crítica.

Contra a neutralidade, o pensamento único e a fragmentação curricular

O que se ensina na escola? Por que se transmite um determinado conhecimento escolar? De quem é o conhecimento que tem mais valor? É óbvio que o conhecimento regulado nos livros didáticos e transmitido nas salas de aula não é neutro, mas sim obedece a uma poderosa trama de interesses, relações e estruturas ideológicas por parte de grupos que disputam o controle da escola. Uma alternativa para isso estaria, portanto, na seleção e hierarquização dos diversos conteúdos do currículo: o que se considera básico ou secundário, que matérias podem ser incluídas ou excluídas nas reformas educativas, que preferência e espaço têm, entre outros. Por parte das pedagogias críticas existe abundante e substanciosa literatura sobre o diagnóstico e a reflexão em torno do currículo explícito e oculto – um acúmulo de atitudes, comportamentos, normas, rituais, gestos e práticas corporais que condicionam extraordinariamente a socialização dos alunos –, em que se destacam as estreitas interconexões entre poder, ideologia, conhecimento e ensino escolar.

De forma geral, um currículo crítico e emancipador se configura a partir destas premissas:

- Diante do caráter essencialista e do pensamento único, propõe-se um currículo que respeite a mais ampla diversidade epistemológica, social e cultural, sobretudo das vozes mais marginalizadas e excluídas.

- Diante da sala de aula como espaço negado ao sujeito, defende-se a criação de espaços onde os estudantes construam seus próprios marcos de significação do conhecimento.

- Ante o caráter não histórico e não contextual, propõe-se um currículo que reivindique a memória, que se conecte com a experiência local da comunidade escolar e se projete para um mundo mais justo e esperançoso.

- Ante o império da racionalidade que coloniza o espaço escolar de interesses e dispositivos técnicos, a prioridade deve recair sobre as considerações éticas.

- Diante da fragmentação curricular, que se opte pela integração de saberes.

- Diante da superioridade e a compartimentalização das diversas dimensões do ser humano, que se aposte firmemente pela relação entre o sujeito e o conhecimento, entre a razão e o sentimento, entre o conhecimento e a emoção, ou entre a estética e a ética.

Multiculturalismo e feminismo: entre a diversidade e a igualdade

O foco inicial de análise sobre a classe social foi sendo ampliado e, em alguns casos, deslocado para as manifestações dos grupos culturais e étnicos e para as relações de gênero. As pedagogias críticas enfocam o estudo do multiculturalismo sem separá-lo das relações de poder que discriminam e inferiorizam, de maneira explícita ou sutil, diversos grupos de imigrantes – uns mais do que os outros – e grupos étnicos, como o povo cigano. Seus posicionamentos são respeitosos, com o reconhecimento da diversidade cultural para evitar os processos de assimilação e aculturação. O currículo crítico questiona a construção social da raça e da etnia, bem como o enfoque essencialista que sanciona o modelo acadêmico dominante da cultura branca, masculina e heterossexual. Em contrapartida, propõe uma agenda educativa antirracista a partir do diálogo intercultural, que se fundamenta no respeito às identidades culturais, linguísticas e de todo tipo, mas não às diferenças que geram ou reproduzem situações de desigualdade, porque os seres humanos são mais iguais do que diferentes.

A partir de uma perspectiva similar, abordam-se diversas questões relacionadas ao gênero e ao feminismo: a cristalização dos estereótipos sexuais na vida escolar; a persistência do pensamento e do imaginário masculino como modelo dominante; a construção ideológica da masculinidade e seu lugar no currículo; as estreitas conexões entre conhecimento, identidade de gênero e poder (TADEU DA SILVA, 2001); e a transformação das práticas de diferenciação em críticas, depois de um processo de conscientização e empoderamento. Nesse sentido, mostram-se as possibilidades da escola de incorporar histórias esquecidas, de reescrever narrativas e de modificar o currículo oficial com a voz e a experiência das minorias silenciadas por razões de classe social, etnia ou gênero. Existe um permanente debate em torno das novas vias de avanço – além do acesso da mulher a todas as partes do sistema educacional e de outras conquistas sociais não menos significativas; sobre a genealogia feminina e seu processo emancipador entre os diversos feminismos da diferença – que defende aspectos específicos da mulher, como a maternidade, tipos de relações ou o fato de se nomear o mundo em feminino; e os feminismos da igualdade. Um debate que o pós-modernismo provocou a título de enfrentamento e que as pedagogias críticas encaram a partir de uma perspectiva dialógica.

O diálogo e a cultura cruzam os muros da sala de aula

> Não é apenas o que acontece nas escolas que define o processo de subjetivação. A cidade e as suas práticas econômicas, sociais e culturais constituem um potente programa de educação, que acaba conformando identidades e conhecimento prático. (MARTÍNEZ BONAFÉ, 2013).

O enorme e multifacetado capital de aprendizagem e formação, que se desenvolve em outros cenários não escolares, será amplamente comentado em outro capítulo (veja "As pedagogias não institucionais").

A lente das pedagogias críticas se detém em três âmbitos de interesse:

a. A concepção do público, e da escola pública em particular, que não é associada à ideia do estatal nem do corporativo, mas sim à comunidade. Assim, no processo de diálogo e participação, estão implicados os diversos agentes da comunidade educativa e social, além dos professores, mães, pais, alunos, outros familiares, profissionais de serviços sociais e culturais, de entidades locais ou associações de bairro.

b. A criação de um movimento educativo e social transformador, que articule demandas setoriais e globais em prol de uma sociedade mais justa, equitativa e democrática.

c. Um aprofundamento nos estudos culturais, a partir da pesquisa etnográfica e da interpretação textual, no currículo escolar e na agenda de outras instâncias culturais e sociais, assim como nas distintas criações da cultura popular e juvenil, conforme os estudos de Giroux e Willis.

A cultura popular, com sua televisão, filmes, videogames, computadores, música, danças e outras manifestações, desempenha um papel cada dia mais importante na pesquisa crítica sobre o poder e a dominação. Os estudos culturais, certamente, ocupam um lugar que não deixa de expandir-se nesse contexto, já que examinam não só a cultura popular, mas também as regras tácitas que guiam a produção cultural. (KINCHELOE, 2008).

O professor como transformador intelectual

Esta é, provavelmente, a melhor definição de educador. Os professores não podem ser vistos como técnicos ou burocratas, senão como pessoas comprometidas nas atividades de crítica e questionamento, a serviço do processo de libertação e emancipação. As pedagogias críticas desaprovam o papel docente de mero transmissor e executor das ideias de outros, em dívida com o paradigma do profissionalismo da eficácia tecnocrática.

Também discordam da noção vulgar do intelectual fechado em seu mundo, sem aterrissar na realidade da prática. José María Rozada introduz uma matização gramsciana sobre a função do intelectual que não é superficial: podemos dizer que todos os homens são intelectuais, mas nem todos assumem essa função na sociedade. "A ideia gramsciana de intelectual está ligada ao reencontro do papel do superestrutural, das condições subjetivas, da luta ideológica na transformação da realidade" (ROZADA, 1997).

Da mesma forma, compreende-se a figura do professor como um pesquisador crítico ou prático reflexivo. E, acima de tudo, sempre aparece a palavra-chave que define o DNA dessas pedagogias: *compromisso*. Vocábulo que está associado ao ativismo e à militância em muitos casos. Compromisso para desenvolver a reflexão e a ação críticas; para dar voz aos estudantes e acompanhá-los na luta para humanizar as relações sociais e superar todo tipo de injustiça; compromisso para desprezar as fórmulas fáceis, os clichês preestabelecidos e os discursos que fogem da problematização; e o compromisso para ensaiar novas formas de relação pedagógica e política, que sirvam de ensaio para a democracia radical. Entãi, aqui chegamos ao desafio crucial: conseguir que o pedagógico seja mais político e o político, mais pedagógico.

Tornar o político mais pedagógico significa servir-se de formas pedagógicas que encarnem interesses políticos de natureza libertadora; isto é, usar formas da pedagogia que tratem os estudantes como sujeitos críticos, problematizar o conhecimento, recorrer ao diálogo crítico e positivo e apoiar a luta por um mundo qualitativamente melhor para todas as pessoas. (GIROUX, 1990)

EXPERIÊNCIAS

Fedicaria: didática crítica

A Federação Icaria (Fedicaria), cuja origem remonta ao ano de 1991, é uma associação independente formada por professores, grande parte de história, geografia e ciências sociais, de diversos níveis educativos e Comunidades Autônomas da Espanha. Trata-se uma plataforma de pensamento crítico, com um alto nível de pesquisa e debate, cujo objetivo geral é pensar e aplicar uma didática orientada para o estudo dos problemas sociais relevantes de nosso tempo. As ideias-força desse modelo de didática crítica são: problematizar o presente; pensar historicamente, tratando de compreender a constituição sócio-histórica de nossos problemas e de desvelar as contradições e injustiças de uma racionalidade distorcida; educar o desejo, mobilizando a pulsão e o prazer pelo conhecimento; aprender dialogando mediante uma relação mais horizontal e comunicativa entre professores e alunos; e impugnar os códigos profissionais: as regras mais comuns e rotineiras do comportamento docente. Essa crítica ideológica sobre o currículo, que se assenta no método genealógico foucaultiano, questiona a lógica reprodutora da instituição escolar (CUESTA et al., 2005).

Suas atividades se centram em três âmbitos: pesquisa sobre projetos e materiais curriculares, problemas sociais e ambientais, conhecimento escolar e saber pedagógico; inovação e transformação da escola e fundamentos de uma didática crítica e história da educação; seminários e encontros anuais, bem como publicações. Todas essas atividades dispõem de vários textos e de um meio de expressão: "ConCiencia Social", anuário que é editado desde 1997 e que aspira a se converter em uma plataforma viva de difusão, debate e contraste de ideias sobre todos os aspectos que convergem e intervêm na construção, ensino e distribuição do conhecimento social.

Hegoa: cooperação, desenvolvimento e emancipação

Hegoa ("O Sul", em euskera) é o Instituto de Estudos sobre Desenvolvimento e Cooperação Internacional, uma associação que nasceu em 1987 e que, desde 1999, passou a ser um instituto da Universidade do País Basco (UPV/EHU), com a qual colabora frequentemente em projetos de pesquisa, programas de doutorado e estudos de pós-graduação, em que são oferecidas especializações sobre globalização, desenvolvimento e cooperação. Seu objetivo é contribuir para gerar um pensamento crítico, uma formação mais acadêmica e uma cidadania comprometida com a justiça social e a igualdade. Sua atividade se estrutura em quatro áreas: pesquisa, educação para o desenvolvimento, formação e documentação, assessoria e apoio técnico. Hegoa concebe a educação para o desenvolvimento (ED) como uma estratégia imprescindível para a mudança social, para a construção de uma cidadania global, crítica e ativa, entendida como o sujeito político transformador. Considera também que a ED deve responder a um enfoque feminista e intercultural como ponto inicial de leitura da realidade e de projeção política e educativa. Diante da necessidade de constante análise crítica da realidade sociopolítica; do questionamento do conceito de desenvolvimento, junto à reflexão sobre o papel dos movimentos sociais emancipadores; e depois de uma série de debates e análises sobre outros modelos e projetos utópicos, decidiu-se substituir o conceito de desenvolvimento, devido a suas conotações econômicas e neoliberais, pelo de emancipação. Acredita-se que este se adapta melhor aos postulados da educação popular freiriana e da pedagogia crítica, com os desafios atuais da cidadania global no marco da crescente globalização neoliberal.

Coletivo Escola Aberta

É um movimento de renovação pedagógica – existem muitos outros com características similares – que foi criado no ano de 1980 em Getafe (Madrid) e que é formado por pessoas vinculadas ao mundo da educação: docentes, alunos, mães, pais e outros profissionais. Seu objetivo é a renovação continuada de sua prática educativa na sala de aula, na escola e na comunidade, sempre com a perspectiva de avançar na direção de uma sociedade mais livre, justa, igualitária e democrática. Em suas análises e reflexões, desde a cooperação e a relação horizontal, existe sempre o compromisso de articular o pedagógico com o político, o micro com o macro. Por isso, são muito críticos com as políticas e reformas conservadoras e neoliberais. Defendem um modelo de escola pública comunitária, científica, laica, democrática, inclusiva e solidária. Em torno desses princípios, coordenam-se outros movimentos da Comunidade de Madrid e do resto do país, na Confederação de Movimentos de Renovação Pedagógica (MRP).

Suas atividades mais habituais são: a reflexão sobre sua prática educativa; o debate e a apresentação de propostas para avançar no modelo de escola pública; o intercâmbio de experiências educativas que ajudam os envolvidos a desenvolver sua tarefa como pais, professores e educadores, tanto nas instituições escolares como em outros cenários formativos; a elaboração de materiais didáticos; o trabalho em colaboração com outras organizações que atuam em projetos de progresso social, tais como as Plataformas pela Escola Pública; e a organização de jornadas de formação, como a Escola de Verão de Getafe. Em suas últimas edições, os temas centrais de debate foram: "Dialogar, inovar, reaprender", "Educação em tempo de crise", "Escola pública e desenvolvimento local comunitário" e "Educação crítica e criativa".

Tertúlias dialógicas

A primeira que se tem notícia na Espanha aconteceu em 1980, no centro de educação de adultos do bairro Verneda de Sant Martí, em Barcelona, nas aulas de alfabetização e novos leitores. Nestas tertúlias literárias semanais, são comentados romances e poemas de Joyce, Cervantes, Cortázar e Lorca, são compartilhadas vivências cotidianas e fragmentos biográficos: de imigração, sofrimento, pobreza, amizades, desejos realizados ou insatisfeitos, exploração, lutas, desigualdades e discriminações de todo tipo, esperanças...

Essa tertúlia, no estilo da aprendizagem dialógica, que se inspira na educação freiriana e na ação comunicativa de Habermas, converte-se em uma estratégia efetiva para superar a exclusão educativa, para converter as dificuldades em possibilidades. Está baseada em sete princípios: diálogo igualitário, inteligência cultural, transformação, dimensão instrumental, criação de sentido, solidariedade e igualdade de diferença (FLECHA, 1997). Embora as tertúlias literárias dialógicas tenham começado em espaços de educação para pessoas adultas, hoje acontecem também nos ensinos fundamental, médio e superior, bem como em outros espaços formativos, às vezes com a confluência de diversas gerações. Nessas atividades, sempre se compartilham reflexões, dúvidas e opiniões sobre a leitura de textos de alto valor cultural e literário. A leitura da palavra leva à leitura do mundo, favorecendo um pensamento crítico, plural e diverso, que enriquece todos os seus participantes.

Partindo dessas premissas, também se desenvolve uma sugestiva tertúlia de literatura infantil e juvenil, na Universidade Jaume I (Castelló de la Plana), dentro da formação inicial de professores, em que as leituras e diálogos se relacionam com o gênero, a interculturalidade, a diversidade e a paz (AGUILAR, 2013).

A educação no Movimento dos Trabalhadores Rurais Sem Terra do Brasil (MST)

Trata-se de um dos movimentos sociais mais emblemáticos da América-Latina, tanto pelo seu peso quantitativo quanto pela sua dimensão qualitativa, que se nutre dos aromas marxistas e freirianos. Sua origem remonta aos anos de 1970, e entre seus objetivos está a luta pela terra, a reforma agrária e a construção de uma sociedade mais justa, sem explorados nem exploradores. Seus membros ocupam terras improdutivas, onde estabelecem assentamentos com uma sólida organização comunitária.

A educação adquire uma grande relevância e tem três dimensões: o resgate da dignidade para milhares de famílias que voltam a ter raízes e projetos, o desenvolvimento de uma identidade coletiva e a construção de um projeto educativo para as diferentes gerações de famílias dos Sem Terra, que combina escolarização com preocupações mais amplas de formação humana e capacitação de militantes. "Um desafio pedagógico do MST é ajudar as pessoas a fazer uma nova síntese cultural que combine seu passado, presente e futuro, em uma nova e arraigada identidade pessoal e coletiva" (SALETE, 2001). As pessoas se educam, aprendendo a ser nas ações que realizam e nas obras que produzem, aprendendo a conhecer para resolver, produzindo e reproduzindo cultura; e as pessoas se educam em coletividades: os Sem Terra aprendem com o grupo – este é o grande sujeito da luta pela terra e seu grande educador. O projeto educativo das escolas, gerenciado por educadores e educandos, contempla as práticas formativas em diferentes tempos e espaços: classes dedicadas ao estudo, oficinas e trabalhos produtivos. Uma grande relevância é atribuída à sistematização das práticas: "Registrar e refletir acerca das práticas também é uma prática que ajuda a garantir a qualidade do processo pedagógico" (SALETE, 2001).

A Universidade Transumante

O projeto nasceu da Cátedra de Sociologia da Educação, da Universidad Nacional de San Luis, Argentina, e do grupo "Sendas para la Educación Popular", do mesmo país. Seu objetivo é repensar as práticas sociais e políticas, suscitando a criação de diversos grupos ou "nós" que trabalham em rede, promovem o intercâmbio e, ao mesmo tempo, geram diversos paradigmas e projetos alternativos, desde a formação, comunicação e produção de arte popular.

O transumante não busca as melhores terras para lá se fixar, mas para extrair virtudes ainda não percebidas da própria terra. Sua referência à pedagogia popular, à tradição do circo crioulo e ao novo folclore dos artistas populares, com o qual chegam aos povoados, dá lugar a uma disposição cultural inédita para se convocar o trabalho de construção e conceitualização de uma futura cidade. Não se trata de mudar o mundo, senão de criar outro, outro país paralelo (o oculto e o negado) como uma forma de contrapoder. Algo que se vai conseguindo mediante uma viagem pelas cidadezinhas do interior do país, que são percorridas a partir das possibilidades de cada um, e desde o que do outro e com o outro se aprende, bem como a ideia freiriana de que ninguém educa ninguém, ninguém é educado por outra pessoa, todos nos educamos juntos.

Nas oficinas, nas escolas rurais e nos encontros entre diversas redes transumantes estão muito presentes a pesquisa e a leitura da realidade cotidiana, a escuta profunda, a pergunta permanente, o diálogo entre saberes e sentimentos, a reflexão política, a ética e a estética, a participação horizontal, o consenso democrático, a liberdade e autonomia, a eficiência – não a eficiência como conceito ligado à competitividade e produtividade do sistema capitalista – e o registro e a devolução do que se fala e propõe. Ademais, nas feiras transumantes mistura-se a dança, o teatro, a música, o artesanato e a multimídia.

Os orçamentos participativos como processo educativo

Trata-se de um instrumento de participação popular e de democracia direta, que permite aos cidadãos intervir na tomada de decisões sobre uma parte dos orçamentos municipais.

A primeira experiência aconteceu em 1988, na cidade brasileira de Porto Alegre, com a ascensão política do Partido dos Trabalhadores. Nas diferentes zonas da cidade, constituem-se conselhos populares, e a democracia direta atua de contrapeso das várias classes sociais por meio das assembleias públicas abertas. Nesses encontros, a situação do orçamento anterior é examinada, e as prioridades para o próximo ano são votadas. Uma das demandas mais solicitadas foi a criação de escolas infantis. Essa experiência, apesar de que se tenha diluído depois da mudança de governo em 2004, significou um marco histórico na reinvenção e apropriação do espaço público por parte dos cidadãos, assim como um processo de sólida formação pedagógica e política. Prova disso é sua extensão a outras cidades latino-americanas e espanholas e também a pequenos povoados, como é o caso de Figaró-Montmany, em Barcelona, onde o processo participativo e a assembleia foram sendo consolidados. Decide-se o que fazer com uma quantidade que oscila entre 5 e 10% do orçamento – é preciso considerar que boa parte é gasta com salários e gastos ordinários.

Existem diversos mecanismos de participação: conselhos do povo, grupos de discussão com diversas entidades, consulta popular, audiência pública de devolutiva, processo de avaliação, entre outros. Um dos setores mais implicados é a infância: governos municipais estabelecem canais de comunicação com as famílias por meio das crianças. Assim, o debate sobre como melhorar essas pequenas cidades também é compartilhado e enriquece os lares.

CONCLUSÃO: QUESTÕES PARA O DEBATE

1. *O que é hoje a pedagogia crítica?* Onde começa e termina essa corrente de pensamento que se declara não dogmática, que se nutre de tradições diversas e que está – ou talvez esteve – em evolução contínua? É oportuno recordar aquilo que dizia Marx: "Eu não sou marxista", o que mais tarde foi cunhado por Freire: "Eu não sou freirista". Por isso, os limites do que cabe e não cabe nas pedagogias críticas são imprecisos – igual ao que sucede com o marxismo ou com a própria pedagogia como disciplina –, e provavelmente o leitor perceba algumas ausências. Por acaso a genealogia de Foucault, a contribuição socioconstrutivista de Vygotsky e o pensamento de Boaventura de Sousa não merecem um comentário? É possível que mereçam, mas, como foi comentado no prólogo, o espaço não permite estas e outras matizações em uma obra de registro informativo.

   Além disso, não podemos esquecer que os significados dos conceitos são interpretações e construções subjetivas. Assim, é mais pertinente falar de pedagogias críticas, no plural. Também é verdade que hoje tudo que está relacionado ao pensamento crítico – que não com a pedagogia – está na moda, vende bem e é utilizado com a banalização e depreciação de seu sentido original.

   Umas perguntas finais envenenadas: O que ou quem é um professor crítico? Que atributos o distinguem e o definem? São necessários e suficientes o acompanhamento, a cumplicidade ou a vinculação a determinados discursos críticos, aos diversos "ismos" que foram mencionados? Depende e, com frequência, é um problema de coerência e compromisso transformador com as próprias práticas educativas. Quantos professores se dizem críticos e revolucionários – e realmente podem ser em seu pensamento e inclusive em suas manifestações contra a política educativa –, mas, dentro da sala de aula, são manifestamente tradicionais e conservadores? É evidente que não se pode prescindir das ideias e teorias; no entanto, também adquire grande relevância a atitude (de inconformismo e revolta), o espírito, a ação, a prática, a forma de trabalhar, o compromisso, o modo de ser e se comportar.

Em uma interessantíssima conversa sobre a pedagogia crítica entre Julio Rogero, Martín Rodríguez Rojo e José María Rozada, este último afirma:

> Eu definiria a pedagogia crítica mais como uma estrutura do que como um conteúdo. Não a entendo como um conjunto de ideias procedentes de fontes que concluem em um novo discurso chamado pedagogia crítica e que deve se transmitir aos demais. Para mim é uma estrutura para pôr ordem em um processo, é uma forma de trabalho para se enfrentar a já mencionada alienação de que padecemos, quando nos submetemos a uma série de rotinas, de tradições que não nos atrevemos a questionar, que o aparato institucional nos impõe e que foram cultivadas ao longo da história da profissão. (CASCANTE, 2003).

2. *Sua vigência atual nas escolas.* Sempre se sustentou que nessas pedagogias a relação entre a teoria crítica e a prática crítica é um binômio indivisível e uma de suas essências emblemáticas. Não obstante, cabe perguntar a si mesmo se a pedagogia crítica, a julgar pela quantidade de livros e outros tipos de textos publicados, não está mais presente na literatura educativa do que nas salas de aula. Provavelmente isso ocorra, devido ao abismo permanente entre a universidade e a escola, o qual, em muitos casos, cada vez é maior, embora também caiba destacar notáveis exceções. Algumas delas são apresentadas neste capítulo.

Também se destacou a presença de fortes coletivos críticos nos diversos níveis educativos, mas até que ponto estes não são minoritários, em seu número total e em sua composição interna, e podem ser anulados pelo discurso educativo dominante? Não obstante, não acontece também de esses coletivos viverem muito isolados uns dos outros, sem se coordenar e inclusive ignorando e subestimando uns aos outros? Não permanecem sem trocar e compartilhar suas dúvidas e avanços? Essa troca não lhes permitiria construir um discurso comum, respeitando a singularidade e a autonomia de cada um?

Outras explicações se relacionam ao pragmatismo ou ecletismo por parte de um setor docente inovador, que não gosta de receber a etiqueta de nenhum "ismo" e que não segue uma determinada tendência e modelo: há excelentes educadores e equipes docentes que se nutrem de muitas pedagogias ao mesmo tempo – das citadas neste livro e de outras –, tomando um pouco daqui e dali: assim articulam seu projeto educativo e sua intervenção na sala de aula. Igualmente, ocorre que muitos educadores são críticos por intuição – produto do que comentávamos na seção anterior sobre a atitude e a forma de se trabalhar –, mesmo não possuindo nem se propondo a um discurso muito reflexivo e articulado.

3. *Transformar as dificuldades em possibilidades.* É evidente que estes não são bons tempos para as pedagogias críticas ante a crescente mercantilização do saber, com um currículo cada vez mais regulado e tecnocrático, devido aos novos artefatos de controle avaliativo. Então surge uma das perguntas-chave que sempre esteve presente nas pedagogias críticas: Até que ponto a ideologia dominante condiciona e determina as práticas escolares? Não existem margens suficientes de autonomia, iniciativa e hegemonia – ou possibilidades de impô-las mediante um processo de empoderamento coletivo – para avançar nas práticas e projetos transformadores, convertendo as dificuldades em possibilidades? Renunciar isso não supõe aceitar o determinismo e fatalismo das teorias reproducionistas e se submeter à lógica do poder dominante, que persuade a cidadania, para que se instale no silêncio e na passividade e no pessimismo a ideia de que as coisas são assim e não há nada a se fazer?

Até que ponto os fatores condicionantes da administração educativa – arraigados e profundos, lógico – pesam mais do que as inércias e rotinas dos professores e que sua resistência a todo tipo de mudança, independentemente do que venha de cima e do conteúdo de qualquer reforma? De onde surge a necessidade e a partir de que premissas grupos críticos nas instituições de ensino podem ser constituídos?

4. *Currículo uniforme ou plural.* Comentamos este tema ao nos referirmos à pesquisa-ação crítica e às tentativas de aplicá-la nas salas

de aula, que desapareceram com a implantação do Projeto Curricular Básico (DCB, sigla em espanhol), da LOGSE, por parte do Ministério da Educação da Espanha. Esse currículo é muito fechado e excessivamente detalhista, enfeitado por um construtivismo psicológico e tecnocrático.

O que haveria ocorrido com a pesquisa-ação crítica e com outras propostas inovadoras, sempre promovidas a partir de baixo, se a fase experimental da reforma espanhola houvesse tido continuidade, aceitando a diversidade de modelos pedagógicos e curriculares? A resposta é obviamente incerta, mas nos sugere outra questão. Não foi um grande erro, por parte do governo, a implantação do mencionado DCB, que estimaram necessário para se ordenar uma situação que consideravam excessivamente caótica e difícil de ser controlada, devido à diversidade e dispersão de propostas inovadoras experimentais? Não teria sido preferível aquele "caos", que despertava ilusões e mobilizava ideias e experiências criativas, surgidas ao calor das aulas e de amplos debates, do que o fiasco que supôs a aplicação do DGB – nada a ver com outros aspectos progressistas da LOGSE, relativos ao direito à educação ou à compreensão –, um artefato tecnicista e formal, totalmente distante da cultura docente e da realidade das salas de aula?

Certamente, vias intermediárias de consenso teriam sido encontradas se um amplo debate fosse mediado entre os diversos agentes educativos e o governo, mas isso – diferentemente do que ocorreu nos primeiros anos de 1980, quando o Partido Socialista Operário Espanhol (PSOE) começou a governar –, já não estava em questão: a participação e o debate haviam minguado consideravelmente.

5. *O que faz e o que deveria fazer o poder público?* Esta é outra questão relevante: O governo não deveria limitar-se basicamente a oferecer uma sólida formação inicial e continuada aos professores e dotar as escolas dos recursos e das condições adequadas, para que se pudesse dar uma educação de qualidade a todos e deixar a orientação do currículo – transcendendo objetivos mínimos –,

bem como o processo de ensino e aprendizagem, a avaliação e outras questões nas mãos dos professores? Não acontece, na prática, de que uma das questões nucleares esteja no controle do currículo por parte do governo e na sua desconfiança e receio em relação ao real poder e autonomia dos professores? E para controlá-los melhor, não optaria por oferecer-lhes uma formação inicial e continuada insuficiente e deficiente, apesar da retórica oficial que existe em torno dos docentes?

Entretanto, há muitos professores que em outros tempos experimentaram inovações profundas e importantes. O contexto educativo e político das comunidades autônomas espanholas em que trabalhavam permitia formar equipes, definir projetos escolares e gerar outras iniciativas; mas hoje, em um contexto que mudou para pior – às vezes radicalmente –, esses mesmos professores têm medo e não se atrevem a nadar contra a corrente. Tal realidade faz minguar os projetos coletivos e aumenta o isolamento e a dispersão. O que fazer para evitar isso? Como seguir mantendo projetos educativos ou como reiniciá-los?

6. *A recuperação do discurso utópico em outros cenários educativos.* Durante os últimos anos da ditadura franquista e da transição política em muitos bairros operários e populares, foram criadas escolas para a educação de adultos à margem da iniciativa oficial, o que coincidiu com uma época de efervescência das associações de moradores e de outros movimentos sociais e culturais, sempre críticos com o sistema. Foram espaços muito freirianos de diálogo, imaginação, participação e utopia. Mais adiante, os governos ficaram responsáveis por essa rede de escolas e sua ampliação. As conquistas foram evidentes, tanto na erradicação do analfabetismo quanto na conclusão da graduação, primeiro na educação geral básica (EGB) e posteriormente no ensino secundário obrigatório (ESO). No entanto, também é preciso constatar as perdas expressivas em relação ao modelo pedagógico anterior, mais apegado à realidade do aluno e com um claro horizonte transformador, porém, com um desvio rumo à mera aprendizagem

instrumental e à progressiva "secundarização" do ensino – a tendência academicista cada dia é mais chamativa.

Cabe perguntar-se em que medida as ideias e práticas das pedagogias críticas, que uma vez povoaram essas salas de aula com adultos, estão se desenvolvendo em alguns dos múltiplos espaços formativos extraescolares que foram expostos neste capítulo sobre as pedagogias não institucionais.

REFERÊNCIAS

AGUILAR, C. La tertulia literaria dialógica de LIJ en la formación inicial de maestros y maestras. *Revista Interuniversitaria de Formación del Profesorado*, v. 77, p. 93-102, 2013.

APPLE, M. W. *Ideología y currículo*. Madrid: Akal, 1986.

APPLE, M. W. *El conocimiento oficial*: la educación democrática en una era conservadora. Barcelona: Paidós, 1996.

APPLE, M. W. *Maestros y textos*: una economía política de relaciones de clase y sexo en educación. Barcelona: Paidós, 1997.

APPLE, M. W. Entrevista de Jurjo Torres. *Cuadernos de Pedagogía*, v. 275, p. 36-44, 1998.

APPLE, M. W.; BEANE, J. A. *Escuelas democráticas*. Madrid: Morata, 1997.

AUBERT, A. et al. *Dialogar y transformar*: pedagogía crítica del siglo XXI. Barcelona: Graó, 2004.

AUTORÍA COMPARTIDA. *Educación, justicia y democracia en las instituciones educativas*. Morón: Cooperación Educativa, 2008.

AUTORÍA COMPARTIDA. Homenaje a Paulo Freire. *Cuadernos de Pedagogía*, v. 265, p. 48-79, 1998.

AUTORÍA COMPARTIDA. *Nuevas perspectivas críticas en educación*. Barcelona: Paidós, 1994.

BERSTEIN, B. *Clases, código y control I*: estudios teóricos para una sociología del lenguaje. Madrid: Akal, 1989.

BERSTEIN, B. *Clases, códigos y control II*: hacia una teoría de las transmisiones educativas. Madrid: Akal, 1988.

BERSTEIN, B. *La estructura del discurso pedagógico*: clases, códigos y control. IV. Madrid: Morata, 2001.

CARR, W.; KEMMIS, S. *Teoría crítica de la enseñanza*. Barcelona: Martínez Roca, 1988.

CASCANTE, C. (Mod.). Alrededor de nuestras pedagogías críticas. Una conversación entre Julio Rogero, José María Rozada y Martín Rodríguez Rojo. *Revista Interuniversitaria de Formación del Profesorado*, v. 77, p. 103-126, 2013.

CASCANTE, C.; MARTÍNEZ BONAFÉ, J. (Coord.). Pedagogía crítica, treinta años después. *Revista Interuniversitaria de Formación del Profesorado*, v. 77 (monográfico), 2013.

CUESTA et al. Didáctica crítica: allí donde se encuentran la necesidad y el deseo. *ConCiencia Social*, v. 9, p. 17-94, 2005.

FEITO, R.; LÓPEZ RUIZ, J. I. *Construyendo escuelas democráticas*. Barcelona: Hipatia, 2008.

FLECHA, R. *Compartiendo palabras*: el aprendizaje de las personas adultas a través del diálogo. Barcelona: Paidós, 1997.

FREIRE, P. *A la sombra de este árbol*. Barcelona: El Roure, 1997.

FREIRE, P. *La educación como práctica de la libertad*. Madrid: Siglo XXI, 1969.

FREIRE, P. *Pedagogía de la autonomía*. Madrid: Siglo XXI, 1977.

FREIRE, P. *Pedagogía de la esperanza*: un reencuentro con la pedagogía del oprimido. Madrid: Siglo XXI, 1993.

FREIRE, P. *Pedagogía del oprimido.* Madrid: Siglo XXI, 1970.

GIROUX, H. A. *Los profesores como intelectuales*: hacia una pedagogía crítica del aprendizaje. Barcelona: Paidós, 1990.

GIROUX, H. A. *La escuela y la lucha por la ciudadanía.* Madrid: Siglo XXI, 1993.

GIROUX, H. A. *Pedagogía crítica, estudios culturales y democracia radical.* Popular: Madrid, 2005.

HABERMAS, J. (1988). *Teoría de la acción comunicativa.* Madrid: Taurus. 2 v.

KEMMIS, S. *El currículum*: más allá de la teoría de la reproducción. Madrid: Morata, 1988.

KINCHELOE, J. L. La pedagogía crítica en el siglo XXI: evolucionar para sobrevivir. In: McLAREN, P.; KINCHELOE (Ed.). *Pedagogía crítica*: de qué hablamos, dónde estamos. Barcelona: Graó, 2008. p. 25-69.

MARTÍNEZ BONAFÉ, J. Llamar a las cosas por su nombre, devolviendo a las palabras su sentido original y su fuerza real. In: Pedagogía crítica, treinta años después. *Revista Interuniversitaria de Formación del Profesorado*, v. 77, p. 129-135, 2013a. Disponível em: http://www.redalyc.org/html/274/27430138010/. Acesso em: 01 mar. 2016.

MARTÍNEZ BONAFÉ, J. Teorías y pedagogías críticas. *Revista Interuniversitaria de Formación del Profesorado*, v. 37, p. 23-34, 2013b.

McLAREN, P. La pedagogía crítica en la era del capitalismo global. In: *Educación, justicia y democracia en las instituciones educativas.* Morón: Cooperación Educativa, 2008.

ROZADA, J. M. *Formarse como profesor.* Madrid: Akal. 1997.

SALETE, R. Movimiento Sin Tierra: lecciones y pedagogía. *Cuadernos de Pedagogía*, v. 308, p. 78-82, 2001.

TADEU DA SILVA, T. *Espacios de identidad.* Barcelona: Octaedro, 2001.

WILLIS, P. *Aprendiendo a trabajar.* Madrid: Akal, 1988.

WILLIS, P. *Cultura viva*: una recerca sobre les activitats culturals dels joves. Barcelona: Diputació de Barcelona, 1998.

LEITURAS SUGERIDAS

AYUSTE, A.; FLECHA, R.; LÓPEZ PALMA, F.; LLERAS, J. *Planteamientos de la pedagogía crítica.* Barcelona: Graó, 1994.

COLOM, A. J.; MÈLICH, J. C. *Después de la modernidad: nuevas filosofías de la educación.* Barcelona: Paidós, 1994.

GADOTTI, M. (Coord.). *Una bibliografia.* São Paulo: Cortez Editora / Unesco / Instituto Paulo Freire, 1996.

REQUEJO, A. Paulo Freire. Entre la opresión y la esperanza. In: *Pedagogías del siglo XX.* Barcelona: CISSPRAXIS, 2000. p. 131-141.

3

As pedagogias livres não diretivas: alternativas para a escolarização comum

Um dia em Summerhill

Os membros do comitê encarregado de nos despertar nos avisam às 08h e se certificam de que ninguém continue dormindo às 08h30. Depois vou tomar café da manhã.

A partir das 09h começam as aulas. A primeira de hoje é de química: das 09h às 09h40. Graças ao reduzido número de estudantes em cada sala, é muito fácil entender exatamente o que você está estudando. Em minha aula de química só há seis estudantes.

Durante a aula houve uma pergunta que ninguém soube responder: "O que é um conversor catalítico, e que função têm os carros?". A professora se apressou para nos ajudar, explicando no quadro "Um conversor catalítico serve para minimizar a poluição que os carros produzem; está instalado em todos os veículos novos". Depois, queimamos leite em pó para ver as diferentes reações. Passados uns 10 minutos de levar o leite ao fogo, a aula terminou.

Agora tenho informática: duas aulas, das 09h40 às 11h. Aprendi como animar desenhos. Tive que desenhar muito. Pude brincar um pouco, porque no Photoshop você pode mover o desenho de qualquer personagem, não completamente, mas ajuda.

Das 11h às 11h20 é o descanso, quando tomamos chá e comemos biscoitos (tradição inglesa). Normalmente, as aulas voltam às 11h20, mas hoje não havia mais aula. Assim, decidi ir à cidade com Yusuke e Kensuke, dois amigos japoneses. Como é um internato internacional, há muita gente de outros países: China, Espanha, Japão, França, Alemanha, etc. Compramos um filé de carne bovina para cozinhar depois, porque gostamos de comer proteínas de vez em quando.

Voltamos às 12:40, justo na hora de comer. (A comida é das 12h20 às 13h.) Acabamos de comer às 13:00, pois estivemos discutindo sobre que país produz mais CO_2. Chegamos à conclusão de que não o sabíamos, mas a maioria pensava que eram os Estados Unidos.

Então, vimos que uns colegas estavam jogando "a captura da bandeira" e decidimos brincar também. Neste jogo há duas equipes: cada uma tem algo que representa uma bandeira, como um pedaço de pau longo e fosforescente. Os dois paus são escondidos, e a equipe que encontrar antes o da outra ganha. Brincamos até às 15h. Das 15h às 15h20 também há um descanso com chá e bolachas.

Às 15h20 começa a assembleia. Não é obrigatório assistir, mas quase todo mundo participa, então se juntaram entre 50 e 60 pessoas. Eu era o que coordenava a assembleia neste dia. Este é um trabalho muito difícil, porque você tem que estar atento a tudo e não pode opinar. Porém, acredito que fui bem. Como também tive que traduzir para um garoto espanhol, estive bastante atarefado nesta assembleia. Isso é o que lembro.

Meu amigo Yusuke nos apresentou este problema: "As assembleias estão sendo muito longas". A discussão durou muito tempo (é uma decisão importante para a escola). Leonardo disse: "Deveríamos começá-las mais rápido para que não interfiram em outras atividades". "Não, mas então coincidirão com algumas aulas", respondeu Juanma. E assim foi até que se votou que o melhor seria haver três assembleias em vez de duas.

O próximo caso foi sobre Juanma, que tinha insultado Phebe, o qual se resolveu rápido. Era a primeira vez que o fazia, então lhe advertiram: "A próxima vez que insulte, vamos te multar".

A assembleia acabou por volta das 16:30. Fui ler meus e-mails e falar com uns amigos até 17h20, hora de jantar. Depois estive no dormitório dos mais velhos, jogando Monopólio e fazendo crepes.

Assim, chegaram as 22:30, o bedtime, hora de deitar. Temos 30 minutos para nos preparar a partir das 22h30, e logo apagam as luzes, e vamos dormir (um trabalho do qual também se encarregam os alunos).

Tristán Mayo, *janeiro de 2014*

ANTECEDENTES E REFERÊNCIAS

Summerhill: um mito que segue

Em 1970, dez anos depois de seu aparecimento, haviam vendido dois milhões de cópias da obra de A. S. Neill: *Summerhill: un punto de vista radical sobre la educación de los niños*. Rapidamente se questiona o seguinte: A que se deve a fascinação por esse polêmico autor, que em 1921 fundou na aldeia de Leiston (Inglaterra), a escola e o internato de Summerhill, que ainda hoje mantém suas essências originais sob a direção de sua filha Zoë Neill?

Existem diversas razões que se entrecruzam. A primeira tem a ver com a crescente crítica à escola pública oficial e ao modelo de pedagogia tradicional: por seu autoritarismo, rigidez e uniformidade; pelo *nonsense** de tantos exames e ensinamentos em que se valoriza e avalia unicamente a dimensão acadêmica e instrutiva ou cognitivo-intelectual, e porque se reprime e anula a liberdade da infância. Neill, embora siga boa parte dos princípios da Escola Nova ou Ativa – ou Escolas Progressistas – definidos por Ferriére, radicaliza-os, ao entender que a Escola Nova exerce um sutil e persuasivo autoritarismo de natureza paternalista e constrói sistemas, métodos e materiais didáticos incompatíveis com a liberdade da criança –, ele não se interessa pelos métodos didáticos. O alvo de suas críticas se dirige, sobretudo, a Maria Montessori, a quem acusa de construir um método muito ordenado, rígido, artificial, científico e didático que mata ou, ao menos, condiciona a criatividade e a espontaneidade emocional da criança.

A segunda razão, de caráter social, deve ser buscada na sua identificação com os movimentos de contestação contra o poder político e a ordem burguesa e sua férrea defesa dos valores morais e religiosos – para Neill, a religião se converteu em uma atmosfera de negação da vida – e contra a lógica do utilitarismo econômico e da competitividade, que foram temas dos protestos universitários da Alemanha e dos Estados Unidos e, principalmente, do movimento francês Maio de 1968. Movimentos que, em boa parte, situam-se na órbita do antiautoritarismo situacionista e anarquista, distantes dos postulados do marxismo ortodoxo. Nesse contexto, cabe men-

---

* N. de R.T.: despropósito.

cionar a grande acolhida que têm obras como *O homem unidimensional*, de Herbert Marcuse; *O medo à liberdade*, de ErichFromm, ou as contribuições de Theodor Adorno e Wilhelm Reich sobre a crítica à família e a outras instituições de opressão individual e controle social.

Há uma terceira razão, derivada das anteriores: os núcleos progressistas da classe média buscam novas formas de viver e educar os filhos completamente opostas às atuais e se dão conta de que isso somente é possível às margens do sistema: desde as escolas alternativas até os discursos da desescolarização (I. Illicht, L. Goodman, J. Holt, E. Reimer) e da educação em casa. Não podemos esquecer que Summerhill não é só uma escola, mas sim uma forma de vida, uma microssociedade que se autogoverna mediante assembleias, que fixa suas próprias normas e onde cada pessoa, seja criança ou adulto, é um voto. Os professores, portanto, são apenas membros a mais do coletivo e, por conseguinte, têm de renunciar a qualquer tipo de superioridade.

Na Espanha, a difusão e o impacto da obra de Neill coincidem com os últimos anos do franquismo e com a transição democrática. Este é um período com certo vazio legal, porque a velha ordem franquista entra em crise e ainda não se estabeleceu nem regulamentou a nova legalidade democrática. São tempos em que, tanto na saúde – no campo da saúde mental há projetos muito vanguardistas na linha da antipsiquiatria – quanto na educação, aparecem projetos autogestáveis para curar, educar e fazer crescer em liberdade.

No transcurso da história, sempre existiram tentativas de educar as crianças fora do sistema convencional de escolarização, e Summerhill, nesse sentido, pode ser considerada a primeira experiência sólida e continuada do século XX, em que se teoriza e aplica o respeito à liberdade da criança, procurando satisfazer suas necessidades psíquicas, sem interferências nem a presença de adultos. É preciso permitir à criança viver de acordo com seus interesses naturais. "O medo, a hipocrisia e a hostilidade devem dar lugar à autonomia, ao amor, à liberdade"; e, sobretudo, deve-se fazer que ela seja feliz, pois esta é a melhor forma de garantia para seu equilíbrio e bem-estar mental e emocional. Como? "Abulam a autoridade. Deixem que a criança seja ela mesma. Não a incitem. Não a ensinem. Não lhe deem sermão. Não a engrandeçam. Não a obriguem a fazer nada" (NEILL, 1974).

Nesta comunidade escolar, a pergunta-chave não é que trabalho o aluno tem de fazer e como tem que ser o aluno, mas que interesse tem, qual é seu desejo. Somente é restringida a liberdade em dois casos: para os que não respeitam os direitos e a liberdade dos outros e para os que põem em risco a própria segurança.

O relato de *Summerhill* é muito conhecido: o aluno usufrui de absoluta liberdade para participar ou não da aula. Ao começar cada trimestre, ele negocia com os professores que disciplinas quer cursar e em que horário. Assim, cada um elabora seu próprio plano de estudos e avança segundo seus interesses e capacidades.

Neill foi um visionário que teve várias intuições, expressas de forma muito direta e sugestiva, embora nem sempre com o necessário nível de profundidade, sobretudo no que concerne ao estudo da psicologia infantil e as suas etapas de desenvolvimento. Dessa forma, foi um pioneiro na hora de definir o princípio da não diretividade – antes que Carl Rogers e outros autores da chamada Pedagogia Institucional –, segundo o qual toda pessoa, desde a infância, dispõe dos recursos suficientes para autorregular sua conduta e resolver seus próprios conflitos, de acordo com sua vontade e não em virtude de uma força externa. Esta confiança na infância leva-o a afirmar que não há crianças-problema, senão crianças infelizes e uma família e uma sociedade-problema.

Neill também foi o primeiro educador que, na época contemporânea, redescobriu e enfatizou o valor da educação emocional, algo insólito há um século. Não obstante e como efeito pendular, Neill relegou a um plano secundário o aspecto acadêmico e instrutivo e subestimou o desenvolvimento intelectual. O que em última instância é importante não é saber, mas sentir ("sentir é mais importante do que saber"); uma desvalorização que às vezes chegou à depreciação: "A educação deveria relacionar-se com a vida e não com a aquisição de conhecimentos" ou inclusive à caricatura: "Os livros são os menos importantes em uma escola" (NEILL, 1974). Apesar de que nem sempre se deve considerar Neill ao pé da letra, pois alguns de seus excessos verbais se suavizam na prática.

Emoções e sentimentos, jogo e prazer, ausência de imposições e castigos, liberdade individual acima da coletividade e respeito e confiança na bondade natural da criança são conceitos que povoam a obra *Summerhill*.

No desenvolvimento do pensamento de Neill e na organização de sua escola-internato, percebe-se a marca de Homer Lane (criador de uma comunidade autogestável de jovens criminosos) e de Wilhelm Reich, que lhe dá o substrato psicológico da psicanálise e lhe mostra a importância da repressão sexual – um tanto exagerada – na vida das pessoas. Também foi influenciado por Ellen Key e sua proposta e defesa escrupulosa dos direitos da infância e pelo dramaturgo Henrik Ibsen, que em *El inimigo del pueblo* (1883) faz uma defesa anarcoindividualista sobre a liberdade pessoal como o supremo valor da vida.

ROUSSEAU E TOLSTOI

Existem dois percursores destacados na teoria das pedagogias livres não diretivas: Jean Jacques Rousseau e León Tolstoi. Em *Emílio, ou Da Educação*, assentam-se as bases do discurso rousseauniano: educar não é mais do que deixar emergir o estado natural da criança e o desenvolvimento de sua bondade. E, para alcançar esse ideal, primeiro deve-se conhecer o que significa uma infância que tem sua própria entidade e personalidade autônoma – nada a ver com a concepção até então dominante da criança como um homem pequeno e incompleto. Esse reconhecimento explícito da singularidade infantil supõe uma revolução copernicana e abre as portas para a biologia e psicologia moderna e para as futuras teorizações de Pestalozzi, Fröbel, Claparède e outros autores da Escola Nova ou Progressiva.

Mas antes, também León Tolstoi, em sua escola de Yasnaia Poliana, em que o educador se põe a serviço dos ideais naturais e os serve sem dogmas nem imposições, segue a corrente da pedagogia livre não diretiva. Convém lembrar que esse grande escritor se opunha radicalmente ao caráter obrigatório das escolas públicas, por sua orientação retrógrada e autoritária, e que junto a célebres anarquistas, como Kropotkin, Reclus e Grave, participou da redação de um manifesto intitulado *A liberdade de ensino*, no qual se denunciou a instituição escolar e se propôs uma escola sem disciplinas, programas nem regulamentos.

Marcas comuns de identidade

As pedagogias e escolas livres não diretivas que, na maioria dos casos, foram criadas durante o último terço do século XX e no seu transcurso, têm diversas origens e seguem diferentes orientações, mas todas se fundamentam em um objetivo comum: o respeito ao processo do livre desenvolvimento da infância, à confiança na possibilidade de ela se construir a si mesma e à não interferência por parte dos adultos nas escolhas e decisões que as crianças forem tomando nessa trajetória educativa. Em todas essas pedagogias está muito presente o "ααὐτος" grego: "por si mesmo"; "a si mesmo"; "de si mesmo". Assim, fala-se de autonomia, autoconhecimento, autorregulação, autodidatismo, auto-organização ou autogestão.

Escolas desse tipo, com frequência esquecidas e escassamente valorizadas, foram nomeadas e definidas de muitas maneiras: "radicais", "alternativas", "abertas e sem paredes", "diferentes", "não convencionais", "livres", "não escolas", "antiautoritárias", "libertárias", "à margem do sistema", "democráticas", etc. Algumas dessas denominações são demasiado específicas e restritivas, outras são excessivamente amplas e genéricas, como é o caso dos "projetos alternativos e democráticos", nos quais também se deveriam incluir as pedagogias e as escolas com outras propostas. No entanto, essas escolas são sempre alternativas à escolarização comum e convencional, pois, em geral, não costumam cumprir nem os requisitos legais da escola pública nem os da escola privada, situando-se nos frágeis limites do sistema educativo. A seguir, apresentamos um decálogo dos atributos ou princípios destas pedagogias ou escolas livres não diretivas.

Nas origens dessas escolas, há frustrações, críticas e buscas. Quando se argumenta o porquê de se construir este modelo de escola diferente, mergulha-se na vivência de experiências pessoais – familiares e escolares – autoritárias, frustrantes ou negativas. Ou melhor, parte-se de uma crítica à instituição familiar e escolar, a de que estas são geradoras de medos, preconceitos, mentiras, castigos, conhecimentos inúteis ou outros valores e rituais que resultam na negação da vida e na formação de uma massa silenciada, silenciosa e acrítica. Por isso, buscam-se alternativas à margem da pedagogia tradicional e da escola pública oficial. Ou se exploram outras formas de vida ou de criação. O nascimento de uma criança pode ser o detonador que mobiliza novos desejos e novas buscas e alternativas. Também há luzes que se acendem a partir de uma leitura, do conhecimento de um autor ou da descoberta de outra experiência diferenciada.

Desencanto ante o poder e a mudança política

No decorrer das últimas décadas, foram desvanecendo-se sonhos e relatos revolucionários de mudança global e radical da sociedade. O ceticismo em relação à emancipação social e educativa por meio de uma nova organização política, sobretudo depois da experiência traumática das duas Guerras Mundiais e de outros conflitos bélicos e violentos, sempre gerou certa descrença. Acredita-se que a política não salvará a humanidade, e por isso mesmo os proclames de emancipação individual e coletiva por meio da educação tiveram certo prestígio desde tempos remotos.

Hoje, com um capitalismo e neoliberalismo selvagem, que tudo uniformiza, com as limitações e misérias da democracia representativa, com o eclipse dos modelos comunistas e as incertezas que pairam sobre o futuro, novos modelos comunitários e formas de relação, socialmente menos ambiciosos, são explorados. No entanto, tais modelos estão mais ligados à realidade cotidiana, além de haver fortes vínculos entre os diversos atores na hora de compartilhar um projeto comum.

Educação em liberdade

Este é o mantra, a marca de identidade mais emblemática. Liberdade que se associa à conquista do bem-estar e da felicidade; ao fato de que cada um possa escolher seu próprio caminho, tomar suas próprias decisões e constituir sua singularidade. Isso requer um escrupuloso e sólido cuidado, compreensão, amor e respeito para com a infância por parte dos adultos. Uma liberdade que exige limites de sentido comum – relacionados com a segurança e a liberdade dos outros – e que não tem a ver com a libertinagem, em que cada um faz o que quer, sem nenhum tipo de norma. Além disso, está relacionada com a responsabilidade:

> [...] com quem uma criança deve se entender primeiro é consigo mesma. E isso só é possível quando se participa de um ambiente em que cada um tem que decidir o que fazer, e se assumam as consequências e a responsabilidade desta decisão. (CONTRERAS, 2004).

O interesse e o desejo são o que regula a energia vital nessa busca, por ser e não por ter mais.

Escolha do que se quer aprender

Aprender é um ato de liberdade, e, em função desse exercício de responsabilidade, cada sujeito realiza suas aprendizagens quando e como o decide, e com o ritmo e tempo que se autoimpõe, atendendo à sua curiosidade e necessidade. Parte-se da ideia de que o desejo de aprender é natural e que, ao forçá-lo, corre-se o risco de matá-lo e de que se aprende melhor quando se confia nos alunos. As opções de escolha variam: desde a possibilidade de se frequentar ou não as aulas até a assiduidade sempre obrigatória – mais frequente –, mas com a possibilidade de se escolher o próprio itinerário: em que trabalhar, em qual espaço, durante quanto tempo, de que modo, com quem, etc. Por isso, escolas desse tipo costumam dispor de um amplo repertório de ambientes e recursos de aprendizagem.

Educação multidimensional: além da razão

Escolas assim costumam não focar a aprendizagem na dimensão cognitiva unidimensional ou prioritariamente – tal como faz a escola tradicional. Os ambientes de aprendizagem naturais, sociais e culturais permitem que, de uma maneira espontânea, o corpo e a mente estejam abertos continuamente a captar, recriar-se e enriquecer-se com vários tipos de sensações, emoções, descobertas, relações, avanços, noções concretas e abstratas, etc. Enfim, a estrutura escolar permite o desenvolvimento das inteligências múltiplas (ver "As pedagogias das diversas inteligências").

Ambientes diversificados, ricos em materiais e cheios de oportunidades

A construção dessas escolas é radicalmente diferente da escola-quartel e das clássicas e idênticas edificações escolares mais modernas. Ao contrário, assemelha-se à concepção arquitetônica da sala de aula sem paredes e ao aconchego e à familiaridade da escola em casa (*homeschooling*). Não existem salas de aula tradicionais, mas sim espaços polivalentes ou específicos, que se convertem em oficinas ou ambientes para brincadeiras, conhecimento, pesquisa e experimentação de diversas áreas e linguagens.

Os espaços exteriores são tão importantes quanto os interiores – às vezes estão interconectados – e foram muito pensados para que as crianças, que transitam continuamente entre umas e outras, possam viver experiências significativas. Nestas escolas, o ambiente natural, com jardins, bosques e até currais – nada de pátios asfaltados e pistas esportivas –, adquire uma relevância prioritária, ao favorecer a intensidade de jogos, a sensibilidade e criatividade de aprendizagens, o sentimento de liberdade, o espaço pessoal e a capacidade de lidar com riscos.

> As possibilidades de criação que oferecem os objetos naturais são infinitas, e as crianças as aproveitam: um pedaço de pau pode ser utilizado como bastão, transformar-se em um cavalo ou em uma varinha mágica. [...] E não se pode esquecer que nossas vidas se alimentam da terra; nossa saúde e bem-estar são um reflexo da vitalidade do planeta e de todos os seres que o habitam. (FREIRE, 2011).

Autogoverno

A comunidade educativa das escolas não diretivas cuida especialmente do sentido de pertencimento, mediante rituais sólidos e singulares, o que exige o envolvimento de todos os seus membros: professores, alunos e famílias. Esta comunidade se constitui como uma microssociedade alternativa ao sistema capitalista e à democracia representativa, porque, nessas escolas, pratica-se a democracia direta e participativa, pois o poder reside na assembleia, em que tanto os pequenos quanto os grandes têm um voto. Este é o espaço onde se tomam as decisões, aplicam-se as normas e se autorregula a vida coletiva. O poder da assembleia varia em cada caso, dependendo do âmbito e alcance de suas decisões, de sua convocatória e frequência, podendo ser regular ou espontânea.

Os professores como mediadores

Em algumas dessas escolas, não se gosta do uso de palavras como "maestro",* "professor" ou "docente". Em outras, utiliza-se a palavra "colega", para

---

* N. de T.: Na língua espanhola, designa o professor de educação infantil.

significar o tratamento de plena igualdade. Em outras, matiza-se essa horizontalidade ou se estabelece algum tipo de hierarquia. O que é, de fato, comum em todas as escolas é que se realça o papel docente de acompanhante, facilitador e mediador, em essência não diretivo, com o objetivo de respeitar a liberdade da infância e da adolescência e de não guiar ou dificultar seu crescimento natural. No entanto, essa presença adulta e sua intervenção nos processos de desenvolvimento da criança podem ser mais ou menos previstos e mais ou menos intensos.

Agrupamentos entre níveis e flexíveis de ensino

Não há horários nem disciplinas, e a jornada é diferente a cada dia como uma nova aventura. Quanto à distribuição dos alunos, toma-se como referência o modelo da escola unitária, onde se misturam alunos de diversas idades e níveis, e não da escola graduada, onde se parte do critério de que todos aprendem e crescem igual e com a mesma idade. E, além disso, esses agrupamentos entre níveis são diversos e mutantes: às vezes a aprendizagem é personalizada; outras vezes se formam pares ou grupos, os quais se desfazem, e depois de um tempo outras formações se constituem. Processo que faz parte do itinerário de livre escolha de cada aluno.

Escolas pequenas

Costumam começar com crianças da educação infantil, e algumas não passam deste nível. Outras foram incorporando o ensino fundamental, e são poucas as que incluem no ensino médio O número de alunos não supera habitualmente mais de cem. Há uma razão óbvia para isso: quer-se evitar a massificação da escola tradicional que tanto é criticada e assim garantir relações próximas, intensas e fáceis em qualquer momento e em todos os espaços, em que também se organizam áreas protegidas para a realização de atividades mais tranquilas. Além disso, evita-se que a escola cresça muito e em pouco tempo, pois necessitam de equipes docentes e famílias muito comprometidas, para manter a pureza e solidez de um projeto que, ao não ser cuidado com carinho, pode gerar mais de uma confusão e desvio.

Economia precária e falta de reconhecimento

Como dizíamos antes, esse tipo de instituição escolar, ao situar-se na periferia do sistema educativo, não encontra seu lugar na lei. Em algumas legislações, é contemplado como uma escola singular e experimental, que nesse caso pode receber algum tipo de ajuda oficial. Mas, na maioria das vezes, são escolas em situação ilegal: permite-se seu funcionamento, mas não são reconhecidas. Na educação infantil, o grau de permissividade é muito maior, ao passo que no ensino médio a tolerância é menor, devido ao aumento das pressões e exigências acadêmicas e administrativas. Portanto, sua economia costuma ser precária: vivem das mensalidades pagas pelas famílias e de algumas ajudas que obtêm de fundações privadas. Além disso, os salários dos docentes, em geral, são mais baixos do que os das escolas comuns.

EXPERIÊNCIAS

Em um dos documentários mais vistos na *web*, *La educación prohibida*, pode visualizar-se um amplo repertório de escolas livres alternativas em todo o mundo, sobretudo na América Latina e Espanha, muitas das quais seguem uma abordagem não diretiva – nesta obra, as escolas Montessori ou Waldorf não fazem parte dessa denominação específica de não diretividade. Não existe, no entanto, uma literatura recente que sistematize essas escolas. As considerações aqui não são feitas com essa intenção, muito menos com um afã classificatório. Trata-se, simplesmente, de destacar com quatro pinceladas impressionistas alguns traços singulares de várias redes ou escolas – as redes e experiências são numerosas e estão no auge –, dando prioridade às que foram criadas na Espanha ou às estrangeiras mais conhecidas entre nosso público leitor.

Rede Internacional de Educação Democrática

Trata-se de uma rede impulsionada por David Gribble, autor do livro *Educación auténtica. Variedades de la libertad* (GRIBBLE, 1998), que inclui 18 experiências mundiais com um denominador comum: em todas há um respeito mútuo genuíno entre adultos e crianças. A cada ano, promove congressos internacionais.

Uma das escolas mais representativas é Sudbury Valley School (Framingham, Massachusetts, Estados Unidos), criada em 1968. Ocupa uma grande mansão de estilo vitoriano, com áreas de usos múltiplos e zonas de usos específicos: informática, arte, música, ciências, culinária, biblioteca, etc. Não há salas nem aulas tradicionais, mas as crianças podem dirigir--se a qualquer pessoa adulta da comunidade, para lhe pedir informação ou conversar sobre um tema de seu interesse. A escola enfatiza sua neutralidade ideológica: define-se como apocalíptica e trata de ser respeitosa com todos os pontos de vista expressos na assembleia. Nesta, em que cada aluno e docente tem seu voto, trata-se de todos os aspectos da gestão escolar e se regulam os comportamentos. Existe uma comissão judicial que dita sentenças, por exemplo, por jogar lixo em lugar inapropriado, deve recolhê-lo durante toda a jornada.

A Escola da Nova Cultura La Cecilia (Monte Vera, Santa Fe, Argentina), fundada em 1991, é uma instituição pública de gestão privada, autorizada pelo Ministério da Educação. Os alunos se agrupam por afinidades socioafetivas, escolhem as matérias que querem estudar e propõem oficinas autogestáveis, a fim de propiciar outras aprendizagens que lhes interessam de forma especial. Também não se obriga ninguém a aprender nada que não queira. Critica-se o que se faz na maioria das escolas: transformar o direito de aprender das crianças na sua obrigação de aprender. "Confunde-se o que é um direito com uma obrigação, e o pior é que se faz isso em nome da justiça e igualdade de oportunidades, o que é um disparate que encobre uma conduta autoritária" (CASTILLO, 2010). Para isso, são estabelecidos "os três direitos do aprender": o direito de aprender no seu tempo (cada aluno realiza uma trajetória educativa própria, baseada em suas capacidades e interesses, sem submeter-se à comparação com um desenvolvimento padrão, "que o converteria em melhor ou pior, mais lento, mais rápido, com toda a crueldade que isso implica"); o direito de aprender o que se quer aprender, para manter vivo o motor interno da pergunta, o questionamento, a curiosidade e a aprendizagem; e o direito de não aprender o que não se quer aprender.

Rede de Educação Livre (Xarxa d'Educació Lliure, da Catalunha)

Não se trata propriamente de uma rede de escolas, embora algumas tenham aderido, mas de um espaço de encontro e reflexão pedagógica entre projetos, pais e profissionais interessados na busca de novos paradigmas educativos. Junto à Rede de Escolas Alternativas Livres, esta rede definiu seu posicionamento educativo nestes 10 pontos:

1. O processo de desenvolvimento do ser humano parte do interior do indivíduo e se relaciona com o meio, e surge de uma curiosidade inata.
2. A educação é respeitosa com as necessidades, ritmos e intimidade das pessoas, em que o papel dos adultos é de escuta, observação e facilitação de processos de desenvolvimento.
3. A autonomia permite à infância dirigir sua própria aprendizagem, a qual contempla a totalidade das dimensões: psicomotrizes, emocionais, sociais e cognitivas.
4. A aprendizagem se articula por meio da convivência entre pessoas de qualquer procedência, cultura, gênero e capacidade.
5. Os limites da liberdade são determinados pelo respeito e pela responsabilidade em relação à convivência e segurança.
6. Nos espaços há diferentes ambientes e materiais à disposição da livre exploração e manipulação por parte das crianças.
7. Não existem qualificações dos resultados do currículo formal e não se avaliam os comportamentos, nem há prêmios e castigos.
8. A assembleia é o marco básico para o debate, os consensos e a mediação de conflitos. As crianças participam de acordo com sua idade e competência.
9. A inclusão e participação das famílias se convertem no principal elemento da criação e educação na infância.
10. Garante-se um cuidadoso acompanhamento no processo de adaptação e integração das crianças no espaço.

Apresentamos duas experiências que fazem parte desta rede, na qual se destaca a intensa participação da família na educação dos filhos.

La Caseta, em Barcelona, que inicia sua trajetória no ano 2000, é um espaço que oferece atividades com crianças e famílias, para facilitar o suporte e acompanhamento da criação, gerando espaços de relação e brincadeira entre ambos. Desse modo, oferecem atividades de psicomotricidade para famílias com filhos mais velhos. E existe um projeto específico cotidiano para crianças de 2 a 6 anos, realizado por profissionais, mas que tem uma forte implicação familiar – embora nessas idades sua presença na escola desapareça, – em que se trabalham, sobretudo, as linguagens expressivas que permitem conectar o mundo interno e externo, dando-se especial relevância ao próprio olhar de cada indivíduo.

> Antes de pensarmos em como deveria ser o mundo ideal, olhemos para dentro de nós mesmos. O que nos separa de nós mesmos e, portanto, dos outros? Que hábitos construímos para nos dar segurança e que nos impedem de viver plenamente? Que herança arrastamos de nossa história, de nossas vivências imaturas que nos impede fluir e confiar na vida? Na educação livre decidimos: o melhor contexto para que uma criança cresça é uma cultura formada por adultos que crescem.
>
> *Pere Juan.*

El Roure, em Mediona, Catalunha, foi criado no ano de 2001 e pode ser definido como um espaço de acompanhamento pedagógico entre famílias, com filhos entre os 3 e os 16 anos, em que há o intercâmbio de observações e reflexões entre as mães e os pais, para apoiar e enriquecer os processos e ambientes da criação infantil. Com o objetivo de aproximar a educação oferecida na família e a da escola, propõe-se que sejam os próprios pais os responsáveis por esse acompanhamento, em vez de delegar essa função a profissionais da educação, como costuma acontecer. A maior ou menor presença daqueles na escola é decidida em função das necessidades de cada criança, e isso não ocorre apenas no período de adaptação, mas em qualquer momento.

Associação pela Livre Educação

Essa associação agrupa famílias que optam pela educação em casa. O *homeschooling* é um fenômeno que começou a estender-se nos Estados Unidos, na década de 1980, e contou com uma forte adesão neste país e, de forma menos intensa, em muitos outros. Há sistemas educacionais que reconhecem esta modalidade educativa, embora não seja contemplada na Espanha, na Ley Orgánica de la Educación (LOE) nem na Ley Orgánica de Mejora de la Calidad Educativa (LOMCE). Algumas famílias foram denunciadas por não levar seus filhos à escola, contudo, nos poucos casos que chegaram aos tribunais, aquelas foram absolvidas por não terem sido encontrados indícios penais de negligência e abandono.

As razões da escolarização em casa podem ser várias: educativas, religiosas, ideológicas, etc. Além disso, não existe um único modelo educativo. Há famílias que seguem escrupulosamente o currículo oficial. Outras – talvez a opção mais comum – optam por fórmulas intermediárias, com adaptações curriculares e outros tipos de atividade. E há aquelas famílias que seguem o modelo das escolas livres, partindo do princípio de qualquer criança tem a capacidade intrínseca de aprender e de que a integração social se dá de forma mais natural fora das salas de aula, mediante a realização das numerosas atividades que brinda a vida cotidiana.

Aqui estão as razões que sustentam alguns pais na escolha por esta educação: "Há um monte de coisas interessantes que se aprendem na vida. Mas as crianças que estão na escola estão fora da vida real, não sabem o que ocorre durante o dia"; "As perguntas em casa ajudam a reforçar a autonomia e a busca comum entre pais e filhos, enquanto na escola as perguntas servem para controlar, e só as faz o professor, que é também quem sempre dá as respostas"; "A criança passa na escola demasiadas horas, e isso lhe impede de brincar, algo fundamental, já que durante os primeiros anos de vida a criança aprende brincando e a partir daí adquire conhecimentos, fantasias, etc." (CARBONELL, 1997).

Três experiências muito singulares

A **Escola Livre Paideia**, em Mérida, na Extremadura, criada em 1978, é a experiência mais claramente anarquista, tomando como referências históricas a Escola Moderna de Ferrer y Guardia e as coletividades agrárias autogestáveis durante a guerra civil espanhola, recriadas na tela por Ken Loach, em *Terra e liberdade* (1995). Seu ideário aposta pela liberdade do indivíduo, levando em conta os outros e a responsabilidade de viver em grupo; pela autonomia diante das dependências hierárquicas e assumidas; pelo autoritarismo: ninguém manda em ninguém, e tudo é feito em razão de compromissos aceitos e a partir da decisão coletiva – a assembleia é feita em qualquer momento do dia e pode ser convocada por qualquer grupo ou pessoa da comunidade, e nela, entre outras coisas, as crianças escolhem o que e como querem estudar; pela coeducação de sexos e classes sociais; e pela brincadeira como acesso ao saber. Na Paideia não se fala de professores, de educadores, mas simplesmente de colegas de diferentes idades, pois todos estão ensinando e aprendendo.

No entanto, talvez o traço que mais diferencie esta instituição de outras escolas livres e que tem certa tradição anarquista – como o movimento representado por Ricardo Mella – é seu desprezo radical pela neutralidade, posição que se justifica pelo fato de que a criança, se for educada com liberdade, já terá critério para escolher seu próprio caminho. Ademais, ao contrário das outras escolas, nela se educa para que a criança conheça o que se define como flagelos sociais: a origem da desigualdade e a exploração econômica, a falsidade das religiões à luz da ciência, a violência estrutural do Estado, o militarismo, a escravidão que supõe a submissão à autoridade e outros tipos de injustiça e preconceito. E se educa na ética libertária do apoio mútuo, na liberdade e na igualdade para avançar em uma transformação global da sociedade. Sempre a partir de um alto grau de compromisso político por parte dos educadores.

É justo lembrar a sólida contribuição de Josefa Luengo, falecida no ano de 2009, para a pedagogia libertária, como fundadora e alma da Paideia, por seu compromisso com outras iniciativas coletivas e por seus numerosos escritos.

O Pelouro, em Caldelas de Tui, Galícia, foi criado em 1973, por Teresa Ubeira e Juan Rodríguez de Llauder, principais animadores desta escola psicopedagógica inovadora que, em muitos aspectos, é singular e diferente por sua complexidade e densidade educativa. Desde o princípio, acolheu crianças com transtornos graves, mas sua visão não é a da integração escolar mais comum: não se define como uma escola para integrar, senão que integra a partir da aceitação radical da diferença, o que supõe um olhar distinto para a infância – as crianças que têm algum problema são vistas como seres humanos em desenvolvimento e não como seres limitados – e um modo de estruturar a escola com espaços onde a interação permita o livre crescimento de cada criança, de acordo com suas peculiaridades.

Os espaços, junto ao ritmo dos tempos, são uma das suas propostas mais inovadoras. Estes não se definem como assistenciais, mas como existenciais e hodológicos – do grego *hodós*, que significa "caminho". Na verdade, os espaços foram pensados como caminhos que criam oportunidades: a escola humanista, lugar amplo que favorece o trabalho compartilhado; o clube, onde se educa o corpo com a música, a dança e o teatro; outras oficinas; o jardim; o vinhedo e as casinhas para animais. E a biblioteca que está em todas as partes. Espaços cálidos com sentido, onde, neste território da criança, seja possível crescer em várias direções mediante a vivência de experiências significativas.

Não há horários, matérias nem grupos e atividades fixos. Um tema nunca surge de uma matéria, mas sim de uma inquietude, vivência ou atividade. As diversas disciplinas escolares estão a serviço do afã por aprender, e não ao contrário. Os professores dessa escola são os mediadores entre as crianças e a experiência a partir de dois critérios: ir atrás delas sem antecipar-se com qualquer intervenção a própria vivência e experimentação infantil; e retirar-se a tempo, quando a criança pode construir sua própria experiência.

Javier Dosil, quando iniciou como professor, expressou muito bem qual era a filosofia dessa escola:

> Uma das coisas que desconcertam é que nunca vão te dar uma resposta. O Pelouro é uma oportunidade de aprendizagem, mas aprendizagem que dá trabalho. Não te dizem: "Você tem que aprender este decálogo e colocá-lo em prática". Não. Te deixam uma folha em branco. [...] Mas nem tudo vale. Há poucos caminhos que são verdadeiros, mas ninguém pode te dizer quais são. (CONTRERAS, 2002).

A sede do **Projeto Integral León Dormido** (PILD), no Equador, está situada na montanha de mesmo nome, funciona desde 2005 e é a continuidade transformada da escola Pestalozzi (1977) – conhecido como Pesta. É uma experiência alternativa, de caráter não diretivo, criada por Rebeca e Mauricio Wild, que, na ocasião do nascimento de seus dois filhos, repensaram a educação no marco da escolaridade e da pedagogia convencional. Nessa escola, os processos de desenvolvimento da infância são cuidados de uma maneira muito especial, de forma respeitosa, com suas autênticas necessidades, situando-se os limites da liberdade em relação a todos os agentes educativos. Para isso, a partir das contribuições de Piaget e Montessori, entre outros, criam-se ambientes de aprendizagem estruturados nos materiais adequados para cada etapa de desenvolvimento.

Este projeto, com altas doses de reflexão e criatividade, surge a partir da crise do país, que obrigou os pais dos alunos da escola a ampliar sua jornada de trabalho e viver uma situação estressante, que não lhes permitia dedicar-se à educação de seus filhos e implicar-se com o projeto Pesta, em cuja escola esse envolvimento das famílias é uma peça fundamental. Essa situação os levou a pensar em outro contexto comunitário, onde a nova educação se vinculasse com uma nova forma de vida alternativa. O bem educar necessitava de um bem viver. Assim, surgem outras propostas vinculadas a educação, saúde e economia. Os ambientes preparados para as diferentes etapas agora são chamados de "centros para atividades autônomas", onde os pais, em vez de mandar à escola, acompanham seus filhos no transcurso do dia. Assim, todos experimentam os materiais e aprendem juntos, participando da elaboração de novos recursos e da melhoria das instalações, organizando novas estruturas não autoritárias de convivência e refletindo conjuntamente sobre os processos do desenvolvimento infantil. Esse trabalho comunitário representa uma organização social à margem do sistema capitalista e é regido pelos princípios da autossustentabilidade sanitária e econômica e pela soberania alimentar. Dispõe de uma moeda própria, chamada "sonhos", e os preços das coisas se chamam "apreços".

O casal Wild ministrou cursos em muitos lugares e dispõe de uma produção bibliográfica em que sistematizou, de maneira muito rigorosa, a filosofia e a prática dessas duas experiências educativas, imprescindíveis para se mergulhar na compreensão da pedagogia livre não diretiva. Atualmente, eles dão esses cursos em León Dormido, e estão abertos a docentes e famílias de todo o mundo. Na Espanha foi criada a Fundação Laura Luna, que dá apoio às ideias dos Wild.

CONCLUSÃO: QUESTÕES PARA O DEBATE

Que críticas e que dilemas e questionamentos incitam as pedagogias livres? De maneira muito sucinta, como um epílogo para na verdade abrir o debate, aí vão alguns:

1. *O nível educativo*. É discutido se o direito à educação também supõe sua obrigação e, mais concretamente, a conquista de alguns objetivos mínimos padronizados para todos os alunos. Não os fixar supõe respeitar o livre desenvolvimento infantil ou, em muitos casos, diminuir-lhe as oportunidades? Liberdade *versus* igualdade, um debate permanente na história da educação. Mas a questão se complica, quando se trata de responder por que esses objetivos são fixados para grupos de mesma idade e nível, se os ritmos de aprendizagem são diversos; quem padroniza os níveis, com que critérios, e que aspectos são valorizados, priorizados ou esquecidos. Há muita literatura internacional a respeito e um monte de provas estandardizadas, com seus correspondentes discursos e detratores; e uma obsessão, muitas vezes doentia, para se medir e avaliar tudo. E há aspectos que dificilmente podem ser considerados ou apenas podem ser avaliados a longo prazo. Uma última pergunta: as crianças dessas escolas estão capacitadas para acessar aos estudos superiores? Depende dos tipos de requisito exigidos: elas podem ter adquirido capacidades muito desenvolvidas para assumir novos desafios de aprendizagem e podem também apresentar lacunas importantes na aquisição de conhecimentos. Algo que às vezes se resolve com uma preparação específica e intensa para a superação das provas de acesso à universidade ou a outros estudos.

2. *Participação igualitária*. A questão polêmica radica no nível de amadurecimento intelectual e social necessário, para que os alunos, das diversas idades, possam participar e compartilhar com os adultos das decisões propostas nas assembleias e que regulam a vida da comunidade educativa. Até que ponto podem fazê-lo nas diferentes idades e âmbitos de decisão individual e coletiva?

3. *Adaptação ao futuro.* Uma questão prévia: Todas as crianças se adaptam a esse tipo de escolaridade? E a sociedade do futuro? Instituições desse tipo são criticadas pelo fato de que constituem ilhas à margem da sociedade e que, portanto, a inclusão nelas resultará em um choque traumático. Entretanto, a questão também poderia ser proposta ao contrário. As escolas convencionais não educam contra o mundo e de costas para a realidade? É a criança que não se adapta à sociedade, ou é a sociedade que é incapaz de dar resposta às novas demandas e identidades infantis e juvenis? Por trás desses dilemas, subjazem, de forma mais ou menos explícita, valores, visões e modelos sociais. Depende, por conseguinte, de como se educa o olhar para o mundo e onde se põe o foco. Existem vários testemunhos, de ex-alunos dessas escolas, que contradizem a tese da inadaptação, mas também é certo que outros relatos, hipoteticamente negativos, são menos difundidos. De qualquer forma, falta pesquisa de campo sobre essa questão, algo que vá além das vivências e experiências pessoais.

4. *Bondade natural e neutralidade ideológica.* Nas pedagogias não diretivas – não em todas –, está muito arraigada a concepção rousseauniana sobre a bondade natural da criança – o mito do bom selvagem exposto em *Emilio* –, em contraposição ao aspecto artificial, malévolo e doentio do social. Muitas foram as alegações contra essa formação, ao qualificá-la como maniqueísta, ingênua e simplista, oferecendo-se dados e argumentações contra essa idealização bondosa e sobre o egoísmo e a crueldade infantil, ou sobre os progressos sociais da humanidade. No entanto, é considerada inconsistente e insustentável a concepção de neutralidade de qualquer ensino e aprendizagem, pois está sempre conotada de valores ideológicos. Embora outra coisa bem diferente seja o doutrinamento, o dogmatismo e o sectarismo.

5. *Elitismo e livre escolha.* Algumas dessas escolas são caras – e até caríssimas –, porque não recebem verbas oficiais; apesar de que também existem as acessíveis, que conseguem dispor de outros

tipos de ajuda externa e fixar sistemas de bolsas ou mensalidades reduzidas. Contudo, todas elas reivindicam como marca de identidade comum a livre escolha de uma escola, para que as famílias possam decidir livremente o melhor modo de educar seus filhos. E esta é uma das questões que mais suscita controvérsia: A livre escolha não é um caminho para favorecer o processo de privatização em detrimento da escola pública? Toda a população está em condições de exercer seu poder de escolha ou se trata de uma prerrogativa reservada às classes médias e com certo *status* cultural e profissional? Também existem posicionamentos que concebem um outro modelo de escola pública diferenciada da estatal, contemplando terceiras vias onde caberiam esses tipos de experiência, embora sejam sempre sob um certo controle democrático e social.

6. *Sobre sua necessidade e futuro, como conclusão.* Esses tipos de escola estão em fase de expansão, retrocesso ou estancamento? No final do franquismo e durante a transição democrática – como dizíamos no outro capítulo –, apareceram diversos ensaios de pedagogias livres, mas nem todos tiveram continuidade. Logo veio um certo retrocesso, devido, em parte, às expectativas de mudança pedagógica geradas pela escola pública. E atualmente? Tudo parece indicar que esse tipo de iniciativa está no auge, apesar de suas dificuldades anteriormente mencionadas, de permanecer na sempre incerta periferia do sistema educacional.

Por que tem futuro? Porque, na época da globalização, do pensamento único e da crise de relatos sociais e políticos atraentes, sempre há um setor da população – pelo efeito dos movimentos pendulares – que busca saídas pela diversidade e singularidade; algo que explica muito detalhadamente Manuel Castells, em *La era de la información* (1997). No caso da educação, buscam-se saídas para a uniformidade e a rigidez excessiva da escola pública, apesar das valiosas inovações que tratam de quebrá-la.

São necessárias essas escolas? Aqui há duas razões que costumam ser rebatidas. Em primeiro lugar, alguns desses projetos supõem um laboratório de ensaio para a experimentação, o conhecimento, a inovação e a pesquisa educativa. Em segundo lugar, algumas contribuições dessas pedagogias podem ser aplicadas – e de fato isso já acontece com êxito – em escolas públicas inovadoras. Ou seja, apesar das críticas apresentadas, também se pode aprender muito com elas.

REFERÊNCIAS

CASTELLS, M. *La era de la información*. Madrid: Alianza Editorial, 1997.

CASTILLO, G. Del. Aulas abiertas y el derecho a aprender. *Cuadernos de Pedagogía*, p. 76-78, 2007.

FREIRE, H. Entrevista a Zoe Readhead. Summerhill, realidad de una utopía. *Cuadernos de Pedagogía*, v. 327, p. 42-47, 2003.

FREIRE, H. *Educar en verde*. Barcelona: Graó, 2011.

FREIRE, H. Después de Summerhill. Entrevista a tres exalumnos. *Cuadernos de Pedagogía*, v. 427, p. 44-49, 2012.

GRIBBLE, D. *Real Education Varieties of freedom*. Bristol: Libertarian Education, 1988.

NEILL, A. S. *Summerhil*: Un punto de vista radical sobre la educación de los hijos. México: Fondo de Cultura Económica, 1974.

NEILL, A. S. *Maestros problemas*. México: Editores Mexicanos Unidos, 1975.

NEILL, A. S. *Summerhill*. Vic: Eumo, 1986.

LEITURAS SUGERIDAS

CARBONELL SEBARROJA, J. Escuela Libre Paideia. El aprendizaje de la autogestión. *Cuadernos de Pedagogía*, v. 247, p. 38-46, 1996.

CARBONELL SEBARROJA, J. Aprender sin escuela. *Cuadernos de Pedagogía*, v. 256, p. 41-48, 1997.

CONTRERAS DOMINGO, J. Una educación diferente. *Cuadernos de Pedagogía*, v. 241, p. 12-17, 2004.

FORT CASAMARTINA, A. M. Summerhill o la escuela de la vida. Un día en la mítica comunidad escolar fundada por A. S. Neill. *Cuadernos de Pedagogía*, v. 252, p. 46-54, 1996.

GEENBERG, D. *Por fin libres*: Educación democrática en Sudbury Valley. Alicante: Marién Fuentes y Javier Herrero, 2003.

GONZÁLEZ, B. El roure. *Cuadernos de Pedagogía*, v. 341, p. 30-34, 2004.

MARTÍN LUENGO, J. *La escuela de la anarquía*. Móstoles: Madre Tierra, 1993.

MARTÍN LUENGO, J. *Paideia: 25 años de educación libertaria*: manual teórico-práctico. Mérida: Colectivo Paideia / Ediciones Villakañeras, 2006.

NUIN ZUÑIGA, J. Visitar el león dormido: una experiencia de activación. *Cuadernos de Pedagogía*, v. 434, p. 53-58, 2013.

PALACIOS, J. *La cuestión escolar*. Barcelona: Laia, 1978.

POPENOE, J. *Summerhill*: una experiencia pedagógica revolucionaria. Barcelona: Laia, 1973.

TORT, A. A. S. Neill. Summehill: Corazones, no solo cabezas. In: *Pedagogías del siglo XX*. Barcelona: Cisspraxis, 2000.

SADOFSKY, M. Sudbury Valley School. *Cuadernos de Pedagogía*, v. 341, p. 25-29, 2004.

WILD, R. *Calidad de vida*: educación y respeto para el crecimiento interior de niños y adolescentes. Barcelona: Herder, 2003.

WILD, R. *Libertad y límites*: amor y respeto. Barcelona: Herder, 2006.

WILD, R. *La vida en una escuela no directiva*. Barcelona: Herder, 2009a.

WILD, R. *Etapas del desarrollo*. Barcelona: Herder, 2009b.

WILD, R. Vivir y aprender de manera coherente, en un proceso de desarrollo sostenible. *Cuadernos de Pedagogía*, v. 434, p. 48-52, 2013.

4

As pedagogias da inclusão e da cooperação

Barbiana

A escola — menos a italiana — pretende, mais do que ensinar, medir a qualidade das crianças: impulsiona os melhores e despreza os mais fracos. Cada vez mais parece uma pista olímpica: os estudantes correm para alcançar a meta sob o olhar atento dos professores, que, investidos do papel de árbitros, tomam nota em sua caderneta de todas as falhas e quedas e registram o nome dos que são incapazes de seguir o ritmo da corrida. Mas a escola não é assim por casualidade, mas faz parte da sociedade mercantilista, que não está baseada na igualdade dos direitos de todos, sãos ou doentes, fortes ou fracos, lentos ou velozes, senão no desejo único de destacar os mais fortes e capazes. Na verdade, a palavra fundamental do sistema mercantilista é "eficácia", e esta se conquista mediante uma seleção disfarçada de competitividade, meritocracia, currículo, etc., para, deste modo, ocultar seu verdadeiro significado. Barbiana parte do princípio oposto: o do direito.

Todo mundo tem o direito de saber, e a escola deve garanti-lo. Por isso, Barbiana não era um tribunal para julgar os dotes das crianças, mas sim uma escola, cujo objetivo era fazê-las progredir. Uma escola que ensinava de verdade e que não ficava tranquila até que o último do grupo estivesse em condições de saber. Por isso, na escola de Barbiana, não havia notas nem provas e se seguia um regime de tempo completo: não mais pela necessidade de se adquirir muitos conhecimentos, mas porque recuperar todos exige muito tempo. Assim, Barbiana era uma escola "solidária", onde o mais dotado dava uma mão para quem era menos.

Francesco Gesualdi, *ex-aluno da Barbiana (2000)*

ANTECEDENTES E REFERÊNCIAS

A história da inclusão é o relato de como se acolhe, atende, nomeia, olha e conversa com o "diferente" ao longo do tempo. Um relato que se assemelha a um processo inacabado, com seus avanços e retrocessos, e recheado de dificuldades e contradições. Mas sempre aponta para um futuro em que todos os seres humanos possam viver e conviver, para um mundo onde sejam socialmente iguais, humanamente diferentes e totalmente livres. Este é o sonho, a grande esperança.

Quatro discursos, quatro modelos

No desenvolvimento da humanidade, o caminho da segregação à inclusão, sobretudo no que concerne aos alunos classificados como deficientes, passa por quatro fases claramente diferenciadas:

1. *A fase de abandono e marginalização.* São tempos remotos em que esse grupo era o grande esquecido e excluído da sociedade. Os deficientes eram considerados seres desagradáveis, imperfeitos, inclusive inumanos, uma sobra social que tinha de ser afastada de qualquer relação e participação social.

2. *A fase de criação das escolas de educação especial.* O discurso assistencialista e caritativo adquire um certo protagonismo. Pensa-se que é conveniente atender separadamente – a mistura continua sendo vista como inadequada, perigosa e pouco decorosa – as pessoas diferentes, por razões físicas, sensoriais, psíquicas e cognitivas, em escolas específicas de educação especial.

3. *A fase da integração diferenciada.* A integração na escola comum é, com frequência, mais física do que real, pois se oferece um currículo diferenciado aos "alunos com necessidades educativas especiais" – esta é a denominação cunhada na reforma da Ley Orgánica de la Educación (LOE) na Espanha –, com apoios e reforços externos, retirando-os da sala de aula comum ou os classificando em grupos, segundo o nível educativo de cada um. Esse modelo fundamenta-se na teoria do déficit individual: nas deficiências das

pessoas e não em suas necessidades – o que se deve compensar, até onde seja possível, para inserir o indivíduo ao modelo social dominante, para torná-lo o mais "normal" –, deixando de lado o respeito à própria singularidade e ignorando o potencial educativo das interações entre iguais e da coletividade.

4. Este modelo e, sobretudo, o da fase anterior está associado ao discurso médico que enfatiza a dependência, respaldada os estereótipos de incapacidade que inspiram piedade, temor e atitudes condescendentes. Neste modelo, a figura do especialista – psicólogo, orientador, etc. – é a que define a agenda e toma as decisões importantes, ao passo que os professores se mantêm em um segundo plano ou em uma posição de subordinação.

5. *A fase da inclusão escolar.* Um estado ou processo sem fim, que parte da convicção de que alunos diferentes aprendendo juntos, no marco de um sistema educacional unificado e não fragmentado, é a melhor forma de se avançar, ao longo do tempo, em direção à diversidade e à justiça. Este modelo, que ocupa a centralidade deste capítulo e do qual falaremos extensamente, fundamenta-se na cooperação entre iguais e entre os agentes da comunidade educativa, bem como na transformação da escola.

A inclusão não é possível sem uma mudança radical na cultura docente, nos modos de ensinar e aprender e no imaginário dos valores e concepções educativas. Neste caso, os docentes adquirem um maior protagonismo e trabalham lado a lado e em pé de igualdade com os distintos especialistas que intervém no processo educativo.

As contribuições das pedagogias inovadoras do século XX

Na filosofia centrada no aluno da Escola Nova e nos 30 princípios definidos por Adolphe Ferrière, está sempre muito presente o respeito ao ritmo natural da infância e às suas necessidades físicas e psíquicas, assim como a preocupação em garantir que todas as crianças vivam sua infância de forma feliz por meio da cooperação e da ajuda mútua na instituição escolar. Fala-se da importância da comunidade democrática e da coesão social, mas não da escola para todos em termos de inclusão.

Em geral, tudo começa com o diagnóstico médico da deficiência, porém, chega-se ao estudo do desenvolvimento educativo da criança com o passar do tempo. Sem remontarmos aos estudos de Jean Itard, de princípios do século XIX, autêntico pioneiro da educação especial, e a outros estudiosos, cabe destacar, já no novo século, a obra da doutora Montessori, que parte da ideia de que o menor não deve ser considerado apenas como o ser fraco e indefeso, que somente tem necessidade de proteção e ajuda. Por isso, põe em prática sua ideia de aplicar nas crianças consideradas normais os métodos que os médicos e educadores franceses haviam empregado com deficientes. Tal processo também ocorre com o doutor Decroly, cuja experiência acumulada no ensino de crianças com deficiência, que aplica em todos os alunos na escola belga de l'Ermitage, fundada em 1907.

Célestin Freinet dá um salto qualitativo ao propor a inclusão como acolhimento e valorização de todos os alunos, confiando plenamente em suas possibilidades de avanço e progresso. "Porque todo indivíduo quer ter sucesso. O fracasso é inibidor, destruidor da coragem e do entusiasmo" (FREINET, 1978). Essa é uma educação inclusiva que apresenta dois princípios inseparáveis: a igualdade (todos têm os mesmos direitos, e a escola atua como corretora das diferenças sociais) e a diversidade (nem todas as crianças devem ser tratadas da mesma maneira, e a escola deve se adaptar às suas necessidades). Na escola popular de Freinet, técnicas que possibilitam essa diversidade são aplicadas. Tal é o caso do plano de trabalho que permite que cada aluno se organize, trabalhe no seu ritmo e desenvolva as tarefas, segundo a ordem que tanto ele quanto o professor considerem mais conveniente; ou é o caso do fichário matemático autocorretivo,* um meio muito eficiente para os alunos com mais dificuldade nessa matéria. Estas e outras técnicas e atividades se fundamentam na cooperação, um dos eixos básicos da pedagogia freinetiana.

---

* N. de T.: São fichas que propõem problemas e apresentam soluções (em fichas separadas), permitindo que o estudante aprenda no seu próprio ritmo. O fichário autocorretivo também possui uma coleção de "fichas-teste", que permitem avaliar o nível de desenvolvimento dos alunos, e "fichas-correção", que ajudam os que esqueceram ou confundiram alguma noção ao fazerem a "ficha-teste".

A luta para se eliminar os guetos em que se confina o aluno com deficiência foi constante no movimento internacional Freinet, mas a escolarização desses alunos na escola comum foi sempre proposta a partir de uma transformação. De acordo com Imbernón (1981), a posição do Movimento de Cooperazione Educativa, por exemplo, é muito clara a esse respeito:

> Integrar um menino ou uma menina com problemas ou um deficiente físico a uma experiência normal não apenas representa a superação de qualquer forma de marginalização, senão que também requer uma nova maneira de conceber e agir na escola. É necessário ter uma estrutura adequada e superar a concepção clássica da aprendizagem e da avaliação, bem como aplicar um novo enfoque na programação... O aluno com deficiência não necessariamente tem que chegar às mínimas metas culturais, mas sim alcançar um maior grau de maturidade global. (IMBERNÓN, 1981).

São momentos de revolução ideológica e cultural que coincidem com o Maio de 1968 e com outros movimentos sociais alternativos, como o da antipsiquiatria – impulsionado sobretudo por Franco Basaglia –, que questiona a noção de doença mental e as práticas psiquiátricas convencionais e promove o fechamento dos manicômios.

A crítica à discriminação e à exclusão escolar está também muito presente no mítico livro de Lorenzo Milani, padre e professor da pequena escola italiana de Barbiana, que escreveu *Carta a uma professora* em colaboração com seus alunos, um discurso radical contra a escola seletiva e tradicional: "A escola é um hospital que cura os que estão bem e despreza os doentes" (MILANI, 1970). Uma escola que nada faz para recuperar os alunos que abandonam o sistema educacional. Milani propõe-se a enfrentar e eliminar os obstáculos de ordem econômica e social que limitam a igualdade dos direitos cidadãos e impedem o pleno desenvolvimento do ser humano. Para isso, recorre a duas estratégias: mais escolas para os alunos que foram expulsos da instituição escolar pública e que têm menos possibilidades mediante a escola de tempo integral;* e uma aprendizagem que priorize a reflexão e o uso crítico da palavra, porque, sem o domínio desta, dificilmente se poderá participar e ser um sujeito de direitos.

---

* N. de T.: Tipo de escola inclusiva que se resume a algumas características, como ensino por disciplinas, trabalho em grupo, currículo adaptado aos estudantes e seus contextos de vida, espaços e atividades para a pesquisa, aulas integradas, entre outras.

Os especialistas consideram o aparecimento do relatório Warnock (REINO UNIDO, 1974) um passo significativo na defesa da ideia de que os alunos, com e sem deficiência, aprendem melhor e de forma mais enriquecedora se estão juntos e não separados –, como até então ocorria. Começa-se a utilizar a denominação "alunos com necessidades educativas especiais", que contribui para modificar a ênfase dada aos defeitos e déficits e deslocá-la para a identificação das necessidades específicas de apoio. Na Espanha, a Ley de Intergación Social del Minusválido (1982) e a LOGSE (1990), a reforma socialista mais emblemática, movem-se nessa direção.

MARCAS COMUNS DE IDENTIDADE

Uma forma de vida

Susan Stainback (2001) define a educação inclusiva como o processo em que se oferece a todas as crianças, sem distinção de capacidades, raça ou qualquer outra diferença, a oportunidade de pertencer a uma sala de aula comum, onde aprendem com os colegas e junto a eles, assim como com a vida cotidiana da escola e da comunidade. A inclusão garante a todos os alunos o direito de se escolarizar em uma sala de aula e com um currículo comum. Considera-se esta a forma mais eficaz de educar nos valores da liberdade, da justiça, da solidariedade e da cooperação, dentro de uma sociedade que respeite tanto a dignidade quanto as diferenças de todos os indivíduos.

A inclusão é um conceito filosófico e uma forma de vida relacionada com o bem-viver e não uma mera proposta ou receita metodológica. Segundo Pujolás (2004):

> Uma forma de vida que tem relação com os valores da convivência ("viver juntos"), com a aceitação das diferenças ("a acolhida aos diferentes"), com a tolerância (que não equivale à permissividade e ao vale tudo), com a cooperação, etc. (PUJOLÁS, 2004).

Para Basil Bernstein e outros autores, é um direito humano fundamental e um requisito para a qualidade democrática.

A inclusão também é essencial para a qualidade educativa. Para Andy Hargreaves (2005), os indicadores de qualidade se sustentam em diversos princípios inclusivos: é um valor básico que dá as boas-vindas e atende a todas as crianças; os professores devem se adaptar à criança, e não esta ao programa educacional; a educação especial deve converter-se em um elemento da educação geral, unificando-se os dois sistemas na tentativa de satisfazer as necessidades infantis; e as crianças com deficiência têm que ser participantes plenos e ativos na escola e na comunidade.

Quais foram os pontos de partida, as influências e as referências da educação inclusiva? Robert Slee (2012) apresenta este decálogo: a educação especial tradicional e seus antecedentes em Medicina e Psicologia; a teoria crítica e a nova sociologia da educação; os estudos da deficiência em geral e os relacionados à educação; o pós-estruturalismo, os estudos culturais e a teoria feminista; os estudos pós-coloniais, os estudos do desenvolvimento e a teoria crítica da raça; a teoria e a sociologia políticas; a pesquisa sobre o currículo, a Pedagogia e a avaliação (incluindo-se a pedagogia crítica); a formação dos professores; a geografia social; e os estudos sobre as metodologias da pesquisa.

Por sua parte, López Melero (2010) destaca a centralidade do enfoque histórico-cultural no avanço da inclusão. Estas são algumas das razões: o desenvolvimento não se produz de maneira natural, mas sim culturalmente; a criança resolve qualquer questão relacionada ao conhecimento com a ajuda dos demais, aludindo-se aqui à teoria vygotskyana da zona de desenvolvimento proximal,* além da seguinte tese: "O coletivo é a fonte do desenvolvimento das funções psicológicas superiores e, em particular, na criança com retardo mental" (VYGOTSKY, 1995).

A Declaração de Salamanca, financiada pela UNESCO (1994), supõe para muitos especialistas um antes e um depois na luta das famílias de deficientes por uma escola inclusiva, ao estabelecer um marco de ação que defende que as escolas devem acolher todas as crianças, independentemente de suas condições físicas, intelectuais, emocionais, linguísticas. Essas instituições têm de encontrar a maneira de educar todos com êxito, inclusive aqueles com defi-

---

* N. de R.T.: Conceito de Vygotsky referente à distância entre o nível de desenvolvimento mental real da criança (o que consegue fazer por si mesma) e o nível de desenvolvimento potencial (o que consegue fazer com a mediação de outra pessoa).

ciências graves. Impõe-se a pedagogia centrada na criança – já não é esta quem tem de se adaptar à escola, senão o contrário. Entende-se que esta é a orientação mais eficaz para combater as atitudes discriminatórias, criar comunidades de acolhimento, construir uma sociedade integradora e conseguir a educação para todos. Não obstante, não faltam as vozes críticas que afirmam que essa declaração ficou na metade do caminho, ao não deixar explícitas as reformas e medidas necessárias para que a escola comum se faça mais inclusiva.

Os benefícios da inclusão supõem um enriquecimento para todos os alunos e não apenas para aqueles considerados deficientes. Isso ocorre porque são vários os aspectos que melhoram: as interações mediante a cooperação e a ajuda mútua; a autoestima; a autonomia; a responsabilidade; o respeito; as expectativas de êxito; a superação das dificuldades e dos problemas; o envolvimento da comunidade com suas redes de apoio; e os recursos materiais e humanos, quando estes, que eram da educação especial, são revertidos à educação geral. Segundo Parker (2014):

> Sempre é menos custoso financiar equipes de reforço para todos do que construir escolas especiais para cada deficiência. Porque nos países que segregam as crianças deficientes, os recursos se dispersam; no entanto, nos países com educação inclusiva, todos os recursos se concentram no mesmo sistema, e todos ganham. (PARKER, 2014).

Outra concepção educativa para transformar a escola

A educação inclusiva exige uma modificação substancial nas concepções educativas, nos modos de ensinar, aprender e avaliar, na organização da escola e na cultura docente. De acordo com Barton (1988):

> Falar de educação inclusiva, a partir da cultura escolar, requer estarmos dispostos a mudar nossas práticas pedagógicas, para que sejam cada vez menos segregadoras e mais humanizadoras. Isso implica uma mudança na mentalidade dos docentes em relação às competências cognitivas e culturais dos indivíduos com deficiência intelectual; implica transformar os sistemas de ensino e aprendizagem e o modo de desenvolver o currículo; representa que devem mudar a organização do espaço e do tempo escolar; e mudar os sistemas de avaliação. Cabe mencionar, neste sentido, o projeto *Responding to*

Diversity by Engaging with Students' Voices: A Strategy for Teacher Development (AINSCOW; ECHEITA; MESSIOU, 2014), com destacadas e atuais contribuições sobre práticas inovadoras, sobre o envolvimento de toda a escola e a formação continuada, bem como sobre o desenvolvimento profissional dos professores, uma peça fundamental para responder com justiça à diversidade. A educação inclusiva não é simplesmente colocar os alunos com deficiências na sala de aula com seus colegas também deficientes; não é mantê-los em um sistema que permaneça inalterado, não consiste em que o professor especialista responda às necessidades dos alunos com *handicaps** na escola comum. A educação inclusiva tem a ver com como, onde, por que e com que consequências educamos todos os alunos. (BARTON, 1988).

Mel Ainscow, um dos ícones da inclusão, estima que esta é um processo interminável e um projeto a longo prazo: "Não importa o quanto avancemos, sempre vamos querer fazer mais [...]. E, nesse sentido, todas as escolas ocupam algum lugar no caminho; cada escola é inclusiva por uma parte e exclusiva por outra" (AINSCOW, 2004). Além disso, Ainscow (2004) afirma que também é preciso ressaltar que esse processo demanda um novo discurso e compromisso educativo:

> Não se trata de conformar as crianças ao sistema educacional da maioria, mas sim de transformar a própria escola. Significa o desenvolvimento de uma organização e de uma prática na sala de aula que tenha como objetivo aproximar-se de todos os alunos, tentando eliminar as barreiras que impedem que alguns participem das aulas. Assim, a inclusão na escola designa e indica que uma nova forma de ensino começou. (AINSCOW, 2004).

Todos os teóricos da inclusão argumentam que a educação inclusiva não é educação especial e não deve ser tomada como referência. Supõe uma superação do conceito de integração, mostra o melhor caminho para superar qualquer tipo de discriminação e exclusão, implica um reconhecimento

---

* N. de T.: Segundo Romeu Kazumi Sassaki, esse termo tem como tradução histórica a palavra "incapacidades" e denota um estado negativo de funcionamento do indivíduo, devido ao ambiente humano e físico inadequado ou inacessível, e não um tipo de condição. Exemplo: a incapacidade de um deficiente visual para ler textos que não estejam em braile. Portanto, há uma situação de "desvantagem" imposta às pessoas COM deficiência por meio daqueles fatores ambientais. Dessa forma, a palavra "deficiência" não pode ser confundida com a palavra "incapacidade". Disponível em: <http://www.todosnos.unicamp.br:8080/lab/links-uteis/acessibilidade-e-inclusao/textos/deficiencia-mental-ou-deficiencia-intelectual/>. Acesso: 22 nov. 2015.

do direito a uma educação democrática e de qualidade, tem relação com a reforma educativa e com a transformação escolar; portanto, exige mudanças fundamentais no pensamento educativo sobre os alunos, no currículo, na pedagogia e na organização escolar.

Nesse sentido, Robert Slee (2012) fala da "escola extraordinária". "É minha resposta para a pouco pensada e excessivamente utilizada expressão 'escolas comuns'". Um modelo escolar que questiona a cultura dominante – algo que não segue a perspectiva integracionista – e que dá ênfase a uma melhor compreensão dos mecanismos que geram o fracasso escolar e a exclusão social e aos fundamentos da divisão entre a educação comum e a especial, apostando por um projeto de luta política, ética e cultural, a favor de mais e melhor democracia na escola e de um mundo mais justo. Além disso, Slee (2012) destaca o valor da diferença como fator de enriquecimento para toda a comunidade educativa:

> A diferença não é apenas considerada natural, mas é promovida como valor educativo e social. Logo, os beneficiários da inclusão não são só as pessoas que tenhamos considerado dignas de ingressar na escola. A educação inclusiva, que despreza a pena e a caridade, torna todos mais cultos socialmente e nos ensina que a injustiça não é uma característica das leis da Natureza. A injustiça e a exclusão se constroem e se sustentam pelas escolhas que fazem pessoas com poder. A educação inclusiva não é, consequentemente, uma formulação de ideias sobre as necessidades educativas especiais, senão uma teoria e uma tática da reforma educativa e social. (SLEE, 2012).

Os partidários da educação inclusiva são conscientes de que a linguagem é um instrumento de poder, que reafirma e reproduz a etiquetagem, a classificação e a diferença excludente, e de que é preciso introduzir outro vocabulário consoante com os direitos humanos, a justiça social e outros valores que fomos comentando aqui. Daí a importância de como conversamos e de como nos olhamos e nos falamos.

Da diversidade excludente à diferença inclusiva

Gimeno Sacristán (1999) refere o seguinte:

> Propor o problema da diversidade e da diferença na e ante a educação supõe enfrentar desafios e âmbitos de significação muito polivalentes: a luta contra

as desigualdades, o problema da escola interclassista, a crise dos valores e do conhecimento tidos como universais, as respostas ante a multiculturalidade e a integração de minorias, a educação frente ao racismo ou sexismo, as projeções do nacionalismo nas escolas, a convivência entre as religiões e as línguas, a luta da escola pela autonomia dos indivíduos, os debates científicos sobre o desenvolvimento psicológico e suas projeções na aprendizagem, a polêmica sobre a educação compreensiva, as possibilidades de se manter nas mesmas salas de aula estudantes com diferentes capacidades e ritmos de aprendizagem, ademais dos aspectos rígidos do atual sistema escolar e de suas práticas. (GIMENO SACRISTÁN, 1999).

Este sintético compêndio mostra as múltiplas dimensões da diferença e da diversidade nos vários âmbitos educativos. Aqui somente nos ocupamos da inclusão dos alunos deficientes, mas é evidente que a música de fundo é coincidente em todas as situações descritas. Existem duas maneiras, embora com diversas variantes e matizes, de se atender à diversidade na escola comum: a excludente e a inclusiva.

A diversidade excludente parte da teoria do déficit individual antes exposta, e, para tratar de superá-lo ou amenizá-lo minimamente, são criadas políticas e medidas de compensação escolar mediante apoios e reforços externos, os quais frequentemente se dão fora da sala de aula e depois da jornada escolar e variam muito. Vão desde as aulas de educação especial explícitas ou implícitas, os agrupamentos "flexíveis" por níveis de rendimento, as salas de "enlace",* as adaptações curriculares, etc. Trata-se de ações que na teoria e na prática legitimam um duplo currículo: para os que se saem melhor e para os que têm dificuldades, privando estes últimos de interagir com a turma toda – o que só ocorre de vez em quando –, de modo que suas possibilidades de aprendizagem, sua autoestima e seu sentido de pertencimento a uma coletividade ficam seriamente diminuídos.

Na diferença inclusiva, todos os alunos compartilham o mesmo espaço durante a jornada escolar completa, em salas de aula diversificadas ou heterogêneas – fiel reflexo da sociedade –, onde se combina de maneira

---

* N. de T.: Na Espanha, estas são salas de apoio, dirigidas aos alunos de 2º/3º ciclos da educação primária (equivalente ao ensino fundamental) e a todos da educação secundária (equivalente ao ensino médio) obrigatório que apresentam uma defasagem curricular e/ou um grande desconhecimento da língua espanhola (p. ex., alunos estrangeiros). O período máximo de permanência nesse ambiente são nove meses, depois o aluno se reintegra à sala de aula comum.

equilibrada a diversidade com a igualdade e, mais especificamente, com a justiça, porque os alunos, em função de seus ritmos de aprendizagem, de suas necessidades e interesses, requerem um tratamento diferente, a fim de se respeitar a mais ampla singularidade e diversidade. Todos têm os mesmos direitos, são membros de uma comunidade, e é preciso reconhecer seus esforços e contribuições de maneira consciente e constante. Embora se parta de um currículo comum, isso não significa que tenha que ser uniforme, fechado, prescritivo e idêntico para todos. A diferença, neste caso, não é uma dificuldade, mas uma oportunidade e o motor da aprendizagem. De acordo com Mereo (2010):

> Eu preferiria que meus filhos estivessem em uma escola em que se desejassem as diferenças, em que se prestasse atenção a elas e as celebrassem como boas notícias, como oportunidades de aprendizagem. As diferenças encerram grandes oportunidades de aprendizagem. (MEREO, 2010).

Grupos cooperativos e interativos

Cooperar, colaborar, interagir, participar, conversar, dialogar, escutar, acompanhar, contrastar, confrontar, aprender a trabalhar junto, personalizar, formar grupos cooperativos e interativos, ajudar-se mutuamente, compartilhar conhecimentos, comunicar-se intensamente, ser solidário, ser generoso, trabalhar em equipe, trabalhar em rede, em comunidade, promover um clima afetivo em sala de aula, formar equipes ou grupos reduzidos e heterogêneos, entre outros, são verbos e palavras que se conjugam e nomeiam frequentemente, quando se faz referência às essências da educação inclusiva, e que fazem parte de seu DNA.

Às vezes se fala indistintamente de grupos cooperativos ou interativos, e outras vezes se estabelecem leves diferenças e se enfatiza mais a cooperação ou a interatividade. Em um grupo cooperativo, os alunos se ajudam uns aos outros para conseguir seus objetivos, individuais e comuns, e o que cada um faz repercute nos demais, gerando-se uma interdependência positiva. Cada um progride no seu ritmo e chega até onde lhe permitem suas possibilidades, as quais se ampliam por meio da aprendizagem com o professor e, sobretudo, com os colegas. Aprendem os conteúdos, mas aprender a cooperar se converte também em um conteúdo. Daí a assertividade do título de um livro de Slavin et al. (1985): *Cooperar para aprender y aprender a cooperar*. Os alunos mostram uma grande capacidade para superar suas limitações, quando encontram um contexto acolhedor dessas características.

Quais são as vantagens da cooperação? A pesquisa educativa mais recente demonstrou que se conseguem melhorias em diferentes âmbitos: na aquisição de conhecimentos e no rendimento acadêmico, tanto pelos alunos com mais dificuldades quanto por aqueles que apresentam menos; nas relações, nas atitudes e nos valores que estas implicam; no respeito e na aceitação da diferença; na organização da sala de aula; no reforço do sentimento de pertencimento a um pequeno grupo e a uma comunidade mais ampla; e na intervenção docente e na presença de outros profissionais dentro da sala de aula, que tanto pode ser outro professor quanto um assessor, psicólogo ou orientador.

Richard Sennett elogia as oficinas como ícone da cooperação constante. "A oficina artesanal se construiu como reprovação da fábrica, pois seu modo de operar era mais humano que o daquela" (SENNETT, 2012); distinção que também poderia ser aplicada ao mundo do ensino, onde as metáforas como escola-quartel, escola-templo e, principalmente, escola-empresa contrastam com a da escola-oficina, ligada à vida e de caráter cooperativo, em que tanto as crianças quanto os adultos atuam como artesãos.

Os grupos interativos dentro da sala de aula são igualmente reduzidos e heterogêneos em relação a níveis e ritmos de aprendizagem, aptidões e capacidades, graus de adaptação e socialização, etc. O professor, que orienta o processo de ensino e aprendizagem e esclarece todo tipo de dúvida, costuma ser auxiliado por pessoas voluntárias (pais ou mães, professores aposentados, alunos maiores, entre outros), cada um dos quais é responsável por coordenar e dinamizar um grupo. Sua função é estimular a quantidade e a qualidade das interações e ajudas mútuas no grupo dos iguais, procurando fazer, por exemplo, que quem saiba mais de uma matéria ou de um assunto qualquer ensine os outros colegas. Para os alunos, a responsabilidade e o esforço exigidos para explicar uma coisa a outra pessoa reforçam seu grau de compreensão sobre aquilo que ensinaram. Ademais, está comprovado que nesses processos comunicativos flui, entre ambas as partes, um maior sentimento de empatia, autoestima e cumplicidade. Flecha (2012) afirma que:

> Uma das ideias que foram combatidas na Espanha é que, caso se mantenham juntos todos os alunos, os mais avançados têm seu desenvolvimento atrasado. É mentira, porque nos grupos interativos os mais avançados têm que explicar aos outros que têm mais dificuldade, e com isso desenvolvem a inteligência muito mais do que quando eles somente entendem. (FLECHA, 2012).

EXPERIÊNCIAS

Programa Cooperar para Aprender/Aprender a Cooperar (CA/AC)

Esse programa é desenvolvido pelo Grupo de Pesquisa para a Diversidade (GRAD, sigla em catalão), da Universidade de Vic, em Barcelona, pelos seus pesquisadores e professores, que combinam a pesquisa, a formação e o assessoramento em uma rede de escolas de ensino obrigatório infantil, fundamental e médio. Seu objetivo é promover a aprendizagem cooperativa – aqui adquire especial relevância a aprendizagem entre iguais – e a inclusão dos alunos, transitando da lógica da homogeneidade para a lógica da heterogeneidade, de uma estrutura da atividade individualista e competitiva para uma estrutura da atividade cooperativa. Entre seus referenciais, estão as teorias sobre o sentido e o processo de mudança de Fullan (2002); o programa IQEA sobre a criação de condições para a melhoria da atenção à diversidade, que é divulgado na Espanha por Ainscow et al. (2001); e as referências principais do programa CA/AC são David Johnson (1999) e Spencer Kagan (1999). Também se nutrem de muitas outras contribuições, como as de Robert Slee (2012) sobre a escola extraordinária.

A atuações do programa CA/AC são estruturadas em três âmbitos de intervenção complementários:

a. Coesão de grupo, para criar as condições favoráveis para que o grupo esteja cada vez mais disposto a trabalhar desta maneira: aprender em equipe e se ajudar a aprender.

b. Trabalho em equipe como recurso para ensinar, para utilizar, de forma cada vez mais generalizada, estruturas cooperativas, simples e complexas: para aprender junto e se ajudar a aprender mais.

c. Trabalho em equipe como conteúdo a ser ensinado, para capacitar os alunos a trabalhar em equipe, a fim de superar os problemas que forem surgindo (autorregular o funcionamento de sua equipe) e se organizar cada vez melhor como grupo.

Esse processo de formação e assessoramento consiste de três etapas: introdução, generalização e consolidação. Depois da aplicação prévia e parcial de alguma dinâmica de grupo e de algumas estruturas cooperativas, planejadas e avaliadas com o apoio do coordenador, o programa vai sendo sistematizado e estendido progressivamente até que o professor utilize uma estrutura cooperativa da atividade de forma habitual. Em todas ou na maioria de suas aulas, devem ser criadas estruturas organizativas permanentes, em nível coletivo, e a aprendizagem cooperativa deve ser incorporada ao projeto pedagógico da escola como um traço singular.

A fim de que a aprendizagem entre iguais seja efetiva, segue-se um cuidadoso processo de observação e estudo na hora de formar os agrupamentos cooperativos (as chamadas "equipes de base"), com diversas combinações entre os que têm mais possibilidades e os que têm mais dificuldades. Isso deve ocorrer para que o ensino se ajuste às características pessoais de cada um dos estudantes, para que possam aprender de uma forma mais autônoma possível, para que a estruturação de aprendizagem facilite as melhores ajudas mútuas e, definitivamente, para que cada aluno progrida até o máximo de suas possibilidades.

No Projeto PAC,* o Programa CA/AC foi desenvolvido e avaliado, e atualmente se está pesquisando até que ponto a aprendizagem cooperativa torna mais viável a inclusão de todos os alunos em uma sala de aula comum (PUJOLÁS; LAGO; NARANJO, 2013).

---

* N. de T.: Programa didático inclusivo, financiado pelo Ministério da Educação na Espanha, para atender na sala de aula aos alunos com necessidades educativas diversas. Avaliou o Programa CA/AC, que trata da organização cooperativa da atividade dos escolares em sala. Disponível em: <http://www.mecd.gob.es/dms-static/77130c69-f6fe-43d7-bbe4-89f08e920587/2011-vi-jornadas-pdf.pdf>. Acesso: 24 nov. 2015.

Comunidades de aprendizagem

Embora sob essa denominação estejam incluídas diversas propostas, aqui nos referimos à definida e impulsionada pelo Centro Especial em Teorias e Práticas Superadoras de Desigualdades (CREA), da Universidad de Barcelona. Esta que foi uma rede inicialmente muito arraigada no País Basco e que foi expandindo progressivamente para outras Comunidades Autônomas da Espanha e para alguns países latino-americanos. O objetivo deste modelo de educação inclusiva é a superação do fracasso escolar mediante uma educação de qualidade, que garanta o êxito para todos os alunos. Seus referenciais procedem das teorias dialógicas e da perspectiva crítica, entre elas cabe destacar as contribuições de Freire, para a educação, as de Vygotsky, para o enfoque mais sociocultural da Psicologia, e os estudos de Habermas, para a perspectiva sociológica da ação comunicativa.

Suas origens remontam ao ano de 1999, a uma escola de um bairro operário de Barcelona: a Escola de Pessoas Adultas de La Verneda-Sant Martí (veja em "As pedagogias críticas"). Também se inspira em outras experiências de orientação dialógica no âmbito internacional: School Development Program, Accelerated Schools e Success for All.

Esse modelo educativo se posiciona criticamente frente às políticas de educação compensatórias, porque entende que não se trata de compensar o suposto déficit dos alunos com dificuldades escolares e/ou com desvantagem social, mas de incidir na melhoria do ensino que recebem e na transformação da escola. Para isso, apela-se à ativa participação dos agentes educativos da comunidade.

Todas as comunidades de aprendizagem, sejam de educação infantil ou ensinos fundamental e médio, devem passar por quatro fases correlativas. A primeira é a fase da sensibilização, em que ocorre uma intensa formação na direção escolar e se organizam diversas sessões de trabalho, informação e debate, das quais também participam as famílias, voluntários do bairro e alunos, em espaços separados ou compartilhados, dependendo do caso, com o objetivo de promover o conhecimento e a familiarização com o projeto e fazer um diagnóstico da escola. A próxima fase é a do sonho, em que se propõem ideias de mudança e se começa a tecer esforços e cumplicidades, para planejar uma escola de acordo com as inquietudes e os desejos de toda a comunidade educativa. À continuação, vem a fase da seleção de prioridades, em que se tomam decisões sobre as mudanças que se quer promover. E esse processo termina com a fase de planejamento, em que se ativa e organiza o plano de transformação mediante comissões que trabalham com prioridades, com a participação de diferentes agentes da comunidade.

Projeto INCLUD-ED (Strategies for Inclusion and Social Cohesion in Europe from Education)

Trata-se de uma ampla pesquisa sobre educação escolar feita pelo CREA, que faz parte dos principais programas de pesquisa europeia. O objetivo é duplo: analisar ao longo de cinco anos as razões, as políticas e as medidas que levam ao fracasso e abandono escolar na Europa e detectar as atuações bem-sucedidas que favoreçam a inclusão escolar e a coesão social. Na lista não aparecem nem agrupamentos flexíveis, nem adaptações curriculares, nem salas de aula de acolhimento. Ramón Flecha (2012), uma das figuras mais visíveis do CREA, é bastante crítico com a política e as reformas educativas espanholas quando afirma que:

> Na realidade, dar atenção à diversidade legitimou a desigualdade, desculpou-a. Fundamentalmente se centrou em separar, tirar da sala, colocar em grupos de níveis baixos, fazer adaptações individuais à margem do grande grupo [...]. Tudo isso foi nefasto. (FLECHA, 2012).

Quais foram as práticas de êxito que aconteceram em diferentes lugares da Europa? Aqui apresentamos uma amostra orientadora: agrupamentos inclusivos que trabalham com grupos heterogêneos e interativos, fomentando a aprendizagem instrumental e emocional; familiares e outras pessoas adultas que entram na sala de aula para dinamizar pequenos grupos heterogêneos, que realizam as atividades de aprendizagem mediante a interação dialógica; tertúlias literárias e programas de escrita para melhorar a competência leitora; a extensão do tempo de aprendizagem fora do horário escolar mediante as bibliotecas com tutorias, os clubes de tarefas, as aulas de leitura materna e outras iniciativas, a fim de fortalecer a aprendizagem instrumental; a participação das famílias nas tomadas de decisão, na construção do currículo e na avaliação dos resultados; e as comunidades de aprendizagem que transformam ao mesmo tempo a escola e seu bairro.

O Projeto Roma

Esta iniciativa surge na Itália e Espanha – o grupo inicial é formado por um grupo malaguenho de famílias, mediadores e profissionais de distintos níveis educativos – e logo se estende a outros países latino-americanos. Representa um avanço na cultura da diversidade, não sendo considerada um déficit, senão um valor a ser trabalhado em uma escola pública sem exclusões. Seus referenciais teóricos (psicológicos, pedagógicos, epistemológicos, neurológicos) são diversos. De Vygotsky, tomam o desenvolvimento mediado pela cultura histórico-cultural, entre outras contribuições; de Luria, a neurologia dos processos lógicos de pensamento; de Habermas, a teoria da ação comunicativa; de Kemmis, a pesquisa-ação; e de Maturana, a biologia do amor. Tudo isso conflui em uma cultura escolar mais libertadora, humanizada e democrática, que despreza os postulados da segregação e da classificação dos alunos, bem como o modelo educativo e docente tecnocrático.

Nas experiências desenvolvidas por esse projeto, a sala de aula se organiza como uma comunidade de convivência e aprendizagem, onde se propõem um currículo e uma organização escolar alternativa, com a intervenção de diversos agentes educativos. A seguir exponho alguns exemplos. Em uma escola, leva-se a cabo uma complexa pesquisa com grupos interativos, em que se definem desafios pessoais que serão trabalhados de forma individual e em grupo. Uma aula se converte em um "cérebro" fictício, estruturado em quatro zonas: zona de pensar, zona de comunicar, zona de desenvolver a afetividade e zona de fomentar a autonomia. Um jovem estudante de arte, com síndrome de Down, narra seu esforço pessoal e seus momentos difíceis em sua trajetória escolar, e como a confiança de seus pais lhe ajudou a superar os obstáculos (LÓPEZ MELERO, 2005).

A escola Folch i Torres: um estudo de caso

Esta escola da cidade de Esplugues de Llobregat, em Barcelona, foi objeto de um estudo de caso e da posterior publicação de um livro, resultantes do trabalho de colaboração e assessoramento realizado por Teresa Huguet (2006) durante vários anos. A autora se interessou em mostrar, de maneira muito nítida, as entranhas de como se constrói uma prática inclusiva, que dá atenção sobretudo à diversidade e aos alunos com mais barreiras para a aprendizagem. O relato, baseado em uma pesquisa qualitativa, com observação e discussão participativa, apresenta descrição, análise e propostas e toma como referências os postulados mais emblemáticos da inclusão, da melhoria da escola e, especialmente, do enfoque sistêmico, analisando globalmente a instituição: escola, sala de aula, alunos, famílias e outros agentes educativos.

Para visualizar o grau de inclusão como comunidade, estuda-se sua cultura, o sentido de pertencimento, a acolhida, a inclusão de todos os alunos – expectativas, atitude ante a discriminação, eliminação de barreiras para a aprendizagem e a participação, etc. –, a otimização dos recursos da comunidade, o grau de colaboração com as famílias, a liderança na gestão da direção e os diversos níveis de coordenação interna. Também se indaga a organização da atenção dada à diversidade na escola: comissão de atenção à diversidade, papel do assessoramento, função do tutor ou da tutora e do docente de apoio; e se questionam as vantagens que implica a presença de dois professores em sala de aula, delimitando-se as situações em que isso ocorre e as diversas metodologias que são aplicadas. Ademais, não falta a análise sobre a percepção das famílias em relação à atenção dada para a diversidade. Ao final, são elaboradas propostas para tornar as escolas mais inclusivas.

CONCLUSÃO: QUESTÕES PARA O DEBATE

1. A inclusão não chega a todos os níveis educativos, nem às tecnologias da informação e comunicação (TICs) nem a outros âmbitos educativos não escolares. São conhecidas as dificuldades, para que a inclusão na educação infantil e no ensino fundamental, concretizada em muitas escolas – também em algumas se percebe certo retrocesso –, tenha continuidade nas etapas superiores da educação, situação que produz um retorno, na melhor das hipóteses, à educação especial. Isso se deve à falta de recursos e, sobretudo, à

fragmentação do sistema educacional com culturas e sensibilidades muito distintas em seus diversos segmentos. Em relação às TICs, na World Summit on the Information Society e em outros fóruns, foram aprovados pronunciamentos contra a exclusão de qualquer indivíduo, sobre as vantagens que oferece a sociedade da informação e a favor de que o uso das TICs esteja presente em todos os contextos formativos. E em diversas situações, observou-se o potencial inclusivo dos novos artefatos tecnológicos.

Entretanto – e também há evidências disto –, quanto mais inclusiva é uma ferramenta, maior é a exclusão se você fica de fora, e são muitas as pessoas deficientes, desfavorecidas e vulneráveis que sofrem com essa situação. E a exclusão digital e social aumenta, como mostram numerosos estudos, em consonância com o aumento das desigualdades, tanto na maioria dos países do hemisfério norte como do sul. A formação ao longo de toda a vida se torna um mito. Basta apenas analisar o grau de participação das pessoas deficientes em cada um dos cenários descritos no capítulo sobre as pedagogias não institucionais.

2. *Em alguns casos, justifica-se a existência de escolas de educação especial?* Há opiniões opostas a respeito disso. Há quem pense que inclusão é um direito e um compromisso irrenunciável para todas as pessoas sem exceção e que se demonstrou viável na prática. E há quem não ache ruim que, em alguns casos excepcionais, alguns alunos necessitem de um tratamento que a escola comum não pode oferecer; e que, portanto, esse tipo de escola não pode ser desprezado radicalmente, porque a escolarização temporal em grupos homogêneos pode ser conveniente do ponto de vista médico, educativo e social.

Em relação à escolarização comum, há quem opine que esta pode ser uma experiência horrível para muitos alunos com alguma deficiência, tanto pelo seu caráter segregador quanto por sua dinâmica individualista e competitiva, por seus métodos tradicionais e/ou pela falta de cuidado afetivo; e que, por conseguinte, para as crianças e jovens com deficiências graves ou múltiplas, as escolas especiais podem ser a salvação, já que dispõem de um espaço menor e mais acolhedor e de uma equipe mais capacitada. Em outros casos, a educação especial se reproduz na escola comum de forma mais explícita ou implícita.

Contudo, nos últimos tempos, com a ascensão das políticas neoliberais e mercantilistas, a redução dos direitos sociais e o desmantelamento dos serviços públicos básicos, a inclusão se encontra seriamente ameaçada, ao contrário do que vinha acontecendo, aumentam as escolas de educação especial privadas. Esse é um movimento que envolve o governo, com a política de redução de direitos que afeta os alunos mais vulneráveis, e que arrasta um setor de professores – os quais, diante da falta de todo tipo de recurso, desistem da causa – e também as famílias, que ficam seduzidas pela segurança e estabilidade que oferecem as escolas privadas de educação especial. Uma questão de recursos ou de sensibilidade e vontade? O que pesa mais?

Em contrapartida, nem tudo deve ser deixado por conta das famílias que dispõem de um capital cultural e educativo e que, depois de uma luta titânica cotidiana, obtêm algumas conquistas. O que ocorre com as outras famílias que não possuem uma preparação suficiente nem sabem mover-se pelas entranhas do governo, não conseguindo pressioná-lo eficientemente para obter alguns justos benefícios para seus filhos? O governo deve garantir um trabalho preventivo e condições justas para todas as famílias, independentemente de quem pressiona mais ou menos.

3. *Dificuldades, resistências e contradições.* Carlos Skliar (2014) escolheu um chamativo título para sua palestra: "Incluir as diferenças, uma realidade insuportável", em que destacava as exigências que isso supõe, como a de colocar a diferença no meio de nós, mas tirando todo o caráter pejorativo, ou afirmar que o diferente não existe, porque todos somos exceções: conceitos, desejos e desafios que o mundo despreza. Na verdade, como estamos distantes de deixar de falar em educação especial, integração, necessidades educativas especiais, professores de apoio fora da sala, adaptações

curriculares! Já que, entre os que fazem algumas declarações, citam leis e normas, mais ou menos bem-intencionadas, e o que se prescreve e se faz na realidade cotidiana das salas de aula, ainda existe um abismo.

Às vezes, os alunos deficientes são bem-vindos, mas em outras são simplesmente tolerados. Não podemos esquecer que fomos educados na negociação da diversidade e no pensamento único. Contudo, a crescente avalanche de avaliações – com provas de todo tipo, com seus efeitos explícitos ou implícitos na classificação ou *ranking* de escolas – aumenta as exigências sobre os alunos para que subam sua média de resultados; e neste contexto, os alunos com deficiência se convertem em uma incômoda ameaça.

Tudo possibilita que nas escolas convivam, ao mesmo tempo e de forma contraditória, práticas de inclusão e exclusão, vias para a heterogeneidade e estancamentos na homogeneidade, avanços e retrocessos. Como mencionado anteriormente, a inclusão requer modificar as mentes e culturas de professores e de toda a cidadania; e também necessita de uma transformação radical dos fins educativos, dos conteúdos curriculares, das mediações didáticas e da organização escolar.

4. *O lugar do professor e do especialista*. No excelente filme *Monseur Lazhar* (2013), há uma sequência muito significativa em um grupo de ensino infantil: a direção da escola, para enfrentar a dor depois do suicídio de sua professora, chama uma psicóloga; esta entra na sala de aula e diz ao atual professor substituto que saia, que não lhe compete enfrentar aquela situação. A mensagem é clara: os professores não se ocupam desses assuntos. E este pode ser um exemplo extremo, mas real – as circunstâncias são diversas – da segmentação de papéis e da distribuição hierárquica de *status* e poder entre os distintos profissionais da educação.

Em outras ocasiões, existe uma excessiva e aceita dependência do especialista por parte dos docentes, ao sentir-se pouco preparados ou inseguros para enfrentar diversas situações. Não faltam, é claro, como vimos anteriormente, exemplos de boas práticas, em que professores e psicólogo ou orientadores trabalham lado a lado, de forma colaborativa dentro da sala de aula e em uma direção inclusiva.

Porém, persistem várias questões: Qual é a função prioritária desses especialistas? A orientação das famílias e dos docentes, para conseguirem a melhor escolarização dos alunos deficientes ou diagnosticar seus transtornos e síndromes? Até onde vai o poder de decisão de uns e outros, quando não se trabalha coordenadamente em equipe? Assim, como uma última pergunta: uma sólida formação docente pode chegar a substituir o trabalho de apoio, na sala de aula, realizado por psicólogos ou orientadores com quase a totalidade dos alunos – por exemplo, 90%?

5. *É conveniente a generalização e institucionalização das boas práticas?* Tomemos o caso das comunidades de aprendizagem antes descritas, embora essa ideia também seria aplicável a muitas outras, como é o caso da aprendizagem-serviço, que é inserida como disciplina obrigatória em uma das Comunidades Autônomas da Espanha (ver "As pedagogias não institucionais").

Já comentamos que o projeto de comunidades de aprendizagem começou com êxito no País Basco, depois de um longo e sólido processo de assessoramento, formação e acompanhamento por parte do CREA, embora também tenham sido criados mais projetos em outras Comunidades Autônomas. No entanto, nos últimos anos, esses modelos foram crescendo em muitos outros lugares, sendo apoiados institucionalmente tanto por governos progressistas quanto por conservadores. E aí surgem algumas dúvidas: Essas comunidades podem funcionar da mesma forma, mantendo o mesmo caráter inovador e transformador, quando são apoiadas por governos ultraconservadores e neoliberais, em diferentes contextos sociais e educativos?

Entretanto, sem abandonar a filosofia proposta, não seria recomendável flexibilizar em algumas situações, inserindo novas variáveis metodológicas e o esquema das quatro fases: sensibilização, sonho, seleção de prioridades e planejamento? E pelo fato de que se insista muito mais nos resultados do que nos processos, sobretudo nas áreas instrumentais, apelando-se para as evidências da pesquisa internacional, será que não estariam deixando de lado outros aspectos não avaliáveis no relatório do Programa Internacional de Avaliação de Estudantes (PISA) e em outras provas, que estão relacionados à área de educação artística, e muitos outros componentes das chamadas inteligências múltiplas? Finalmente, não se pode esquecer que os processos, embora sejam muito complicados de medição, são tão importantes quanto os resultados, sobretudo a partir do enfoque de uma pedagogia crítica e libertadora.

6. *Perguntas finais sem uma única resposta.* Talvez as perguntas finais poderiam ser as perguntas iniciais: existe a normalidade? Em caso afirmativo, quem a define e de acordo com que critérios? De que excluímos nossos alunos e em que incluímos? A resposta a tudo isso sugere uma nova pergunta, a mais relevante: O que se deve aprender na escola e que modelo de cidadão se quer formar?

REFERÊNCIAS

AINSCOW, M. *Desarrollo de escuelas inclusivas*: ideas, propuestas y experiencias para mejorar las instituciones escolares. Madrid: Narcea, 2004.

AINSCOW, M. Entrevista de Ángeles Parrilla. *Cuadernos de Pedagogía*, v. 307, p. 44-49, 2001.

AINSCOW, M. et al. *Hacia escuelas eficaces para todos*: manual para la formación de equipos docentes. Madrid: Narcea, 2001.

AUTORÍA COMPARTIDA. *Transformando la escuela*: comunidades de aprendizaje. Barcelona: Graó, 2006.

BARTON, L. *Discapacidad y sociedad*. Madrid: Morata, 1998.

FREINET, C. Les invariantes pedagógicas. In: IMBERNÓN, F. *Freinet cincuenta años después*. Barcelona: Graó, 1978.

FREINET, C. *Parábolas para una pedagogía popular*. Barcelona: Laia, 1970.

FREINET, C. *Por una escuela el pueblo*. Barcelona: Laia, 1976.

FULLAN, M. *La fuerza del cambio*: explorando las profundidades de la reforma educativa. Barcelona: Octaedro, 2002.

GIMENO SACRISTÁN, J. *La educación obligatoria*: su sentido educativo y social. Madrid: Morata, 1999.

HUGUET, T. *Aprender juntos en el aula*: una propuesta inclusiva. Barcelona: Graó, 2006.

IMBERNÓN, F. *Il movimiento de cooperazione educativa*. Barcelona: Laia, 1987.

HARGREAVES, A. *Profesorado, cultura y postmodernidad*: cambian los tiempos, cambia el profesorado. Madrid: Morata, 2005.

KAGAN, S. *Cooperative learning*. San Clemente: Resources for Teachers, 1999.

LÓPEZ MELERO, J. (Coord.). Escuelas inclusivas, el Proyecto Roma. *Cuadernos de Pedagogía*, v. 346, p. 52-81, 2005.

LÓPEZ MELERO, M. *Discriminados ante el currículum por su hándicap*: estrategias desde el currículum para una inclusión justa y factible. In: GIMENO SACRISTÁN, J. (Comp.). *Saberes e incertidumbres sobre el currículum*. Madrid: Morata, 2010.

MARTÍNEZ, A.; GÓMEZ, J. L. (Coord.). *Escuelas inclusivas singulares*. Madrid: Grupo 5, 2013.

MILANI, L. *Carta a una maestra*. Barcelona: Nova Terra, 1970.

MESSIOU, K.; AINSCOW, M.; ECHEITA, G. El desafío de la diversidad. Un estímulo para el desarrollo profesional. *Cuadernos de Pedagogía*, v. 446, p. 40-67, 2014.

PARKER, G. Entrevista de Lluís Amiguet. *La Vanguardia*, 10 abr. 2014.

SENNETT, R. *Juntos*: rituales, placeres y política de cooperación. Barcelona: Anagrama, 2012.

SKLIAR, C. *Incluir las diferencias, una realidad insoportable*. Conferencia pronunciada en Barcelona, 1 de julio, 2014.

SLAVIN, R. *Aprendizaje cooperativo*: teoría, investigación y práctica. Buenos Aires: Aiqué, 1999.

SLAVIN, R. et al. *Learning to cooperate, cooperating to learn.* New York: Englewood, Prentice Hall, 1985.

SLEE, R. *La escuela extraordinaria:* exclusión, escolarización y educación inclusiva. Madrid: Morata, 2012.

STAINBACK, S. B. *Inclusive education.* [S. l.: s. n], 2001. Documento fotocopiado presentado en la Universidad de Vic.

STAINBACK, S.; STAINBACK, W. *Aulas inclusivas.* Madrid: Narcea, 1999.

VYGOTSKY, L. S. *El desarrollo de los procesos psicológicos superiores.* México: Crítica, Grijalbo, 1988.

LEITURAS SUGERIDAS

AINSCOW, M. et al. *Developing equitable educations systems.* London: Riutledge, 2011.

BOOTH, T.; AINSCOW, M. *Index for inclusion:* developing learning and participation in schools. 3. ed. Bristol: CSAI, 2011.

DECLARACIÓN DE SALAMANCA. *Conferencia mundial sobre necesidades educativas especiales.* España, 1994.

ECHEITA, G. et al. *Cómo fomentar las redes naturales de apoyo en el marco de una escuela inclusiva:* propuestas prácticas. Sevilla: Eduforma, 2013.

ELBOJ, C. et al. *Comunidades de aprendizaje:* transformar la educación. Barcelona: Graó, 2002.

EL PROYECTO INCLUD-ED. Claves para conseguir el éxito educativo (monográfico). *Cuadernos de Pedagogía*, dic. 2012.

FLECHA, R. Entrevista de Judith Casals. *Cuadernos de Pedagogía*, v. 429, p. 20-25, 2012.

GARCÍA FERNÁNDEZ J. A.; MORENO, I. (Coord.) *Escuela, diversidad cultural e inclusión.* Madrid: Catarata, 2014.

JOHSON, D. W.; JOHNSON, R. T.; HOLUBEC, E. J. *El aprendizaje cooperativo en el aula.* Buenos Aires: Paidós, 1999.

MARCHENA, R. *Mejorar el ambiente en las clases de secundaria.* Málaga: Aljibe, 2005.

PUJOLÀS, P. *Aprender juntos alumnos diferentes:* los equipos de aprendizaje cooperativo en el aula. Barcelona: Octaedro, 2014.

PUJOLÀS, P.; LAGO, J. R.; NARANJO, M. Aprendizaje cooperativo y apoyo a la mejora de las prácticas inclusivas. *Revista de Investigación en la Educación*, v. 11, p. 207-218, 2013.

RUÉ, J. *El treball cooperatiu.* Barcelona: Barcanova, 1991.

STAINBACK, S.; STAINBACK, W. *Aulas inclusivas.* Madrid: Narcea, 1999.

TOMILSON, C. A. *El aula diversificada.* Barcelona: Octaedro, 2008.

TORREGO, J. C.; NEGRO, A. *Aprendizaje cooperativo en las aulas.* Madrid: Alianza, 2012.

WARNOCK, M. *Meeting Special Educational Needs.* London: Her Britannic Majesty's Stationary Ofice, 1981.

5

A pedagogia lenta, serena e sustentável

A urgência de chegar

Nesta manhã do ano de 2007, um violinista ofereceu um concerto em uma estação de metrô da cidade de Washington.

Apoiado contra a parede, junto a uma lata de lixo, o músico, que mais parecia um jovem desses de bairro, tocou obras de Schubert e outros clássicos durante 45 minutos.

Mil e cem pessoas passaram sem deter seu apressado passo. Sete pararam durante um instante. Ninguém aplaudiu. Houve crianças que quiseram parar, mas foram arrastadas por suas mães.

Ninguém sabia que ele era Joshua Bell, um dos músicos talentosos mais valorizados e admirados do mundo.

O jornal The Washington Post havia organizado este concerto. Foi sua maneira de perguntar: "Você tem tempo para a beleza?".

Galeano *(2012)*

Jornada em escola de ensino médio

Sua distribuição do tempo é Alice no País das Maravilhas: você toma o chá na casa da Lebre de Março e se encontra, sem transição, jogando críquete com a Rainha de Copas. Uma jornada que acontece na coqueteleira de Lewis Carroll, privada do maravilhoso, é toda uma ginástica. E para complementar, a coisa ganha ares de rigor. Uma completa bagunça suprimida como um jardim à francesa, pequeno bosque de 55 minutos, depois outro bosque de 55 minutos. Somente a jornada de um psicanalista e o salame do açougueiro podem ser cortados em rodelas tão iguais. E todas as manhãs do ano! O acaso sem a surpresa. É o cúmulo!

Pennac *(2000)*

A anedota do mexicano tranquilo

Em um povoado da costa mexicana, um paisano se encontra meio dormido junto ao mar. Um turista norte-americano se aproxima, eles começam uma conversa, e em um determinado momento o forasteiro pergunta: "E você, em que trabalha? O que faz?". "Sou pescador", responde o mexicano. "Caramba, um trabalho muito duro", replica o turista, que agrega: "Suponho que trabalhe muitas horas todo dia, não?". "Sim, muitas. Bem, eu me dedico à pesca 2 ou 3 horas por dia", replica o interpelado. "Duas horas? E o que você faz com o resto de seu tempo?". "Bem, me levanto tarde, pesco 2 horas, brinco um pouco com meus filhos, durmo a sesta com minha mulher e, ao entardecer, saio com meus amigos para beber umas cervejas." "Mas como você é assim?", reage com raiva o turista norte-americano. "O que você quer dizer? Não entendo sua pergunta", responde o pescador. "Por que você não trabalha mais? Se trabalhasse, em dois anos teria um barco maior. Mais adiante, poderia abrir uma indústria aqui no povoado. Com o passar do tempo, montaria um escritório no distrito federal. E anos depois abriria filiais nos Estados Unidos e na Europa. As ações de sua empresa, por fim, valorizariam na bolsa de valores, e você seria um homem imensamente rico." "E tudo isso para quê?", questiona o mexicano. "Bem – responde o turista –, quando você fizer 65 ou 70 anos, poderá se aposentar tranquilamente e vir morar aqui nesta cidadezinha, para se levantar tarde, pescar 2 horas, brincar um pouco com seus netos, dormir a sesta com sua mulher e sair ao anoitecer com os amigos para beber umas cervejas..."

Taibo *(2014)*

ANTECEDENTES E REFERÊNCIAS

A constante tensão entre *cronos* e *kairós*

"Depressa, depressa!", cada vez mais e mais rápido, quantidade, data limite, "termina já!", "não posso esperar!", papéis e mais papéis (e muitas mesas com computadores), acumulação, excesso, rendimento, utilidade, resultados sempre quantificáveis, eficiência obsessiva, pensamento único, rigidez, controle, aprendizagem memorística, fragmentação, *zapping*, não parar, modelo escolar empresarial-industrial, superestímulo, abundância, hiperprodução, hiperconsumo, hiperprogramação, hiperescolarização, etc. Esses são os vocábulos e as expressões que definem um modelo de sociedade mercantilista, competitiva e desumana, em que cada dia ganha terreno o império da velocidade e do cronos, o relógio que planeja, mede e limita o tempo para se realizar qualquer atividade.

Entretanto, entra em crise a filosofia de vida do *kairós* (o tempo necessário para qualquer acontecimento), que agora tenta ser recuperado pelos diversos movimentos da lentidão. Um modelo de vida que dá valor a outros conceitos radicalmente opostos: pausa, menos é mais, reflexão, sossego mental, serenidade, sustentabilidade, meditação, imprevisibilidade, viver o presente, processo, caminho, qualidade, aprendizagem compreensiva, cotidiano, experiência, espontaneidade, imaginação, brincadeira, autonomia, criatividade, flexibilidade, modelo escolar da oficina artesanal, aprendizagem na diversidade, desaceleração, etc.

Essa tensão entre o *cronos* e o *kairós* não é própria da sociedade da informação e da pós-modernidade, mas sempre foi visível nos países ocidentais desde a Grécia antiga. Já Platão advertia sobre o perigo de que o ensino derivasse em uma instrução compulsiva. E Aristóteles deixou constância em seus escritos de que um dos principais desafios humanos era a sábia gestão do tempo livre. Em contrapartida, é bem conhecida a máxima de Virgílio do "ensinar deleitando", dando-se tempo ao tempo, o que se converteu em um dos ícones das pedagogias inovadoras.

A construção social do tempo foi modulando-se conforme a passagem da cultura oral para a difusão da cultura escrita e, mais recentemente, para a cultura de massas audiovisual e digital; e, paralelamente, em função da hegemonia que imperou em cada momento entre distintas dicotomias: entre a permanência e o movimento contínuo; entre a ética do estar e a cultura do fazer, com a eclosão do calvinismo e o *homo ludens*; ou entre o ser e o ter, título de um livro de Erich Fromm, um discurso radical contra a sociedade consumista, na mesma linha da obra de Herbert Marcuse (2010), *El hombre unidimensional*, em que igualmente ataca o modelo de crescimento industrial capitalista e o modelo socialista-soviético. Ambos pensadores exerceram uma grande influência no Movimento de Maio de 1968 e no nascimento posterior de alguns outros movimentos sociais. Por detrás de todos esses conceitos, existe uma filosofia sobre a vida, a felicidade, o bem comum e a sociedade, seja em termos de diagnóstico crítico ou de um projeto utópico.

A contribuição da Escola Nova

No terreno mais específico da educação cabe citar, entre outras, a aposta de Montaigne por uma educação lenta, doce, isolada, em contato com a natureza e com grande atenção ao corpo. Contudo, quem mais extensamente teoriza a filosofia da lentidão é, sem dúvida, Jean Jacques Rousseau (1971):

> Fazei com que vosso aluno dedique atenção aos fenômenos da natureza e logo despertareis sua curiosidade, mas para alimentá-la não tenhais pressa em satisfazê-la. Colocai a seu alcance as questões e deixai que as resolva; que não saiba algo porque tenhais dito, senão porque ele mesmo tenha compreendido; que invente a ciência e não a aprenda. [...] O grande dano da precipitação é obrigar as crianças a falar antes de que estejam na idade de fazê-lo [...]. Reduzi, pois, o máximo possível o vocabulário infantil. Não lhes convêm ter mais palavras que ideias, nem que possam dizer mais coisas do que possam pensar. (ROUSSEAU, 1971).

Esse autor ataca a ideia de encher a cabeça das crianças com princípios vazios e estéreis, assim como de antecipar precocemente qualquer tipo de ensino que não resulte assimilável e adequado às capacidades e ritmo de aprendizagem de cada criança. Por isso, define cinco grandes idades evolutivas, em função das aquisições que a criança pode receber de forma progressiva – etapas que servirão posteriormente a diferentes epistemólogos e psicólogos, como por exemplo Piaget, para se aprofundar no desenvolvimento e na aprendizagem infantil.

O Movimento da Escola Nova retoma a tese rousseauniana da especificidade da infância – a criança não é um adulto "inacabado"; tem sua própria maneira de ver e pensar –, e de que é preciso esperar com paciência que a natureza siga seu curso, para que esse indivíduo possa viver feliz sua infância, esta que é pensada em termos de presente e não de futuro. Nesse sentido, nos 30 aspectos da Escola Nova, definidos por Ferriére, contemplam-se vários supostos que apontam para essa mesma direção: o ensino está baseado na experiência, e a teoria está atrás da prática; não convém sobrecarregar o plano de estudos – cada dia apenas se estuda uma ou duas matérias, e poucas no trimestre. É preciso respeitar a individualidade, a espontaneidade e as etapas do desenvolvimento infantil e humano; não se deve pressionar o aluno, mas sim estimulá-lo, entre outros. E nesses postulados subjaz a concepção sobre a finalidade da educação: para que sociedade se educa? Alguns autores desse movimento, como John Dewey, tinham isso muito claro, ao denunciar a cultura pecuniária e acusar a instituição escolar de lançar a criança no mundo da competição, em vez de ser um laboratório criador de cidadania.

Outra referência histórica e também emblemática nesse tema é o da Instituição Livre de Ensino, em vários de seus posicionamentos e práticas pedagógicas. Cabe destacar, por exemplo, sua ideia sobre as provas escolares, distinguindo-as claramente do saber e da aprendizagem, segundo Giner de los Ríos (1905):

> Todas as críticas se interessam por condenar o mecanismo nivelador da prova. Conforme seus resultados, põe-se na "folha de estudos" do aluno uma etiqueta que, na realidade, não tem nada a ver com estudo nem com as atitudes do interessado, exceto com o fim de examinar. Saber não é o mesmo que ser avaliado em uma matéria. O objeto é tão distinto quanto as faculdades que exigem, respectivamente, um ou outro fim. (GINER DE LOS RÍOS, 1905).

Slow, sustentabilidade e decrescimento

O início do movimento *slow* começa com o do *slowfood*, fundado por Carlo Petrini na Itália em 1989. Nasce como uma reação ao cada vez mais difundido *fast food* e reivindica o direito a uma alimentação saudável e prazerosa, articulando o discurso ecológico com a recuperação das antigas e sábias tradições agrícolas. Esse movimento é seguido por outros, como o *slow sex*, *slow school*, *slow people*, ou o das *città slow*, também de origem italiano, que promove ambientes mais habitáveis e humanizados mediante o controle demográfico – as cidades não devem ultrapassar os 60 mil habitantes –, a circulação lenta pelas ruas, a gestão de recursos e outros compromissos ambientais. Com um propósito similar surgem as *transitions towns* na Irlanda, que estão em progressiva expansão no mundo anglo-saxão e que dão ênfase à redução de CO_2 e da dependência das energias fósseis, defendendo a autossuficiência energética e o fortalecimento dos bens comuns desde a solidariedade local e o apoio mútuo, em consonância com a teoria do decrescimento.

Essa perspectiva da lentidão está também contemplada na estratégia global do desenvolvimento sustentável e na teoria do decrescimento, formulada por Serge Latouche, uma crítica radical ao crescimento, à acumulação frenética de bens – não bens de grande utilidade, mas bens de alta futilidade – e ao consumismo excessivo que promove a cultura do usar e descartar e a insolência programada que ameaça o futuro do planeta (LATOUCHE, 2012). Não é proposto como um crescimento negativo, senão, sobretudo, como o abandono da religião e a obsessão pelo crescimento. De acordo com Ridoux (2009):

> O projeto de decrescimento considera que os valores dominantes vigentes são os de "cada vez mais", "cada vez mais rápido", "cada vez mais poderoso", "cada vez mais rentável" (e, sem dúvida, "cada vez mais superficial"), os quais se tornaram contraproducentes e nos levam à catástrofe (da que temos um bom exemplo na crise econômica atual). (RIDOUX, 2009).

Tese compartilhada por muitos outros economistas, pensadores e filósofos como Patrick Viveret (2013):

> A crise está relacionada com o exagero, com os excessos sem limites em nível econômico, financeiro e social. [...] Em sua vertente ambiental, depois de dois séculos de industrialização e hiperprodução, vivemos uma ruptura na relação com a natureza. Porém, a crise financeira está ligada com a economia especulativa em sua relação com a economia real.

Neste contexto mercantilista, em que tudo se reduz a cifras e se transforma em bens intercambiáveis, os partidários do decrescimento se questionam sobre a qualidade de nossas trajetórias vitais: "Vivemos, sem dúvida alguma, por muito mais tempo (em média), mas sem nunca ter tido o tempo de viver" (LATOUCHE; HARPAGÈS, 2011). As propostas decrescentistas, de caráter revolucionário e radicalmente anticapitalistas, vão além do paradigma da sustentabilidade e do movimento *slow* – em que cabem diversas vozes que nem sempre impugnam a economia de mercado –, e lutam pela mudança das atividades e por uma divisão mais igualitária dos recursos: "A solução não é reduzir a população, mas sim repartir os recursos de maneira honesta e justa" (LATOUCHE, 2009). Ou como dizia Gandhi: "Trata-se de viver de forma simples, para que simplesmente outros possam viver".

MARCAS COMUNS DE IDENTIDADE

Tempo sequestrado, tempo liberado

O século XXI se caracteriza pela negação do desfrute do tempo, entendido como *kairós*, diante da pressão que exerce, já desde a primeira infância, o consumo precoce e veloz de uma oferta sobrecarregada de estímulos, conteúdos, oportunidades e bens de todo tipo. Esse panorama polarizou o alvo das críticas dos movimentos da lentidão, que tratam de liberar e devolver o tempo para as pessoas, a fim de que este se adapte aos distintos ritmos naturais e não ao contrário, com o objetivo de conseguir uma vida mais saudável e feliz.

Dentro dessa tessitura convém citar alguns livros de Carl Honoré, que se tornaram ícones desta filosofia: *Elogio de la lentitud* (HONORÉ, 2006), um manifesto que questiona o culto à velocidade e que oferece diversas explicações e propostas, para modificar nossa relação com o tempo e para levarmos uma vida mais sossegada, que nos ajude a ser mais felizes; e *Bajo presión*, um tratado sobre como educar nossos filhos em um mundo superexigente, com informações, evidências científicas e engraçadas histórias sobre a hiperatividade infantil, a hiperpaternidade e outras "hiper", próprias de uma sociedade crescentemente acelerada e competitiva, que dificulta as relações sociais e a conquista de um projeto de vida mais livre e emocionalmente equilibrado.

Esse tempo cativo apresenta várias dimensões. Uma das mais emblemáticas é, sem dúvida, a urgência. A celeridade e a pressa conduzem à precocidade: quanto antes melhor. Assim, recorta-se a infância, o direito de vivê-la plena e livremente. Neill Postman (1990) teoriza sobre as causas que levaram ao desaparecimento da infância, destacando-se a onipresença televisiva como um dos fatores determinantes da perda de boa parte de sua curiosidade e inocência: as crianças foram privadas da brincadeira espontânea e de outras atividades próprias da idade e chegaram prematuramente ao mundo adulto. Os âmbitos e artefatos antes reservados aos jovens ou adultos são cada vez mais utilizados por meninos e meninas de pouca idade.

Paradoxalmente, o século XX – conhecido como o "século da criança", em que se experimentaram significativos avanços no seu estudo e conhecimento – terminou com um processo paralelo de distanciamento e marginalização, de perda da própria infância. Da mesma forma que outros pensadores, Postman (1990) reivindica um maior cuidado e proteção, para que a infância seja mais infância e menos vida adulta.

Outra dimensão do tempo cativo e veloz é a sobrecarga de tarefas infantis, à imagem e semelhança da vida das pessoas adultas. "Às vezes a sobrecarga é tanta, que sequer exercem seu direito de ser meninos e meninas" (FREIRE, 2013). A poderosa indústria do entretenimento e do consumo repercute na crescente mercantilização da infância. Parece que as crianças nasceram para comprar – *Nacidos para comprar: los nuevos consumidores infantiles* (SHOR, 2006) é o título de um livro que oferece dados fartos e eloquentes; estão saturadas de trabalhos e tarefas escolares, que, não em poucas ocasiões, acabam tendo que ser terminados pelos seus pais e mães; é sugerido – ou melhor, indicam-lhes – um monte de atividades extraescolares que, na realidade, reproduzem com frequência os mesmos rituais e exigências da educação formal, embora aconteçam simplesmente em outros cenários. Definitivamente, as crianças acabam tendo a agenda tão cheia como a de um executivo. A recomendação de que não se devem pular etapas, mas sim respeitar uma cadência de tempo que é diferente no mundo infantil não parece que seja escutada. Para Carbonell e Tort (2006),

O tempo livre se tornou tempo escravo: ter tempo passou a ser não tê-lo. A relação entre identidade privada e espaço público é um itinerário mutante, devido a novas formas de relação e socialização. A onipresença do consumo e do imediatismo em nossos modos de vida social afeta também os processos de crescimento das novas gerações. O entretenimento da criança é hoje um espaço público de interações comerciais. A indústria do espetáculo e o consumo se transformaram em potentíssimas máquinas de criação de necessidades. (CARBONELL; TORT, 2006).

Por sua parte, Daniel Innerarity fala da tirania das possibilidades para se referir ao excesso de tudo: estímulos, informações, conhecimentos, oportunidades, ofertas formativas iniciais e ao longo de toda a vida, algo que já advertia Hanna Arendt, quando se referia às possibilidades que seriam abertas ao ser humano. De forma mais concreta, Innerarity (2013) diagnostica uma nova doença: o "masterismo",* fruto da obsessão pelo credencialismo e pela competição de se chegar antes e o mais longe possível:

O "masterismo": a abundância de cursos de especialização ou mestrados para aprender a aprender, para saber o que é que tem que saber. Neles se ensina que não se renovar é morrer; induz-se a não adaptação e preparação para qualquer eventualidade, ou seja, a não saber realmente de nada; o novo imperativo é chegar o quanto antes sem saber muito bem aonde, mas, em qualquer caso, antes que os chineses. (INNERARITY, 2013).

Por último, cabe apontar outra das preocupações dos movimentos da lentidão, para modificar o pensamento hegemônico acerca do que se legitima como útil e inútil, o que, obviamente, corresponde ao modelo econômico de desenvolvimento dominante e seus pertinentes valores. Um novo olhar, como o de Eugène Ionesco e Nuccio Ordine (2013), subverte o discurso sobre a utilidade do que se considera inútil.

O homem moderno, que já não tem tempo para se deter nas coisas inúteis, está condenado a converter-se em uma máquina sem alma. Prisioneiro da necessidade, já não está em condições de entender que o útil pode transformar-se em um "peso inútil, angustiante" e que se "não se compreende a utilidade do inútil, a inutilidade do útil, não se compreende a arte". Assim, o

---

* N. de T.: Faz referência à palavra máster, que, em espanhol, significa qualquer curso de especialização ou mestrado.

homem que não compreende a arte se torna um escravo ou robô, transforma-se em um ser sofredor, incapaz de rir e sentir prazer. (ORDINE, 2013).

Neste contexto não é difícil entender, por exemplo, a redução do ensino de arte imposto pelas políticas educativas conservadoras, assim como o beneplácito e a ascensão da educação financeira no currículo – e não econômica –, promovida e financiada pelas grandes entidades bancárias, tanto no momento de promover programas-piloto quanto no de implementar sua avaliação.

Slow School

Seu início remonta ao ano de 2002, quando o professor emérito norte-americano Maurice Holt publica um manifesto por uma *slowschooling* ("escolarização lenta"), inspirado no movimento *slow food*. Nele se denuncia o armazenamento veloz e mnêmico dos conteúdos, as provas estandardizadas e a uniformidade curricular. E como alternativa propõe-se estudar um ritmo mais lento, aprofundar os temas, estabelecer relações entre os conhecimentos e aprender a pensar e não a passar nos exames. "As escolas lentas possibilitam a invenção e a resposta à mudança cultural, ao passo que as escolas rápidas se limitam a sempre servir os mesmos hambúrgueres" (HOLT, 2002).

Joan Domènech (2009), em *Elogio de la educación lenta*, uma das obras de consulta imprescindível para se aprofundar na teoria e prática dessa nova filosofia e olhar pedagógico, define e desenvolve estes 15 princípios:

1. A educação é uma atividade lenta.
2. As atividades educativas devem definir o seu tempo necessário de realização, e não ao contrário.
3. Na educação, menos é mais.
4. A educação é um processo qualitativo.
5. O tempo educativo é global e está inter-relacionado.
6. A construção de um processo educativo deve ser sustentável.
7. Cada criança — e cada pessoa — necessita de um tempo específico para aprender.
8. Cada aprendizagem há de se realizar no momento oportuno.

9. Para conseguir aproveitar mais o tempo é preciso priorizar.
10. A educação necessita tempo sem tempo.
11. Tem que se devolver tempo à infância.
12. Temos que repensar o tempo das relações entre adultos e crianças.
13. Há de se redefinir o tempo dos educadores.
14. A escola tem que educar o tempo.
15. A educação lenta faz parte da renovação pedagógica.

Convém insistir em um ponto: essa concepção do tempo não significa de forma alguma deixar os alunos estudar espontaneamente, ao livre arbítrio, sem nenhum tipo de exigência, nem impor um ritmo sossegado em todos os casos, mas sim fixar ritmos equilibrados e variados em função de cada situação de aprendizagem e das necessidades comuns ou específicas dos estudantes, atendendo ao paradigma da educação inclusiva e diversificada. Em alguns momentos é necessário imprimir um ritmo mais rápido, mas sem se deixar devorar pelo domínio do Cronos. A pedagoga e artista plástica Novo (2010) diz que "[...] o importante em relação ao tempo não é tanto se corremos ou se paramos, senão, se temos critérios para saber quando se deve correr e quando se deve parar", e recomenda compassar nosso ritmo com a natureza, porque esta é muito sábia, e sua companhia e cumplicidade nos abrem muitas portas à lentidão seletiva, que pode ajudar os estudantes a viver e trabalhar melhor.

Carl Honoré (2010) destaca, além disso, a necessidade de se contemplar distintos ritmos e espaços na instituição escolar.

> É uma espécie de equilíbrio. Não estou advogando, de forma alguma, pelo *laissez faire*. As crianças necessitam de estímulos, pressão, competição, estrutura. Mas só de vez em quando, não sempre. Também necessitam de um espaço para explorar o mundo da sua maneira, ao seu ritmo, para criar, inventar, inclusive para se entediar. Hoje nos dá medo o tédio. Vivemos em uma "cultura do fazer" que não contempla a possibilidade de ir devagar, de parar, até mesmo de não fazer nada. (HONORÉ, 2010).

Há algumas posições, como a de Penny Ritscher (2013), que não concordam com a ênfase dada à qualificação "lenta" para a escola *slow* – escola serena talvez fosse mais pertinente –, mas sim ao respeito escrupuloso dos diferentes ritmos de aprendizagem das crianças, professores e famílias, que se enxergam na pedagogia da continuidade: na riqueza e intensidade dos momentos, nas relações e experiências que vão sendo tecidas no dia a dia, com o propósito de superar a ansiedade da "produtividade". María Acaso (2013) também entra nessa rede relacional, em que o intelectual se funde com o emocional, no contexto de um modelo de escola artesanal, cujo valor já foi destacado neste livro mais de uma vez:

> A educação artesanal é uma forma de entender o ensino e a aprendizagem em clara oposição à educação industrial: é uma educação *slow* em que somos capazes de dar tempo ao processo; é uma educação que leva em conta as emoções, em que o conhecimento e os afetos são concebidos como um todo, em que não há separação entre o intelectual e o emocional; é uma educação em que definitivamente se trabalha com poucos estudantes e vários docentes, que formam uma pequena comunidade, administrável e de escala humana; é uma educação que leva em conta o gosto e o ouvido, dois dos sentidos esquecidos na sala de aula. (ACASO, 2013).

Há um mantra que se repete continuamente na educação lenta: os resultados não podem ser o único objetivo da educação, e, como contrapartida, postula-se a importância do processo – o caminho é tão importante quanto o ponto de chegada –, considerando o verso do poeta espanhol Antonio Machado, que diz que "o caminho se faz ao andar", ou a metáfora da tartaruga e do caracol (ZAVALLONI, 2011). Um processo em que se conjugam os verbos andar, olhar, observar, experimentar, saborear, julgar, deter-se, pesquisar, conversar, compartilhar, meditar, contrastar, deter-se de novo, etc. Um espaço onde haja lugar para as perguntas e não apenas para as respostas.

A aquisição do conhecimento, para que se consolide bem, de forma duradoura, necessita tempo e serenidade, da mesma forma que a chuva fina, que vai fertilizando o solo sem causar destruição. Ainda assim, convém provocar a curiosidade em relação ao conhecimento, outro dos tópicos emblemáticos da inovação educativa. Nesta direção, L´Ecuyer (2013) realça em sua obra a transcendência de educar no encantamento, algo incompatível com a hipereducação.

O desenvolvimento da inteligência requer lentidão definitivamente. A partir dessas pedagogias, argumenta-se que, segundo as pesquisas neurológicas, o desenvolvimento da inteligência necessita de tranquilidade emocional, lentidão, tato e mais confiança no potencial de cada pessoa; e cada vez se dispõe de mais evidências de que as crianças aprendem melhor, quando o fazem em um ritmo lento, embora os processos e outros aspectos educativos qualitativos não despertem a suficiente atenção por parte das agências de avaliação, muito obsessivas pelos resultados quantificáveis. Contudo, se analisarmos as avaliações do PISA, constataremos que na Finlândia são obtidos os melhores resultados em compreensão leitora e em outras competências, onde os alunos ingressam na escola aos 7 anos e não aprendem a ler até esse momento, e é o país da Organização para a Cooperação e Desenvolvimento Econômico (OCDE), em que os estudantes entre 7 e 14 anos têm menos horas de aula. Essa não é a única variável, claro, que contribui para esse êxito, mas por si só resulta muito significativa (MELGAREJO, 2013).

Também nas escolas Waldorf, criadas na Alemanha por Rudolf Steiner e hoje difundidas em todo o mundo e respaldadas por sua aprovada qualidade educativa, opõem-se à aprendizagem acelerada: os alunos não aprendem a ler antes dos 7 anos; durante a primeira etapa escolar, a aprendizagem ocorre mediante brincadeiras; e o acadêmico fica relegado a um segundo plano, desprezando-se os horários rígidos e sobrecarregados. O contato com a tecnologia também é deixado para um ciclo posterior. E até certo ponto, é partidária de uma "desconexão digital". Segundo Malagón (2013):

> Não somos contra os computadores, que são úteis em geral, mas pensamos que expor as crianças a tantas horas na frente das telas limita sua concepção de mundo; eles esperam que a realidade seja um entretenimento contínuo e que as coisas mudem rapidamente, porque é o que veem pelo computador, da televisão e dos jogos de *videogame*. (MALAGÓN, 2013).

Por último, gostaria de comentar um aspecto concreto, mas muito relevante da educação lenta ou serena e que pode ser apreciado na escola barcelonense de El Martinet (veja a seção "Experiências" em "A pedagogia sistêmica"), uma escola reconciliada com o *kairós*, onde fluem cotidianamente um monte de vivências imprevisíveis, esperas atentas e cumplicidades. Refiro-me, na verdade, ao modo de organizar e viver as saídas frequentes da escola: ir ao rio, à praia ou ao bosque, andando ou de bicicleta, que se convertem em autênticas aventuras, porque nunca se sabe de antemão o que vai ocorrer, e sempre acontecem coisas emocionantes para serem explicadas. El Martinet (2014) refere o seguinte:

> Passar cada dia da semana no mesmo lugar permite encadear as ações ou as brincadeiras de um dia para o outro. Também permite estar em um espaço que cada dia se torna mais conhecido e, portanto, faz-nos aproximar de uma descoberta real de seus espaços, matizes e mistérios. (EL MARTINET, 2014).

Uma aprendizagem que vai sendo consolidada lentamente mediante pequenas e grandes descobertas, individuais e coletivas, e que tanto contrasta com as habituais excursões hiperprogramadas; em que não há momento para a surpresa e a iniciativa dos alunos.

O tempo e o controle dos governos em relação à educação: horários e avaliações

Os tempos dos dirigentes educativos e políticos costumam ser muito breves: é tanta a urgência, que não dispõem de tempo de reflexão, e, se pensassem duas vezes, talvez se pouppariam de algumas decisões de consequências drásticas. Mas o tempo da instituição escolar e dos professores, sobretudo quando se pretende inserir mudanças para alterar a cultura escolar e as práticas pedagógicas, é lento, sumamente lento (GIMENO SACRISTÁN, 2008). Ademais, existe um claro divórcio entre o tempo institucional, o tempo pedagógico e o tempo subjetivo dos alunos, este que é frequentemente afogado pela lógica tecnocrática e empresarial, que dificulta as relações entre professores e estudantes. O tempo institucional deveria estar sempre a serviço de um clima institucional que estimule a sincronização entre os tempos cronológicos e tempos vivenciados (ASSMANN, 2002).

Larry Cuban descreve cinco relógios da reforma escolar: o relógio dos meios de comunicação; o relógio do pensador de políticas educativas, que afeta mais a opinião pública do que a realidade da vida nas escolas e salas de aula; o relógio burocrático; o relógio dos professores, mais lento, já que se trata de um longo processo de anos e inclusive décadas; e o relógio da aprendizagem dos alunos. De acordo com Cuban (1995):

Este relógio é o mais difícil de se ler, porque não é fácil separar a aprendizagem que acontece em casa e outras aprendizagens que ocorrem fora da escola. Podem manifestar-se anos depois de que tenha acabado a escolarização formal, já que a velocidade e o estilo de aprendizagem das crianças variam. (CUBAN, 1995).

A lógica do controle político, com uma visão muito a curto prazo e empresarial, e com uma estrutura organizativa burocrática, é percebida como uma ameaça contra a educação lenta e qualquer outro movimento de caráter inovador. Em Carbonell (2001) encontra-se o seguinte:

> A obsessão legislativa e burocrática está associada ao poder hierárquico e à incapacidade e medo dos governos de adaptar a legalidade aos projetos e inovações bastante autônomos e alternativos, os quais não podem controlar; pois está comprovado que sua principal preocupação no exercício do poder é manter a ordem e a paz escolar. E evitar o conflito, independentemente do que seja necessário. [...] Por isso, as equipes docentes e os coletivos inovadores devem tratar de abrir brechas, forçando mudanças legislativas ou mediante a transgressão até onde esta seja possível, para criar organizações mais ágeis e espaços mais flexíveis; sempre em função das novas finalidades educativas e não das velhas rotinas, herdadas e cristalizadas pela confluência de interesses entre a razão burocrática do Estado e a razão corporativista docente. (CARBONELL, 2001).

Três dos instrumentos de que dispõe o Estado para exercer o controle sobre a instituição escolar e o processo educativo são o horário escolar, o currículo e a avaliação. Da jornada escolar, denunciam-se a organização fragmentária do conhecimento e a concentração excessiva de disciplinas, principalmente no ensino médio – mas não somente nessa etapa –, com aulas de 50 minutos sem pausa alguma. Conforme Acaso (2013),

> Os estudantes chegam correndo da aula anterior, demoram para sentar-se, para organizar-se. A professora começa a falar. Aos 5 minutos, começam a produzir-se a desconexão, o tédio, o cala a boca, a não aprendizagem. Os tempos que administramos nos ambientes educativos estão doentes e produzem pessoas doentes, mas trabalhar o tempo na educação (especialmente, na educação formal) e transformá-lo em *slow* educação é possível, embora apenas contemos com 45 minutos de aula. (ACASO, 2013).

Nesse sentido, Acaso alude a distintas pausas, a pequenos rituais e momentos de transição que interrompem essa corrida de ritmo endiabrado que tanto desconcentra os alunos.

Por que a aula tem que durar 50 ou 55 minutos? À qual lógica responde? Que sentido tem hoje manter essa distribuição horária do século XIX? Os governos responsáveis pela educação, apesar da chuva de críticas, não deram uma resposta a esta questão tão elementar e, depois de todas as reformas, de um erro depois do outro, continuam com elas. A partir da educação lenta e de outras correntes pedagógicas inovadoras, propõe-se reorganizar os horários, com tempos mais prolongados e flexíveis, em função de cada tipo de atividade. Assim, para trabalhar por projetos, para realizar uma pesquisa ou para abordar um tema sob distintas perspectivas conceituais e metodológicas, são necessárias 2 ou 3 horas, inclusive uma jornada inteira, ou alguns dias seguidos. Tudo depende, obviamente, de quais finalidades educativas estão em jogo e de que verbos relativos ao processo – cuja lista mencionamos anteriormente – quer-se conjugar, para que a aprendizagem seja sólida e compreensível.

Em relação ao currículo, cabe dizer que a acumulação de conteúdos, em que os objetivos ditos mínimos se convertem em máximos, é pedagogicamente insustentável em Carbonell (2001):

> A sobrecarga ilógica de conteúdos é um grave erro pedagógico e obriga os professores a realizarem uma corrida frenética e obsessiva para terminar o programa. Então, com pressa, nem se assimila nem se aprofunda no conhecimento e, em geral, recorre-se unicamente ao livro didático e à memorização. O conhecimento requer tempo e diversas atividades atraentes para sua sólida aprendizagem. Por isso, o armazenamento incontrolável de conteúdos é um dos piores inimigos da inovação. (CARBONELL, 2001).

Outras críticas e algumas propostas são desenvolvidas no capítulo sobre as pedagogias do conhecimento integrado.

Quanto às avaliações, criticam-se, entre outros aspectos: a obstinação pelo excesso de provas; os resultados expressos em cifras – em que porcentagem se situam estes ou aqueles alunos; as classificações; as comparações entre escolas, estados e países; as comprovações de conteúdos memorizados que são esquecidos de repente e as de certas competências, em papel e lápis, das que ficam excluídas diversas áreas consideradas pouco úteis para o desenvolvimento econômico e acesso ao mercado de trabalho. Além disso, as comprovações de diversas habilidades relacionadas com o crescimento pessoal, a autonomia e o processo de socialização. Na educação lenta, duvida-se de que essas avaliações tenham realmente relação com a aprendizagem e com o conhecimento, algo que já dizia com tanta clareza e contundência Francisco Giner de los Ríos há mais de um século, como pode ser verificado em sua citação, neste capítulo, sobre os antecedentes e referências da educação lenta.

Alguns partidários da lentidão confirmam ter perdido o medo dos resultados dos relatórios de avaliação e estabelecem indicadores de qualidade mais conformes com sua filosofia.

> Não são os resultados acadêmicos o que se deve avaliar, mas sim é preciso introduzir sistemas de estímulo desvinculados das ataduras de boletins e similares. Trata-se de estratégias de cooperação didática ou de tutoria que possam fazer desaparecer, por exemplo, o fenômeno da competição entre os alunos. Definitivamente, é uma questão de tirar da nossa cabeça o conceito de *aproveitamento didático*. Competição, resultados, avaliação, monitoramento, padrões acadêmicos... são palavras que pertencem ao frenético, trepidante e eficiente mundo econômico, e não ao escolar. O fundamental está na trivialidade de perguntas e questões que já nos fizemos. Enfim, trata-se de fazermos algumas perguntas de fundo: Por que se deve ir à escola? Qual é o objetivo único de aprender? (ZAVALLONI, 2008).

EXPERIÊNCIAS

Tempo para pensar, fazer e compartilhar

Na escola pública barcelonense **Fructuós Gelabert**, observa-se e se analisa o tempo sob outra perspectiva, tratando de dar resposta ao tempo fragmentado com o currículo globalizado; ao tempo acelerado com a lentidão, tratando de incidir sobre a pressão que sofrem os menores até a angústia dos alunos de 6º ano do ensino fundamental ao tempo quantitativo com o qualitativo; e ao tempo da colonização administrativa com a autonomia e a apropriação do tempo por parte da comunidade educativa. A atividade da escola se estrutura a partir destas duas premissas: tempo não compartimentado e mais aberto e currículo que evita a sobrecarga. A gestão deste é de baixo para cima, a partir do que ocorre na sala de aula, e não da prescrição oficial administrativa. Em que se concretiza tudo isso? Vejamos:

- horários com períodos mais amplos e flexíveis: costumam ser três na jornada, embora também se contemplem outros em função de cada atividade;
- concede-se importância à dimensão relacional e à criação de vínculos emocionais, para conquistar a coesão do grupo em um espaço tranquilizador;
- dedicam-se tempos à leitura — na hora do conto participam avós voluntárias e ex-professoras;
- presta-se atenção à expressão oral, trabalhando o silêncio, o falar devagar e a escola ativa;
- conhecimento do próprio eu: como sou, de onde venho, como mudei, para onde vou (alunos já no 6º ano), projeto em que se põem em jogo muitas estratégias e recursos;
- trabalho em torno do corpo, aspecto-chave que se desenvolve em toda a escolaridade: centrado na psicomotricidade — na esteira de Aucouturier* — até o 3º ano do ensino fundamental;
- teatro nos cursos superiores, com a representação de obras em que colaboram também as famílias.

Na escola de Fructuós Gelabert, comenta Joan Domènech (2009), seu diretor, "[...] aceitamos a diversidade de situações, projetos, modalidades e iniciativas, com uma única condição: que sejamos capazes de refletir e analisar como as resolvemos para tentar melhorá-las". E, sobretudo, se dá tempo

---

* N. de R.T.: Bernard Aucouturier - Psicomotricista francês, fundador da Prática Psicomotora Aucouturier no campo educativo e terapêutico. A prática propõe um olhar individual à criança e consiste em deixá-la livre para utilizar o movimento, o espaço, o ritmo, a voz, a linguagem e os materiais. O objetivo é que as crianças sintam-se bem e busquem as sensações internas de equilíbrio, de relaxamento tônico, de simetria corporal, dando bastante importância à exploração de sua própria morfologia em relação a uma ou várias crianças do grupo.

para pensar nas ações: os alunos sabem o que se vai fazer, porque se planeja com eles a realização das atividades e, uma vez finalizadas, ou de forma periódica, pergunta-se o que fizeram, que interesse tem, o que aprenderam, etc., independentemente de que se faça ou não uma avaliação. No desenvolvimento da atividade não apenas se respeita o tempo de cada aluno, mas se leva em conta o tempo para concluí-la. "Isso é o que pode dar mais sentido ao que fazemos", conclui Domènech.

O tempo dos professores

Na escola **Els Alocs**, em Vilassar de Mar, Barcelona, desde seu início existe uma grande preocupação pela gestão do tempo da escola, dos alunos e dos docentes, sempre com a ideia de se dar tempo ao tempo e trabalhar em um ambiente sereno e tranquilo. Para isso, promovem uma gestão organizativa flexível, que vai modificando-se a cada ano em função das necessidades e que responde a estes objetivos: evitar a ruptura entre as etapas educativas em uma mesma escola; fomentar o intercâmbio e a interação entre os professores; valorizar e considerar as diferentes potencialidades dos membros da equipe; facilitar a mobilidade dos docentes dentro da própria escola e não deixá-los presos em único nível, ciclo ou etapa; potencializar o professor generalista; fomentar a empatia e o entendimento entre os membros da equipe; criar o hábito de se trabalhar com pessoas, estilos e formas de resolver as situações diferentes.

Em relação aos professores são estabelecidas três prioridades. A primeira é o acompanhamento dos docentes recém-chegados à escola. No transcurso de seu primeiro curso, dispõem de um tutor de referência com o qual se encontram 1 hora por semana, ao meio-dia, para esclarecer todo tipo de dúvida e para ir familiarizando-se com o projeto da escola e com tudo que está relacionado aos ritmos da educação lenta. Determina-se essa prioridade, porque se percebeu que a grande quantidade de informação e documentação existente no mês de setembro tinha que ir sendo assimilada com tranquilidade ao longo de todo o curso.

A segunda prioridade é a organização da equipe docente por tarefas. A escola quer romper com as estruturas rígidas e adequá-las aos tempos e necessidades. Não se trabalha por ciclos, para superar a fragmentação curricular e os reinos de taifas.* A atividade da escola é preparada entre todos, e depois se repartem as tarefas, levando-se em conta as habilidades de cada um. Falta-lhes tempo, mas se ganha em trabalho, calma e participação.

A terceira é a reunião semanal do colegiado: 2 horas por semana, das 17h às 19h, fora do horário letivo. Não há lugar para as informações enviadas por correio eletrônico, salvo aquelas que merecem ser explicadas e compartilhadas. Dedica-se ao debate pedagógico, com temas escolhidos pelos próprios membros. Esse é um espaço para a reflexão, valorização e reelaboração, esta última que se considera imprescindível.

Na escola Els Alocs, não se quer que a urgência afaste o importante, porque sua equipe é consciente de que há coisas urgentes, mas importantes, outras urgentes, mas não importantes e outras nem urgentes nem importantes. E também sabe, embora nem todo mundo entenda, que esse tempo de reflexão docente é tão importante para a aprendizagem dos alunos quanto o que se dedica em sala de aula. Seu desafio geral é o de como conciliar participação e lentidão, algo complicado, porque sempre lhes falta tempo.

Alimentação saudável na escola

No colégio asturiano **Marcos del Torniello**, nas salas dos alunos de 3 anos, dos ursos e dos esquilos, antes do recreio se come uma fruta que é levada à escola, cada vez, por duas famílias. Há algumas cestas cheias de uvas, maçãs, peras e bananas. No início, levavam duas frutas para cada aluno, mas agora já são três. "Cada dia comem mais e melhor. Alguns nem sabem. Há famílias que não acreditam, porque em suas casas resistem a prová-la" (CARBONELL, 2010), comentam suas professoras Nieves Suárez e Montserrat Fernández, enquanto vão cortando e repartindo a fruta. Tratam de ir provando novos sabores, mas na educação infantil estão proibidos os bolos e guloseimas, inclusive nos aniversários, e ninguém traz salgadinhos, um hábito que não se mantém no ensino fundamental. O ritual deste café da manhã tão saudável dura quase meia hora e se converte em um momento de conversação pausada e relaxada.

---

* N. de T.: Pequenos reinos independentes surgidos na Espanha muçulmana, depois do fim do califado de Córdoba, em 1031.

Situações tão simples e cotidianas como esta vão reproduzindo-se em muitas escolas, com o objetivo de introduzir a alimentação saudável do *slow food* nas diversas refeições do dia. São momentos cotidianos de uma grande riqueza em que se comenta de onde vêm os alimentos e quais se cozinham e como – às vezes procedem da horta da própria escola, e as crianças ajudam na cozinha ou têm experiências com alimentos em uma oficina; em que atentamente se seguem os rituais do corte e da mistura, resultando em mais de uma surpresa; em que se descobrem novos gostos e sabores do bem comer, que fazem parte do bem viver; e em que, em um clima descontraído, flui a conversa. E esse pequeno espaço de socialização é muito poderoso, porque, como dizia Plutarco: "Nós não nos sentamos à mesa para comer, mas para comer juntos". Nas salas de aulas e cantinas escolares também é preciso cuidar a ecologia e a estética: nada de copos e talheres descartáveis.

Amayuelas: povo ecológico

Sua origem remonta ao início dos anos de 1990, quando um grupo de pessoas, vinculadas ao movimento rural e cultural da comarca de Tierra de Campos, em Palencia, e comprometidas com a causa do mundo rural, decidem trabalhar nesse pequeno povoado para lhe devolver sua vida. Assim, geram pequenas atividades econômicas, sociais e produtivas, aproveitando os recursos locais ociosos e, ao mesmo tempo, respeitando o meio natural. No desenvolvimento do projeto há dois importantes marcos: a construção, em 1999, de moradias bioclimáticas que facilitam a incorporação definitiva de novos habitantes e, em 2004, a criação da primeira Universidade Rural Paulo Freire (URPF).

Hoje, em Tierra de Campos, existe o Centro de Informação e Formação em Atividades Econômicas Sustentáveis (CIFAES) e a URPF, onde se articulam projetos que apostam em um desenvolvimento rural integrado, sustentável e solidário. Seus membros também pertencem ao Movimento Internacional La Vía Campesina, que na Espanha está constituído por trabalhadores rurais sem terra e pequenos agricultores e que se opõe às leis impostas pela Organização Mundial do Comércio (OMC).

Um de seus dirigentes, Jerónimo Aguado, diz que "é preciso voltar ao campo para abraçar a terra". Por um lado, voltar à prática "da agricultura de nossos antepassados, que não é a agricultura ecológica, nem sequer a agroecologia, é a agricultura rural e local", para colocá-la a serviço das comunidades. Isso indica "o direito dos povos de serem soberanos alimentarmente, oferecendo alternativas ao modelo neoliberal, que está colocando-nos em uma situação de suicídio coletivo". Em Amayuelas, a vida transcorre mais serenamente, de acordo com o ritmo da natureza: tudo é mais próximo, e se dispõe de mais tempo de lazer e formação.

A partir do CIFAES, foram criados serviços comunitários inovadores; experimentaram-se outras formas de trabalhar a terra com o gado e com a produção de alimentos saudáveis; e se abriram diferentes linhas de pesquisa: construção com terra, gestão integral dos recursos urbanos e o resgate de sementes e raças locais, frente ao monopólio e à privatização da biodiversidade das transnacionais da agroalimentação.

Com a Universidade Rural Paulo Freire, um projeto político – não partidário, mas não neutro – para a recuperação da cultura rural e a transformação social, organiza-se um plano docente por meio destas três cátedras: agroecologia em sistemas de estepes; construção com terra; e dinamização rural em zonas desfavorecidas; com cursos monográficos, seminários, pesquisas participativas e fóruns para o diálogo e a expressão de novas utopias. Uma experiência que mostra que se pode viver mais de acordo com os ritmos da natureza, em que a proximidade garante um melhor aproveitamento do tempo de trabalho, lazer e formação.

Slow people: tempo e solidariedade

As origens desta associação foram um grupo de amigos que, sob o lema "Festina lente" ("apressa-te devagar"), mostravam-se preocupados com o ritmo acelerado que ia tomando suas vidas e com a velocidade dos impactos de uma parte da humanidade sobre a natureza. Agora foi crescendo e se abrindo, e se estrutura na forma de rede a partir de pequenos núcleos descentralizados em cada território. "Não podemos afirmar que somos pessoas lentas – expressam –, mas sim que somos pessoas que querem ir mais lentas pela vida e que desejam promover a desaceleração dos processos de produção e consumo em nossas sociedades."

Esta rede se concebe como um grupo de reflexão e apoio mútuo, no qual se compartilham conquistas, fracassos, ideias e conselhos. Para fazer parte dela, tem que se comprometer em reduzir o consumo de recursos e a produção de lixo. Em sua página na internet, há notícias, apresentações, vídeos, dossiês, poesias e leituras recomendadas. O livro de referência é o de María Novo (2010), uma das fundadoras e principais animadoras da associação, *Despacio, despacio... 20 razones para ir más lentos por la vida*, uma incursão histórica e atual pelos significados e usos do tempo e uma retomada de algumas propostas de uso alternativo do tempo na perspectiva da lentidão. Na obra citada, também se faz referência aos objetivos da associação:

> Você quer saber o que buscamos na *Slow People*? Pois, em primeiro lugar, não fique muito apegado à palavra "lentidão", mas lembre-se de que viver lentamente é *viver o ritmo apropriado em cada caso*. Procuramos ser mais pausados, mais consequentes com a forma em que utilizamos nosso tempo, contudo, isso não exclui que, em algum momento, tenhamos que pisar no acelerador. A questão está em saber o que domina e não deixar que a pressa se instaure como forma de vida em nosso cotidiano. (NOVO, 2010).

CONCLUSÃO: QUESTÕES PARA O DEBATE

1. *De que tempo precisa a educação que desejamos?* A pergunta encerra um grande nível de complexidade e apela ao necessário debate sobre as finalidades e os valores educativos que se priorizam; sobre o conceito que se tem de qualidade educativa; a maneira de se organizar os conteúdos ou a importância que se dá aos processos e resultados. Em contrapartida, a medida e a percepção do tempo são muito subjetivas: Quanto tempo é muito tempo? Qual é o tempo real da aprendizagem? Essas questões dependem de outras muitas variáveis: ritmo e velocidade necessários para se desenvolver projetos e incorporar novas ideias, tempo ativo ou passivo, aproveitamento, entre outras.

   No entanto, há duas premissas que, de maneira alguma, podem ser esquecidas: o tempo da infância e o tempo da juventude devem ser contemplados em sua totalidade, para além da jornada escolar (ver "As pedagogias não institucionais"); e o tempo não pode ser homogêneo para todos os alunos, pois depende de seus ritmos e necessidades e de seu contexto sociocultural e familiar. Nesse sentido, tão injusto pode ser fixar horários diferentes para as escolas quanto manter sempre uma jornada homogênea para todas (ver "As pedagogias da inclusão e da cooperação", a experiência de Barbiana, uma escola de tempo integral). Além disso, cabe fazer uma última questão relacionada com a democracia participativa na comunidade educativa: de quem é o tempo, de quem o estabelece e controla?

2. *Sobre a sobrecarga de conteúdos e atividades.* Neste momento, resulta paradoxal que, depois de tanta pesquisa e experiência acumulada, ainda exista tanta charlatanice por parte de especialistas, tertulianos e inclusive de alguns setores docentes, ao defenderem a ideia de que, para atenuar o fracasso escolar e a chamada queda do nível educativo – afirmação discutível, quando não falsa – seja preciso manter e até mesmo aumentar a carga curricular, algo que ocorre depois da aprovação de cada nova reforma educativa. Não existem suficientes evidências de que o certo é modificar os esquemas de análises e deter o olhar na seleção dos conteúdos básicos e relevantes e nos processos, para desenvolver as diversas inteligências?

Contudo, há escolas que aderem a todo tipo de programa, projeto e iniciativa, resultantes da febre consumista e do ativismo descontrolado. É possível, nesses casos, cuidar devidamente dos processos de ensino e aprendizagem em todas as suas fases, com os necessários períodos de acompanhamento, reflexão e formação docente? Essa dinâmica do "não parar" não afeta a comunicação e as relações entre os professores e inclusive seu bem-estar? Tem sentido, por exemplo, que as escolas continuem organizando todas as festas do curso, as quais pouco mudam, entra ano sai ano, e que consomem uma energia que poderia ser usada em outras atividades? E por que há escolas que seguem oferecendo a todos os alunos atividades que, fora do âmbito escolar, são organizadas em melhores condições? Priorizar: esta é a solução.

3. *O risco de escolarizar a educação infantil.* A LOGSE, a reforma educativa aprovada na Espanha em 1990, supôs um passo adiante para o nível de ensino de 0-6 anos, ao reconhecê-lo como autônomo, com sua própria filosofia, dinâmica e características, em contraste com a educação infantil da época anterior. Isso lhe garantia um clima de trabalho sossegado e menos sujeito às pressões, para forçar o ritmo de aprendizagem e introduzir precocemente determinados conteúdos. Mas, ultimamente, sopram ventos adversos, e o academicismo do ensino superior é transferido para o ensino fundamental e chega até o infantil. Aí estão, por exemplo, as pressões para antecipar a aprendizagem da lectoescrita e as escolas bilíngues, que inserem o inglês no ensino aos 3 anos. Um modelo que é bem-sucedido em alguns casos, quando a aplicação reúne uma série de requisitos, mas que gera muitas dúvidas quando é difundido não tanto por razões pedagógicas, senão por critérios de prestígio para captar mais alunos.

    Não se deveria pensar a educação infantil como um espaço de brincadeira, cuidado e socialização, da mesma forma que ocorre em outros países centro-europeus e nórdicos? E não seria educativamente mais saudável que o bom trabalho da educação infantil se estendesse aos níveis superiores, e não o contrário?

4. *Mais lentos, mais rápidos.* Ao longo deste capítulo, já se insistiu suficientemente que se deve adequar o ritmo a cada situação. Tudo depende do caso e também das fases do processo de aprendizagem. Assim, é evidente que, para a consulta de informação, resolução de certos problemas ou início de um projeto, as TICs oferecem sistemas de busca rápida que, portanto, não podem ser desperdiçados. No entanto, em sucessivas fases da aprendizagem, em que é preciso ativar faculdades psicológicas de ordem superior e mais complexas, são necessários espaços tranquilos e prolongados de intercâmbio, conversa, debate e reflexão, onde conviria afastar-se das máquinas.

    Algo similar ocorre com a leitura: há notícias que podem ser lidas com extrema rapidez, e há livros que requerem pausa, lentidão, concentração. Os exemplos são numerosos e quase óbvios. O mesmo se dá com os usos, vantagens e dependência das TICs: às vezes estas conectam grandes ideias e reforçamos coletivos, ao passo que em outros casos conectam banalidades e solidões.

5. *Em voltas com a avaliação.* Neste capítulo, já se destacou o significado nem sempre coincidente – e às vezes totalmente sem relação – entre aprendizagem e avaliação, a não ser que se apliquem modalidades de caráter qualitativo e formativo. Também se enfatizou a complexa necessidade de se avaliar o processo para além dos resultados, algo que é feito, muitas vezes, a médio e a longo prazo.

    E aqui mais três considerações. Se na avaliação intervêm componentes objetivos e subjetivos, é justo representá-la com uma só cifra ou com qualquer outra fórmula mais moderna que vem a ser o mesmo? Porque o processo de aprendizagem se move em muitas direções e, mais do que uma fotografia fixa, é uma sequência cinematográfica contínua.

    Em segundo lugar, a avaliação não deveria transformar-se em *ranking* de classificação de escolas para fomentar a competição, como acontece em alguns lugares, mas sim tem que servir como um instrumento de conhecimento, correção e melhoria de todos e de cada um dos componentes do sistema educacional.

    E em terceiro lugar, a avaliação, para que seja rigorosa e possa mostrar o que realmente sabem os alunos e qual é a qualidade da escola, há de ter um caráter holístico ou sistêmico, o que supõe analisar todas as peças que conformam o sistema educacional de maneira inter-relacionada: governo, escola, professores, famílias, outros profissionais e agentes sociais, entre outros.

6. *A difícil conquista da desaceleração docente.* Muitos professores comprometidos ou sensíveis à educação lenta conseguem imprimir um ritmo sereno em suas aulas, porém, resulta mais complicado de se livrarem dos biorritmos acelerados e de uma tensão contínua. Isso é possível nos docentes implicados cotidianamente com a inovação pedagógica e a transformação da escola e, mais ainda, quando têm que defender a escola pública dos cortes de

investimento e de outros tipos de ameaça? Ao contrário, conseguem instalar-se na desaceleração, sem se propor, aqueles professores que seguem as rotinas mais tradicionais e são reacionários a qualquer mudança. Paradoxos da profissão.

7. *A escola não deve seguir o ritmo da sociedade nem depender de suas múltiplas demandas.* Há análises que demonstram que a instituição escolar ficou para trás, ao mostrar-se muito contrária e resistente aos processos de mudança e transformação. Totalmente certo. Contudo, ao mesmo tempo – e esta é uma de suas tantas contradições e paradoxos – a escola não pode estar sujeita ao vaivém das muitas demandas e pressões sociais, sobretudo porque a aquisição de um conhecimento sólido e profundo requer tempo; e porque se trata de um espaço com suas singularidades autônomas, em que se tem que cuidar e assegurar o acompanhamento de alunos que estão em processo de crescimento e que, acima de tudo, devem receber uma formação integral (ver "As pedagogias das diversas inteligências").

REFERÊNCIAS

ACASO, M. *rEDUvolution*: hacer la revolución en la educación. Barcelona: Paidós, 2013.

ASSMANN, H. *Placer y ternura en la educación:* hacia una sociedad aprendiente. Madrid: Narcea, 2002.

CARBONELL, J. *La aventura de innovar*: el cambio en la escuela. Madrid: Morata, 2001.

CARBONELL, J. Marcos del Torniello (Avilés). Emociones y saberes en el bosque, en el barrio y en el Congo. In: *Viaje por las escuelas de Asturias*. Madrid: Wolters Kluwer, 2010. (Cuadernos de Pedagogía).

CARBONELL, J.; TORT, A. *La educación y su representación en los medios*. Madrid: Morata, 2006.

CUBAN, L. The myth of failed school reform. *Education Week*, 1 nov. 1995.

DOMÈNECH, F. J. *Elogio de la educación lenta*. Barcelona: Graó, 2009.

EL MARTINET. *Tot esdevé petit i gran*. Ripollet: El Martinet, 2014.

FREIRE, H.*¿Hiperactividad y déficit de atención?*: otra forma de prevenir y abordar el problema. Barcelona: RBA, 2013.

FROMM, E. *Del tener al ser*. Barcelona: Paidós, 2007.

GALEANO, E. *Los hijos de los días*. Madrid: Siglo XXI, 2012.

GIMENO SACRISTÁN, J. *El valor del tiempo en educación*. Madrid: Morata, 2008.

GINER DE LOS RÍOS, F. O educación, o exámenes. In: *Pedagogía universitaria*. Barcelona: M. Soler, 1905. p. 115-34.

HOLT, M. It´s time to start the slow school movement. *Slow Schooling*. [S. l.: s. n], 2002. Disponível em: <www.pdkintl.org/kappan/k0212hol.htm>. Acesso em: 07 mar. 2016.

HONORÉ, C. *Bajo presión*. Barcelona: RBA, 2008.

HONORÉ, C. *Elogio de la lentitud*. Barcelona: RBA, 2006.

HONORÉ, C. Entrevista de Heike Freire. *Cuadernos de Pedagogía*, v. 440, p. 46-50, 2010.

INNERARITY, D. *El País*, 17 ago. 2013.

LATOUCHE, S. *Hecho para tirar*: la irracionalidad de la obsolescencia programada. Barcelona: Octaedro, 2012.

LATOUCHE, S. *Pequeño tratado del decrecimiento sereno*. Barcelona: Icaria, 2009.

LATOUCHE, S.; HARPAGÈS, D. *La hora del decrecimiento*. Barcelona: Octaedro, 2011.

L´ECUYER, C. *Educar en el asombro*: ¿cómo educar en un mundo frenético e hiperexigente? Barcelona: Plataforma Actual, 2013.

MALAGÓN, A. Reportaje-entrevista de Borja Olaizola. *Correo*, 14 ene. 2013.

MARCUSE, H. *El hombre unidimensional*. Barcelona: Ariel, 2010.

MELGAREJO, X. *Gracias, Finlandia*. Barcelona: Plataforma Actual, 2013.

NOVO, M. *Despacio, despacio...*: 20 razones para ir más lentos por la vida. Barcelona: Obelisco, 2010.

ORDINE, N. *La utilidad de lo inútil*. Barcelona: Acantilado, 2013.

PENNAC, D. *Mal de escuela*. Barcelona: Mondadori, 2008.

POSTMAN, N. *La desaparició de la infantesa*. Vic: Eumo, 1990.

RITSCHER, P. *Escola Slow*: pedagogia del quotidià. Barcelona: Rosa Sensat, 2013.

RIDOUX, N. *Menos es más*: introducción a la filosofía del decrecimiento. Barcelona: Los libros del Lince, 2009.

ROUSSEAU, J. *Emilio, o de la educación*. Barcelona: Bruguera, 1971.

SHOR, J. B. *Nacidos para comprar*: los nuevos consumidores infantiles. Barcelona: Paidós, 2006.

TAIBO, C. *¿Por qué el crecimiento?*: un ensayo sobre la antesala del colapso. Barcelona: Los libros del Lince, 2014.

VIVERET, P. *La causa humana*: cómo hacer buen uso del fin de un mundo. Barcelona: Icaria, 2013.

ZAVALLONI, G. *La pedagogía del caracol:* por una escuela lenta y no violenta. Barcelona: Graó, 2011.

LEITURAS SUGERIDAS

BAUMAN, Z. *Vida líquida*. Barcelona: Paidós, 2006.

CLAXTON, G. *Cerebro de liebre, mente de tortuga*. Barcelona: Urano, 1999.

FERRIÈRE, A. *La escuela activa*. Madrid: Studium, 1971.

HARGREAVES, A; FINK, D. 2008. *El liderazgo sostenible*. Madrid: Morata, 2008.

INNERARITY, D. *El futuro y sus enemigos*. Barcelona: Paidós, 2009.

KOHN, A. *El mito de los deberes*. Madrid: Kaleida, 2013.

MEIREIEU, P. *Frankenstein educador*. Barcelona: Laertes, 1998.

PALACIOS, J. *La cuestión escolar*. Barcelona: Laia, 1978.

PETRINI, C. *Bueno, limpio y justo*. Madrid: Polifemo, 2007.

SANSOT, P. *Del buen uso de la lentitud*. Barcelona: Tusquets, 2008.

STOLL, L; FINK, D; EARL, L. *Sobre el aprender y el tiempo que requiere*. Barcelona: Octaedro, 2004.

VAN MANEN, M. *El tacto en la enseñanza*. Barcelona: Paidós, 1998.

6

A pedagogia sistêmica

Seguindo um caminho...

Não faz muito, em uma das conversas que costumo manter com grupos de famílias, uma mãe me comentou que estava muito preocupada, porque se dava conta de que cada vez limitava mais a autonomia de seu filho. Ao ver sua preocupação, interessei-me pelo tema, sabendo que essa preocupação tinha muito sentido para ela e que representava um inconveniente importante para o desenvolvimento de seu filho.

O caso era o seguinte. Quando seu filho tinha apenas 2 anos – atualmente já tinha feito 5 –, estavam com sua família e uns amigos na montanha, e, de repente, todos se deram conta de que ele tinha desaparecido. Buscaram-no pelos arredores, e não apareceu. Um dos amigos presentes decidiu ir buscá-lo seguindo o caminho principal que adentrava no bosque. Caminhou, caminhou e o encontrou alguns quilômetros mais adiante. Uma criança de 2 anos percorrendo essa longa distância, sem deixar marcas... Incrível!

Atônito, disse à mãe: "Seu filho seguiu realmente o caminho!". Ela me olhou surpresa e me disse: "Como você sabe?", e me contou: "desde que começou a falar, sua frase preferida, quando fica bravo comigo, é: 'mamãe... me deixa fazer meu caminho!'". A mãe sempre pensou que essa frase não tinha sentido e não lhe deu grande importância.

A conversa que continua é muito interessante, e a mãe não deixa de estar surpresa: "Dê-lhe de presente uma bússola!", digo espontaneamente, e ela comenta que esse é um de seus brinquedos preferidos e que todo dia faz mapas de caminhos para ir à escola, para se mover dentro de casa...

À medida que continua a conversa, tudo fica mais e mais interessante, até que digo uma frase que a impacta: "Por acaso algum de seus avôs ou bisavôs foi marinheiro?". A mulher me olha, neste caso sem sair de seu assombro e um pouco irritada, e me diz: "Mas, e você, como sabe disso? Meu bisavô foi para as Filipinas, e há outros familiares que viajaram pelo mundo!".

O que faz – penso comigo – alguém que viaja durante dias e dias sem ter outra coisa para fazer? Vislumbrar o horizonte, sem que nada se interponha entre seu olhar e o destino ao qual deseja desembarcar!

Proponho uma solução à mãe: preparar para ele uma mochila de acordo com sua idade, com a bússola, uma luneta, um diário de bordo, uns lápis, mapas, etc., tudo que necessita um explorador, e lhe dizer: "Você vai ser um grande pesquisador, um explorador fantástico; aqui tem tudo o que necessita para se dedicar a isso, e, enquanto você for pequeno, simplesmente vamos te acompanhar para que possa desfrutar". Assunto resolvido, o filho confirma que aquilo que o mobiliza é justo, que lhe dão um valor, que seus pais aprovam e lhe apoiam, e que cuidam dele. Ele recupera a alegria, e desaparece a inquietação dos pais.

Aonde quero chegar? Nada do que uma criança diz e faz está errado; apenas se trata de encontrar sentido. Somos nós adultos que temos que aprender a escutar, compreender, etc., o que elas trazem com suas histórias. Repetimos, sobretudo, o que já aconteceu em nosso sistema familiar, e podemos tornar isso uma carga ou que se converta em uma oportunidade, em um talento...

Muito disso é tratado na pedagogia sistêmica: construir narrativas sobre o que nos ocorre na vida: dar sentido, significado e direção ao que nos culpa profundamente e, uma vez nessa tessitura, seguir nosso caminho de realização e criatividade, tomar a permissão que nos corresponde e nos abrir à multiplicidade de possibilidades que estão à disposição, desde o momento em que viemos a este mundo.

Carles Parellada Enrich

ANTECEDENTES E REFERÊNCIAS

Aromas e ressonâncias na educação contemporânea

Os nutrientes que impregnam aquilo que guarda alguma relação com a pedagogia sistêmica, no transcurso da história da educação, são numerosos e de diversos valores. Sem pretender ser exaustivos, vamos indicar alguns que têm relação com os conceitos e atributos mais emblemáticos da pedagogia da qual tratamos. Como referência mais remota, é iniludível a contribuição de Sócrates sobre a sala de aula como espaço de diálogo permanente: a conversa é o que me permite compreender o que o outro traz, não tanto o que eu trago. Também não se pode deixar de comentar a intuição fundamental de Rousseau sobre a singularidade da infância como período autônomo diferenciado da vida adulta, que requer uma intervenção específica e intensa: uma autêntica revolução, tal como foi comentada em outros capítulos (ver Caps. 3 e 5). Os esforços de Pestalozzi foram representados em "Como Gertrudis ensina seus filhos" para encontrar os princípios naturais que regem o funcionamento da mente humana e o processo de conhecimento.

A partir do movimento da Escola Nova, as primeiras instituições que cuidam dos interesses, das necessidades e dos processos de desenvolvimento da infância vão adquirindo mais consistência teórica e científica, com propostas metodológicas que, ainda hoje, com suas correspondentes adaptações, seguem vigentes. Este é o caso, por exemplo, de A. Ferrière e seus estudos e suas propostas sobre a consciência coletiva e o sentido de pertencimento a uma coletividade; e sobre a importância da hierarquia, da liderança e da distribuição de tarefas na comunidade. É o caso de L. N. Tolstoi, para quem o elemento educativo central do processo de ensino radica no amor do professor para com o aluno. De Montessori, que avança no estudo científico da infância com contribuições extraídas da psicologia, biologia e medicina; de Decroly, com o princípio de globalização do ensino; de Dewey, sobre o papel da linguagem e da comunicação no momento de desenvolver uma inteligência comunitária carregada de conhecimentos e emoções; de Neill, com sua visão radical da liberdade infantil (ver Cap. 3); de J. Korczac, cuja obra educativa, a serviço das crianças desfavorecidas, foi influenciada por uma profunda confiança, por um respeito e amor pela infância – no campo de concentração de Teblinka, onde morreu, encontra--se esta inscrição: "Janusz Korczac (Henryk Goldszmit) e suas crianças"; de Freire, que concebe a educação emancipadora como um ato de amor; e de C. Freinet, de quem cabe destacar, entre as técnicas de sua Escola Moderna, a assembleia, organizada a partir de críticas, elogios e propostas.

Por último, é o caso de C. Rogers, um dos representantes mais autênticos do ensino não diretivo centrado no estudante, que recorre ao método terapêutico – o terapeuta não é o agente da mudança, não é quem a comanda, mas se limita a facilitá-la e introduz o conceito de disponibilidade na relação pedagógica. Este é entendido como um acompanhamento e uma presença intensa de escuta e empatia, que permite ao educador conectar-se com os pensamentos e afetos dos alunos, a quem demonstra uma atitude de profundo respeito, sem impor limites à sua liberdade de expressão (PALACIOS, 1978).

Essa herança pedagógica, centrada sempre na liberdade e na atividade do aluno, em uma escola ligada à vida, em uma aprendizagem com sentido e em um escrupuloso respeito aos direitos da infância, é enriquecida com outra referência mais nova, que é reivindicada pela pedagogia sistêmica: o construtivismo. Seguindo-se os processos do desenvolvimento evolutivo de Piaget e do socioconstrutivismo de Vygotsky, adquirindo uma dimensão social, o desenvolvimento de cada criança deve ser compreendido em seu contexto social. A contribuição de Piaget significa um ponto de inflexão no estudo científico da infância, pela rigorosa e detalhada compreensão das estruturas cognitivas, sobretudo a partir da interação da criança com o mundo exterior, embora uma de suas carências mais chamativas seja o esquecimento das vivências emocionais.

O construtivismo dá um passo a mais em relação ao movimento da Escola Nova e a outras propostas pedagógicas anteriores ao não tratar mais do que se ensina, mas de como os alunos aprendem. Para isso, recorre às ideias ou conhecimentos prévios desses e às noções de funcionalidade, significatividade e coerência interna, entre outras. O construtivismo piagetiano, bastante arraigado nas últimas décadas do século passado, teve diversas derivações – e mais de uma tecnocrática e instrumental. Entre as iniciativas mais bem-sucedidas, cabe citar o desaparecido coletivo catalão Pedagogia Operatória, liderado por Montserrat Moreno e Genoveva Sastre, e o grupo andaluz Investigação na Escola, liderado em seu início por Pedro Cañal e Rafael Porlán, do qual derivaram diversos subgrupos. Ambos coletivos contam com uma sólida produção teórica – boa parte dela foi publicada –, com suas pertinentes aplicações nos diversos níveis educativos.

Há outras contribuições educativas atuais que mantêm pontos de contato com a pedagogia sistêmica. Indicaremos apenas algumas delas para finalização desta parte. Podemos começar com a Pedagogia da Diferença Sexual, uma teoria e uma prática que enfatizam o reconhecimento da mãe como a primeira professora, a autoridade e a liberdade feminina, o desejo, a escuta, a mediação, o intenso intercâmbio na hora de dar e receber. Também destacam-se as relações – a partir de si mesmas –, para se construir a própria identidade e subjetividade. Essa perspectiva feminista, que nasce do reconhecimento do saber das mulheres, conta com diversos textos publicados, como o precioso livro de Diotima (2002), *El perfume de la maestra* – ofertas formativas e espaços de debate. Além disso, cabe ressaltar o Programa Filosofia para Crianças, de M. Lipman, que há alguns anos é experimentado em diversas comunidades autônomas da Espanha e dispõe de materiais de leitura para crianças, desde a educação infantil, estimulando-as a conversar, a fazer perguntas e a pensar. Entre os muitos temas que trata, está o da identidade: quem era e o que fazia parte dela – questões que se referem à protagonista do romance *Pimi*, de 1990; e o que levamos de nossa família em nosso corpo, que constitui nosso eu –, proposta que foi representada no filme *Solo es el principio* (2010), de Jean-Pierre Pozzi e Pierre Barougier, em que se reproduzem lindos e engraçados diálogos, sem preconceito, com crianças de 3 e 4 anos.

As contribuições da ciência e de outras referências atuais

Se na seção anterior falávamos de ressonâncias ou pontos de contato, nesta nos centraremos diretamente nas influências e referentes constitutivos do DNA da pedagogia sistêmica. O mais emblemático deles é a *neurociência*. O estudo biológico do cérebro revolucionou a ciência, superando velhas concepções deterministas e racionalistas, aproximando-a mais da vida cotidiana e de suas necessidades. As múltiplas e prolongadas pesquisas – a neurociência é um poço sem fundo – tornam imprescindível averiguar até onde chegaram as descobertas sobre a compreensão dos comportamentos e interações humanos. Uma das chaves foi compensar e integrar o estudo e a centralidade do hemisfério cerebral esquerdo, relacionado com o mais concreto e racional, com a pesquisa sobre o hemisfério direito, pelo qual se percebem imagens e abstrações mais sutis, que se relaciona com o inconsciente e as emoções, colocando-nos em contato com realidades não visíveis.

Uma das pesquisas recentes, de maior importância, é a de B. H. Lipton (2010), que chegou à conclusão de que a parte mais importante da célula não é o núcleo, como se havia pensado até então, mas a membrana – o núcleo é retirado da célula, e esta continua vivendo durante um tempo; toca-se na membrana, e a célula morre imediatamente –, porque é a que permite gerar as trocas para a sobrevivência. Segundo Parellada (2014):

> Isso nos induz a trabalhar para gerar uma boa interação dentro da sala de aula e na escola, com o sistema familiar, com a comunidade de professores. Agora estamos vendo como produzimos membranas que permitem a comunicação, e a relação que acompanha as pessoas em seu desenvolvimento. (PARELLADA, 2014).

A partir de uma perspectiva complementar, cabe também destacar as contribuições da *física quântica*, que contempla os fenômenos do ponto de vista da conectividade e da totalidade. De acordo com McTaggart (2011):

> Os físicos de vanguarda têm provas de que as emissões de partículas subatômicas por parte dos seres vivos, incluídos os seres humanos, são altamente coerentes, o que sugere que nossa própria constituição subatômica consiste em partículas que existem apenas como coletividade, impossíveis de distinguir umas das outras. (McTAGGART, 2011).

Ademais, estudam o fluxo de energia que circula entre os seres vivos e seu meio, em uma constante transferência de informação que vibra simultaneamente através do corpo e do cérebro. Tudo se conecta em um tecido invisível, tanto em nível individual quanto coletivo, de nosso pensamento e de nosso sentir.

Outra referência constitutiva da pedagogia sistêmica é a *teoria de sistemas*, que teve diversas origens e derivações. Esta surge da Biologia – Bertalanffy a formaliza como ciência em 1986 – e se estende a outras áreas. Na ecologia e no desenvolvimento sustentável, visualiza-se muito claramente a concepção holística sob a qual se aborda a inter-relação de fenômenos para garantir um equilíbrio. Em todo sistema existe um conjunto de elementos que interagem dinamicamente entre eles; cada elemento pode ser estudado separadamente, mas somente têm significado, à medida que fazem parte do conjunto. Há três leis que regulam o sistema:

- lei da totalidade: o todo é maior que a soma das partes;
- lei da circularidade: não há uma relação de causa/efeito entre os membros de um sistema, senão que causas e efeitos se dão de uma forma múltipla;
- lei da equifinalidade: pode-se chegar a uma meta a partir de diferentes pontos de partida; isto é, que um mesmo efeito pode ser o resultado de distintas causas.

Uma das contribuições mais relevantes do pensamento sistêmico é que – diferentemente do pensamento lógico-linear, baseado no dualismo entre causa e efeito e no estudo focado em apenas uma parte, de onde se infere uma solução –, propõe a abordagem de todos e cada um dos elementos em seu conjunto e em relação com o meio. Por sua vez, o cientista chileno Humberto Maturana (2003) define os sistemas como unidades complexas que dispõem de uma organização (relação entre os diferentes componentes) e uma estrutura (conformação especial destas unidades de ação conjunta). Maturana (2003) sustenta que os sistemas humanos são autopoiéticos: podem se autorregular e, em caso de feridas ou transtornos, podem conseguir um novo equilíbrio que sustente a organização. Trata-se de uma contribuição que ampliou o desenvolvimento da linguagem, sempre vinculado à conversação amorosa, que o estudioso denomina "linguagear". Nas palavras de Parellada (2011):

> A linguagem nos permitiu dar um salto quântico no desenvolvimento da espécie. E o amor é o que nos fez tão plásticos e criativos, posto que, ao garantir a sobrevivência emocional, permitiu-nos explorar os mistérios do desconhecido. (PARELLADA, 2011).

Mais adiante, veremos exemplos dos efeitos e das consequências de ocorrer algo a um membro do sistema ou se produzir algum tipo de disfunção. Na teoria de sistemas, todos os agentes e as peças devem encaixar. Isso serve tanto para as realidades micro (a sala ou a escola) quanto para as macro (sistema educacional, político ou econômico). A literatura sobre as reformas educacionais explica que uma das razões mais evidentes de seu fracasso é que as peças do quebra-cabeça não encaixam, porque algumas estão oxidadas ou porque outras estão fora do jogo.

A perspectiva da complexidade, que, em parte, deriva de tudo que vem sendo exposto, também é levada em conta na pedagogia sistêmica. Dela tomam-se três princípios estreitamente inter-relacionados:

a. *Diversidade*. A descoberta da função estratégica e vital da membrana introduziu diversidade e complexidade em todos os âmbitos vitais e institucionais. Para Parellada (2011),

> Quando em uma sala de aula não se aceita o fato de que os alunos sejam diversos, seja em sua forma de agir, de se relacionar, de aprender, etc., isso vai ter consequências importantes, já que as exclusões estarão servidas em bandeja. (PARELLADA, 2011).

b. *Auto-organização*. A autonomia para o desenvolvimento das pessoas, das organizações e dos projetos somente é possível a partir da existência de certas margens de liberdade.

c. *Cooperação*. A condição de seres sociais abre uma ampla gama de possibilidades de solidariedade e cooperação, e para estas serem aproveitadas e otimizadas, é necessário vencer a trava do individualismo e da competição, que também estão muito arraigados, lamentavelmente. Um dos olhares mais lúcidos sobre a complexidade atual nos foi presenteado por Edgar Morin (2002), especialmente em *Los siete saberes necesarios para la educación del futuro* (ver Cap. 8).

Outro componente próximo ao universo sistêmico está na teoria da comunicação da Escola de Palo Alto, cujo representante mais ilustre é Paul Watzlawick (1974). Trata-se de uma perspectiva interpretativa do simbólico, com pontos de contato com a teoria de sistemas, em que a comunicação, base de toda relação social, funciona como um conjunto de elementos em interação, em que a modificação de um deles afeta as relações entre todos os elementos. Cabe ressaltar a distinção que se estabelece entre a comunicação verbal (limita-se à linguagem das palavras, ao que se diz) e a comunicação digital (inclui tudo que se relaciona com a linguagem não verbal: gestos, tons de voz, olhares, silêncios, etc.) sobre o que se quer dizer, algo que se conecta com a noção de currículo oculto.

Outra dimensão que se incorpora é a procedente da *psicanálise* e, mais especificamente, da terapia familiar sistêmica. O freudismo teve o mérito de demonstrar que a razão não é o único regulador da conduta humana e que não é possível deslindar os pensamentos dos sentimentos e desejos inconscientes. No entanto, a psicanálise e a psicoterapia tradicional se ocupavam de diagnosticar a origem de nossos males, sobretudo individuais.

A terapia familiar sistêmica, definida por Bert Hellinger, o fundador e teórico da pedagogia sistêmica, dá um passo triplo: abre-se ao coletivo e ao contexto; trata de ordenar a complexa mistura de sensações inconscientes, vínculos ocultos e experiências internas, para uma melhor compreensão e para averiguar os porquês daquilo que nos ocorre; e brinda uma ajuda mediante uma conversa, em que se visualizam e se organizam informações, especialmente do âmbito familiar. São desenvolvidas habilidades de empatia para com a família e os filhos; trabalham-se a escuta, o respeito e a aceitação do outro; e se reformulam e aceitam situações desconhecidas ou negadas, sempre com o objetivo de melhorar as capacidades de ajuda mútua, as relações e nossas vidas. Seguindo o discurso hellingeriano, a maioria dos problemas se desenvolve lá onde permanecemos atados ao amor que nasce do vínculo. E a maioria das soluções consiste em nos desprendermos das pessoas vinculadas a nós, de seu destino e daquilo que os outros têm de assumir como responsabilidade. "A mesma água que nos sacia e nos afoga, sustenta-nos e nos sepulta" (HELLINGER, 2001).

Dentro desta tessitura e como reação ao longo predomínio da linguagem verbal e do pensamento lógico-matemático, o universo sistêmico se aproxima também da teoria de Gardner e sua proposta das inteligências múltiplas (ver Cap. 8), tendo uma relação especial com a inteligência emocional. Mas não é só isso. Não se pode esquecer, por exemplo, a tomada de consciência sobre o corpo, principalmente a partir da teoria e prática sobre a psicomotricidade de Aucouturier (1983), tanto em sua vertente preventiva quanto educativa.

Por último, algumas anotações sociológicas. Zigmund Bauman (2005) utiliza a metáfora da sociedade líquida: "Surfamos nas ondas de uma sociedade sempre líquida, mutante e incerta", para mostrar a precariedade e fragilidade dos vínculos humanos em uma sociedade marcadamente individualista: a velocidade gera insegurança e confusão. Em contrapartida, Bauman (2003) sugere a formação de identidades flexíveis e versáteis, capazes de enfrentar as distintas mutações do sujeito ao longo da vida. Além disso, Richard Sennet pesquisa o desenvolvimento da autoestima em uma sociedade desigual e seu equilíbrio no sentimento para com os demais e como o respeito mútuo pode gerar vínculos por cima das distâncias e desigualdade. "Com a falta de respeito não se insulta a pessoa, mas também não se concede reconhecimento a ela; simplesmente não é vista como um ser humano integral, cuja presença importa" (SENNET, 2003).

O eixo alemão-mexicano-catalão-espanhol

A gênese e o desenvolvimento da pedagogia sistêmica têm lugar nestes três países e nesta mesma ordem: Alemanha, México e Espanha (Catalunha), com algumas ocorrências em outros pontos do território espanhol. A pessoa que inventa e dá corpo teórico à pedagogia sistêmica, a grande referência citada por todos os lados, é Bert Hellinger, pedagogo e terapeuta, com ampla formação psicanalítica, filosófica e científica. Seu pensamento tem amplas e poderosas ressonâncias nas vozes de seus seguidores, que são apresentados a seguir.

No início dos anos 1980, Hellinger desenvolveu o método das constelações familiares, que, mais adiante, aplica no âmbito educativo, a partir de leis que atuam nos grupos humanos: as "ordens do amor", que tratam de reduzir a desordem dos sistemas, para que sejam mais eficazes e funcionais. Estes, como outra de suas múltiplas contribuições, serão comentados mais adiante. Diferentes professores, pedagogos e terapeutas aplicaram as "ordens do amor" na educação alemã, destacando-se o trabalho de Marianne Franke.

O segundo ato sistêmico acontece no México, no ano de 1999, e é protagonizado pela pedagoga Angélica Olvera e por Alfonso Malpica, que é responsável pelo Centro Doctor Emilio Cárdenas (CUDEC), também nesse país, onde se cunha, pela primeira vez, a denominação "pedagogia sistêmica pelo enfoque de B. Hellinger". Olvera e Malpica aplicam esse termo a essa instituição de longa tradição inovadora, com cerca de 5 mil alunos em diversas etapas educativas: desde a educação infantil até a universidade, além de criar um curso de aperfeiçoamento e um mestrado em Pedagogia Sistêmica.

O terceiro ato foi protagonizado em Madrid, no ano de 2005, quando Amparo Pastor organizou o primeiro curso de aperfeiçoamento espanhol, porém, pouco tempo depois, na Comunidade Autônoma da Catalunha, sob a liderança de Carles Parellada e Mercè Traveset, foi sendo tecida uma sólida rede que se tornou a principal referência, embora também foi sendo implantada em outras comunidades autônomas (TRAVESET, 2007).

MARCAS COMUNS DE IDENTIDADE

Os conceitos nucleares relacionados à pedagogia sistêmica e ao meio escolar e familiar são, ao menos, 28: amor, autoconhecimento, bem-estar, biografia, complexidade, comunidade, conectividade, confiança, contextos criativos, cooperação, o ato de dar, desordem, emoções, gerações, o holístico, identidade, inconsciente, liderança, multidimensionalidade, ordem, pertencimento, raízes, relações, respeito, sistema, valores, vida e vínculos. Adiante, tais conceitos serão detalhados e situados.

Um novo olhar para compreender o que ocorre dentro da sala de aula e com as famílias

Este é o objetivo básico desta pedagogia, que trata de dar resposta a questões educativas que sempre nos preocuparam, introduzindo novos elementos e marcos de interpretação que enfocam perguntas como estas: Como trabalhamos as raízes? Que tipo de vínculos – os que são percebidos em seguida, porque flutuam na superfície, e os que estão ocultos, porque habitam nas profundezas – são estabelecidos nas interações entre todos os agentes educativos? De que maneira emergem as emoções e valores como a confiança, o respeito, o acolhimento, o agradecimento e a admiração? Como conseguir que os alunos vão crescendo em todas as direções? Como administrar as relações com as famílias? Ou de que maneira a educação pensa, aproxima-se e aprende da vida? De acordo com Traveset (2014),

> A realidade que vivemos, uma parte, está baseada nas experiências vividas, mas a outra, boa parte, depende das imagens ou representações que construímos. Portanto, é fundamental identificar nossas imagens, nossas representações de um fato, que, com frequência, circulam pelo labirinto. (TRAVESET, 2014).

A pedagogia sistêmica é, ao mesmo tempo, uma perspectiva teórica e uma metodologia dos vínculos que atua em várias direções e que permite aos professores pensar a realidade como um todo, como um ecossistema vinculado a outros sistemas: familiar, social, cultural, histórico, etc. É também uma pedagogia que dá tempo ao tempo, que se reconcilia com o *kairós*, para que as vivências fluam lenta e poderosamente.

Entretanto, a pedagogia sistêmica é muito sensível em relação a estes dois princípios básicos: a inclusão – os sistêmicos utilizam a metáfora da "escola como a praça de todos" – e a diversidade – a condição mais valorizada para se garantir a paz na escola e na sociedade. Nessa viagem sistêmica, em que se exploram as raízes, sempre está muito presente a biografia: nas salas de aula, abrem-se muitas janelas para que fluam o cotidiano e as histórias pessoais, as quais fazem nascer com palavras situações felizes ou tristes e desentranham muitos porquês, favorecendo o autoconhecimento (quem sou, como sou, de onde sou, etc.). Histórias que se reconstroem e se enriquecem com outras biografias compartilhadas na sala de aula, que ajudam a lidar com as emoções, ao mesmo tempo em que se vai travando uma história comum. Trata-se, definitivamente, de uma mudança de olhar – chega de encher as cabeças com mais e mais informações, na perspectiva unidimensional da razão! –, de que os professores façam como os pesquisadores, que aprendem a olhar além do evidente. Marcel Proust expressa essa ideia com especial precisão: "A verdadeira viagem de descoberta não consiste em buscar novas paisagens, mas em olhar com olhos novos".

Multidimensionalidade e inteligência transgeracional

A visão sintética e multidimensional, com especial atenção para as raízes das pessoas, tem relação com tudo aquilo que lhes pode ajudar a alçarem voo – "sem raízes não há asas" é uma expressão muito sistêmica –, assim como "ter acesso ao vasto mundo dos conhecimentos e das emoções". As raízes proporcionam "nutrientes", força e esperança quanto à maneira como os antepassados resolveram seus assuntos e também mostram os erros que eles cometeram para não repeti-los (PARELLADA; TRAVESET, 2014).

Cada geração guarda características, potencialidades e fraquezas diferentes em função de como se situou e viveu seu tempo histórico: a geração sistêmica não é a que corresponde ao ano de nascimento, senão à que se acrescenta mais 15 anos a essa data. Assim, fala-se da geração dos quarenta, dos cinquenta, dos noventa e da mais recente: a dos cem, correspondente aos que fazem 15 anos na segunda década do atual século. Dentro desse paradigma sistêmico, operam-se quatro dimensões ou inteligências transgeracionais: a intrageracional, a nossa, entre iguais; a intergeracional, a anterior, pais e filhos; a transgeracional, as gerações anteriores; e a intrapsíquica, que apela aos sentimentos de cada um. O cultivo dessas inteligências, além de proporcionar um conhecimento sobre as afinidades ou discrepâncias com outras pessoas, oferece um contexto de relação mais amável, sutil e eficaz. As raízes estão associadas aos vínculos. São as artérias por onde circulam toda a informação, as emoções e as crenças, formando uma malha que nos sustenta, ajuda a situar-nos, proporciona segurança e confiança e que nos ajuda a conectar-se com outros sistemas. Para Traveset (2007),

> Os vínculos são o tecido que une os membros de um sistema humano, e a matéria prima dos vínculos é o amor. O amor que nasce do vínculo é uma força profunda que atua inconscientemente e que une todas as pessoas que fazem parte de um sistema relacional, tanto se estão vivas quanto mortas; atua sempre, se as reconhecemos ou não, se gostamos delas ou não. (TRAVESET, 2007).

O "amor" é outra palavra muito sistêmica. Carles Parelllada gosta de repetir uma expressão de Maturana: "O amor é o reconhecimento do outro como legítimo outro em relação com alguém". Além disso, os vínculos do amor, sejam familiares, afetivos ou cognitivos, impregnam todo tipo de relação que se estabelece entre os diversos agentes da comunidade educativa.

As ordens do amor

Hellinger, quando analisa o que ocorre nas dinâmicas dos contextos em seu trabalho de terapia familiar, começa a desenvolver o olhar sistêmico nas constelações familiares, baseando-se na observação de leis que operam nos distintos sistemas humanos e que ele denominou "ordens do amor". Estas tratam de garantir o equilíbrio e o bom funcionamento de qualquer organização ou instituição – e também a escolar. Para isso, é preciso que cada pessoa ocupe um lugar e cumpra a função que lhe seja atribuída, atendendo à antiguidade, à hierarquia ou a outros critérios de capacidade e idoneidade: apenas dessa maneira será possível evitar desordens e disfunções que podem alterar, parcial ou totalmente, a dinâmica do sistema. Estas são as três ordens do amor:

   a. *Pertencimento.* Trata-se de fazer com que todos os membros da comunidade educativa (alunos, professores e família) sejam conscientes dos valores coletivos e sintam realmente que fazem parte de uma comunidade, mediante laços e vínculos sólidos e duradouros, e não meramente ocasionais, em função de um acontecimento pontual, e que reconheçam que isso é importante em suas vidas.
   b. *Dar e tomar.* Também aqui convém manter um saudável equilíbrio, evitando os excessos ativistas por parte dos docentes que estão instalados na filosofia do "dar e dar sem parar", que a longo prazo pedem algo em troca, pois se geram conflitos que, com frequência, são descobertos mais tarde. É preciso pausas e contrapartidas compensatórias para se estar disposto a receber, para que emerjam os reconhecimentos e agradecimentos e para recuperar as sintonias entre todos os envolvidos. Quando se alteram essas ordens, chega o mal-estar na forma de conflitos, desconfortos e frustrações abertas e detectadas no momento, ou na forma de conflitos, ruídos ou sensações subterrâneas.
   c. *Hierarquia e função.* As escolas têm de entender que existem hierarquias atendendo às distintas funções e responsabilidades, algo que não combina com algumas tradições democráticas contrárias à ordem hierárquica e que são partidárias do compartilhamento de todas as tarefas, ao mesmo tempo ou em períodos diferentes. A pedagogia sistêmica não defende a divisão funcional por razões de maior ou menor importância, mas sim por critérios de responsabilidade e em razão de uma estrutura de consecução de objetivos e tarefas.

A família em primeiro plano

Primeiro estão os pais, logo as crianças e depois os professores. Esta é a ordem sistêmica, a partir da qual se organiza e se dignifica o sistema escolar. Esse reconhecimento especial às famílias é triplo: porque são os principais educadores de seus filhos, porque os educam da melhor forma que sabem, porque é preciso agradecer-lhes pela confiança que depositam na escola e porque proporcionam trabalho aos professores. Traveset (2011) refere que

> Qualquer docente que se considere melhor que os pais já perdeu. Uma criança ama seus pais, independentemente de como forem, e não o professor. Primeiro gosta de seus pais, depois do professor, se este consegue apreciar e respeitar seus pais. (TRAVESET, 2011).

Disso se deriva a prioridade educativa de se estabelecer pontes de confiança com as famílias, porque, entre outros motivos, também constitui um fator determinante do sucesso escolar do aluno.

A partir do paradigma sistêmico, chegam-nos estas perguntas: Que tipo de membrana gera a escola para que se possa depositar essa confiança? Que tipos de compromisso e atitude se devem desenvolver para que isso seja possível? Os pais, em contrapartida, têm de ocupar seu lugar e ser somente pais, e não amigos e colegas de seus filhos, com quem estabelecem cumplicidades, contam todo tipo de problema e, como consequência, transferem a eles angústias, cargas e responsabilidades que não devem ser compartilhadas de maneira alguma. Inversamente, também os filhos devem ocupar seu lugar hierárquico, pois ocorre que, muitas vezes, quando agem como pais, chegam a mandar nesses, tendo atitudes autoritárias e arrogantes que estão próximas ou resultam em maus-tratos.

Com o objetivo de melhorar o clima de confiança das famílias e seu sentido de pertencimento à escola, propõem-se diversas estratégias e recursos: processos de acolhimento, acompanhamento e despedida; cuidados com mimo especial nos momentos de entrada e saída do colégio – a porta não pode ser uma fronteira, mas sim uma membrana; diário de classe; espaço específico para as famílias dentro da escola; colaboração nas salas de aula e na escola; entre outros. Já os professores têm de desenvolver uma série de atitudes e competências para criarem essas pontes de confiança e respeito com as famílias. Atitudes e competências que estão relacionadas, por exemplo, com o domínio da linguagem analógica e a capacidade de escuta; o que implica não apenas o conteúdo das palavras, senão os outros elementos relativos à intencionalidade da linguagem, como o tom de voz, a postura corporal, os gestos e o olhar. Ou estão relacionadas com a contextualização – no contexto encontra-se a informação relevante sobre o que acontece em uma situação. Tudo isso para conhecer os movimentos da família (imigração, mudanças de domicílio) e as histórias familiares (assuntos trágicos não resolvidos ou outros episódios que tenham deixado marcas eternas).

A escola como espaço total de comunicação

Todos os membros da comunidade educativa (família, alunos, professores, equipe não docente, outros profissionais, etc.) fazem parte de um todo holístico ou sistêmico, de uma rede de vínculos e relações, em que a ação de um membro pode ser positiva ou negativa no conjunto. Nesta complexa comunidade de aprendizagem, continuamente estão contextualizando situações e ordenando informações de diversas origens, tratando de discriminar aquilo que é mais significativo. Parellada (2012) afirma que

> Necessitamos estar vendo todo o tempo que o que os alunos nos mostram com sua forma de ser e agir em sala, quando se manifesta uma alteração, é tão somente a ponta de um *iceberg* da expressão de um mal-estar, que é gerado em uma dimensão diferente da qual costumamos identificar no sintoma. (PARELLADA, 2012).

Nesse sentido, os professores têm que dominar, como se dizia antes, os fundamentos da linguagem analógica e do currículo escolar oculto, bem como ser sensíveis para reconhecer as dinâmicas ocultas dos alunos, focando o olhar onde eles olham, quase sempre de uma forma inconsciente e amorosa.

> Trata-se de encontrar maneiras, por exemplo, para que uma criança possa expressar o que lhe passa ou o que sente, quando seu pai está doente ou acaba de acontecer uma ruptura conjugal, com todos os sentimentos de infelicidade gerados e a fragilidade que isso resulta. (PARELLADA, 2014).

Já quando enfrenta distintas situações relacionadas à morte que suscitam emoções muito intensas.

Quanto ao vínculo entre os alunos, há de se levar em conta que todos são, ao mesmo tempo, diferentes e iguais: todos ocupam um lugar na mesma escala hierárquica. Quando se rompe essa ordem funcional do amor, porque alguém se coloca em uma posição de poder superior, acontecem os abusos e as exclusões, além de outros conflitos e desordens. Por último, cabe referir-se aos vínculos que se estabelecem entre os alunos e a aprendizagem dos diversos conteúdos: como se ativa a estrutura da membrana, para promover interações que deem sentido à aprendizagem, para estabelecer conexões entre os diferentes saberes de forma transversal e interdisciplinar e para que a aquisição do conhecimento implique uma disposição emocional.

A equipe docente: "como nos olhamos e como nos falamos"

Há escolas onde circula muita informação, mas existe escassa comunicação. Nessas instituições, devido à quantidade de projetos em que os profissionais estão envolvidos, apenas dispõem de tempo para falar sobre como concretizam os conteúdos e atividades desses projetos, ademais de outras urgências cotidianas e organizativas. E um pouco mais.

A pedagogia sistêmica trata de corrigir essas carências e disfunções, cuidando tanto dos conteúdos quanto das relações. Nas reuniões, também se fala de como se sentem os docentes, falando e fazendo o que fazem. Uma vez mais, é preciso destacar o lugar do currículo oculto: tudo aquilo que circula por debaixo das mesas e não se percebe ou não se explicita. Como nos olhamos: fazemos com bons olhos? Como nos falamos, temos tempo e disponibilidade para nos comunicar? Como estabelecemos cumplicidades entre nós e nos cuidamos? Há lugar para os reconhecimentos, as parabenizações e os agradecimentos? Como se aborda um problema: damos voltas e mais voltas e o deixamos maior ou, pelo contrário, buscamos soluções que, além disso, em outros momentos foram bem-sucedidas? O que nos fortalece e nos debilita?

Considera-se que o líder sistêmico – tanto a direção quanto o professor são considerados líderes – deve estar comprometido em esclarecer essas questões e continuamente se fazer novas perguntas; deve ser capaz de ler os contextos em que se movem os olhares multidimensionais de seus colegas, alunos, pais e mães; deve saber estabelecer conexões respeitosas e amorosas; e deve proporcionar a ajuda e o acompanhamento adequado sem cair na superproteção, além de não esquecer sua função dentro da ordem hierárquica.

A autoridade docente, que se distingue de todo poder e autoritarismo, implica uma relação desigual e uma distância hierárquica com o aluno que não deve ser confundida com frieza ou distância emocional; pode-se estar muito próximo do aluno, mas no lugar e na função profissional que lhe corresponde. O que não cabe nesse tipo de relação são as demonstrações de coleguismo e a imagem do professor amigo ou companheiro. Além disso, é claro, ele não pode assumir o papel dos pais, desautorizando seu papel educativo prioritário na educação de seus filhos; muito menos os pais podem invadir as competências e funções dos professores.

Um dos desafios das equipes docentes, para fortalecer sua coesão e eficácia, é conseguir que a distribuição de tarefas se realize de acordo com as características, os atributos e as potencialidades outorgados a cada geração, o que já se comentou na abordagem da inteligência transgeracional.

EXPERIÊNCIAS

A rede de pedagogia sistêmica

No período 2005/06, iniciou no Instituto Gestalt de Barcelona a formação em pedagogia sistêmica, com as contribuições de Angélica Olvera, do CUDEC do México, sob a coordenação de Mercè Traveset e Carles Parellada, vinculados às equipes de formadores do Institut de Ciències de l'Educació (ICE) da Universitat Autònoma de Barcelona (UAB). A criação inicial de uma equipe de pedagogia sistêmica dentro dessa instituição, com a participação de formadores e profissionais da educação que estavam experimentando a aplicação e extensão desta pedagogia, cresceu de tal modo, que logo se sentiu a necessidade de ampliá-la e diversificá-la. Dentro desse processo, nasceu *Connexions* (Projetos de Formação Sistêmica), uma associação sem fins lucrativos, criada por Mercè Traveset e Carles Parellada, que, com a colaboração do ICE da UAB, permitiu que a rede aumentasse de forma contínua. Essa associação compreende cinco âmbitos de formação:

a. as distintas formações: cursos de iniciação e aprofundamento, entre 15 e 30 horas, oficinas para famílias, assessoramento a equipes profissionais e os cursos de aperfeiçoamento e mestrado nas universidades, entre 200 e 600 horas, bem como a formação de dois anos no Instituto Gestalt;
b. a rede de escolas sistêmicas, formada pelas equipes diretivas de instituições escolares que já tenham recebido formação, com reuniões mensais para compartilhar projetos, dúvidas e reflexões;
c. a rede de grupos de trabalho interzonas, os quais se reúnem periodicamente, sobretudo para comentar as experiências que estão realizando em suas escolas;
d. os encontros trimestrais para mostrar experiências da pedagogia sistêmica em todas as etapas educativas: de 0 a 3 anos até a universidade, incluindo módulos profissionais, com a participação de pessoas já formadas ou simplesmente interessadas em conhecer essas aplicações práticas; e
e. a equipe de formação, composta por umas 60 pessoas, que se reúne trimestralmente para dirigir as diferentes formações, assessorias e outros tipos de demandas.

Mães e pais: uma malha de olhares, relações e acompanhamentos

Na Escola El Martinet de Ripollet, em Barcelona, escola com vários registros importantes e inovadores, segue-se o enfoque sistêmico na relação com as famílias. Alicia, uma das mães, destaca a força dos vínculos gerados: "Não gosto de deixar minha filha na porta. Valorizo muito poder subir. A escola me acrescenta várias coisas: vir e falar, mesmo que tenha tido um dia ruim, me faz sentir muito bem. Temos muito carinho um pelo outro. Outros pais me sorriem e me fazem sentir muito bem. Algumas famílias são amigas. Também temos muita confiança nos professores. Há dias que não posso vir pelos gêmeos, mas sinto falta de não vir todo dia".

Essa mãe, em poucas palavras, diz muito sobre os vínculos que se estabelecem entre as famílias e o sentido de pertencimento amoroso a uma comunidade; sobre as vozes, olhares, conversas e expressões compartilhados em cada jornada escolar; sobre as pontes que se constroem entre o "dentro" e o "fora", entre o lar e a escola. Os contatos espontâneos que se produzem, quando as famílias entram na escola cada dia, permitem compartilhar detalhes e histórias da jornada escolar e facilitam um conhecimento mais próximo entre pais e professores. Estes últimos conseguem saber de cada uma das crianças; e os pais comprovam que podem viver com tranquilidade e segurança a estadia de seus filhos na escola, podendo confiar nela.

Em El Martinet vivencia-se um processo de acompanhamento muito intenso e cuidadoso com as famílias. Aqui apresento alguns exemplos. Durante uma manhã do mês de junho, as crianças de 3 anos do curso atual recebem os novos colegas do curso seguinte; brincam juntas por algumas horas, comem a fruta de costume, e as famílias levam para casa um livro: *De la mà* (Da mão), escrito a partir das palavras das crianças de 5 anos e inspirado nas escolas infantis de Reggio Emilia, onde se explicam os espaços da comunidade, as coisas que se podem fazer e se dão alguns conselhos. Nos primeiros dias de curso, os pais acompanham o ingresso dos pequenos: em uma banqueta, observam o que seu filho faz e facilitam a comunicação com a professora: sua presença e seus olhares dão segurança às ações das crianças diante dos materiais e do espaço. E nas reuniões de pais, a fim de que entendam o que se faz e como aprendem seus filhos, e também para que sejam mais participativas que informativas, organizam-se visitas guiadas em horário escolar e se oferecem oficinas de matemática para os pais de alunos do ensino fundamental.

Um caso de déficit de atenção: "Meu filho é minhas mãos e meus pés"

Aqui apresento um relato textual de uma intervenção educativa por parte da psicopedagoga:

> Este aluno, de 2º ano da ESO, que foi enviado pela tutora, apresenta alguns sintomas de hiperatividade, distração; como consequência, apenas consegue ser aprovado em algumas matérias.

Quando lhe pergunto por que está tão nervoso, fica em silêncio, quieto, seus olhos se umedecem, e ele me responde: "Quando estou aqui, sempre tenho medo de que algo aconteça com minha mãe". Conta que sua mãe tem uma doença (fibromialgia) e quase não pode andar. Com uns bonecos, peço-lhe que me mostre os membros de sua família: seu pai, sua mãe, seu irmão mais velho e ele. Com essa brincadeira, procuro ver onde se situa: "Eu sempre com minha mãe, por ela daria a vida", e se coloca ao seu lado, como se a rodeasse com o braço. Digo-lhe: "Entendo que não possa estudar, isso lhe pesa demais".

Na sequência, falo por telefone com a mãe. É muito difícil para ela deslocar-se até a escola, dada sua doença, mas lhe digo que é importante que falemos de seu filho. Em seguida, pede que lhe dê 1 hora e me confirma que virá, já que seu marido não pode porque trabalha até tarde.

Na entrevista com a mãe, vejo uma mulher doente – quase não pode mover-se –, mas com muita força no olhar, e digo isso a ela. Pergunto-lhe o que pensa sobre os problemas de seu filho com a aprendizagem, e me diz que está muito preocupada. Sabe que ele é muito esperto, mas que não se concentra, que sempre está muito nervoso. Pego os bonequinhos e lhe mostro onde se situa seu filho, e ela diz: "Meu menino é muito bom, é minhas mãos e meus pés". Digo que isso, para uma criança, é uma carga muito pesada; que assim ele não pode estudar e que necessita ser amparado. Ela se emociona, fica em silêncio e me responde: "Ninguém nunca me tinha dito isto, obrigada. Quero o melhor para meu filho e farei o que precisar para que ele não leve esta carga".

Pergunto quem lhe ajuda e se tem bastante ajuda em nível material. Seu marido e seu filho mais velho fazem o que podem, e ela também vai ao psicólogo. Sinto que não tenho nada mais para lhe dizer, porque entendeu perfeitamente de que carga estou falando e que precisa se organizar. Chamo o aluno, ele entra, e sua mãe lhe dá um abraço. Nós todos nos olhamos e digo: "Sua mãe e eu conversamos sobre você, e vi que ela está doente, mas tem uma força incrível. Ela e seu pai amparam você, deixe que eles resolvam isso, vão dar conta". Ele sorri, suspira olhando sua mãe.

Depois dessa intervenção, este aluno melhorou bastante nos estudos. Atualmente, cursa o 4º ano da ESO em um grupo de reforço e, embora apresente um certo atraso, ele se esforça e trabalha. Com a mãe, falo periodicamente pelo telefone sobre a evolução de seu filho, e ela está muito contente. (TRAVESET, 2006).

A tabela periódica: cada aluno se identifica com um elemento

Na aula de 3º ano da ESO, da Escola El Puig de Esparraguera, Barcelona, desenvolve-se um projeto em que se pretende relacionar o espírito científico com o autoconhecimento e os valores pessoais, a partir dos elementos químicos da tabela periódica. Seus professores nos contam os objetivos e o processo dessa experiência: "Um dia, na aula de Ciências Naturais, lemos entre todos um poema científico de David Jou, chamado 'Tabela Periódica'. Surpreendeu-nos o que estava escrito. Baseamo-nos nas propriedades de cada elemento, que, sem querer, relacionamos com algumas das características de nossa personalidade. Daí surgiu a ideia de nos identificar com os elementos da tabela periódica: para aprender de uma maneira mais divertida, dinâmica e original o comportamento e as propriedades que tem cada um deles".

Em primeiro lugar, construímos cubos de papelão com a finalidade de escrever o elemento de cada pessoa junto à sua foto. Logo, classificamos os elementos de cada um de acordo com os distintos grupos da tabela periódica; assim, cada aluno foi escolhendo um elemento dos seguintes grupos: gases nobres, semimetais, metais de transição, alcalinos, etc. As relações entre eles e os elementos foram diferentes para cada pessoa. O vínculo surge da singularidade do nome do aluno com o nome do elemento ou com seu símbolo, de suas aplicações, características físicas ou químicas, entre outros.

Apresento alguns exemplos sobre o que cada aluno escreveu, tentando explicar essas relações:

> O elemento que eu escolhi é o Nitrogênio. Uma das coisas que temos em comum é que seu símbolo é a letra N, igual à primeira letra de meu nome. (Nerea)

> Escolhi o Berílio, porque seu número atômico é o 4, como meu número no futebol. Embora seja encontrado na forma sólida, geralmente é leve como eu. Do Berílio se extraem minerais preciosos; quando eu me proponho, faço coisas muito boas. (Max)

> Uma propriedade que temos em comum com o Carbono é que este é capaz de se associar com ele mesmo e com uma ampla variedade de outros elementos, e eu acho que, dentro de mim, existe uma grande diversidade de elementos que me fazem ser uma pessoa interessada por uma grande pluralidade de coisas. (Cristina)

Eu escolhi o Neônio, porque gosto muito de como se destacam as luzes na escuridão, seja em uma festa ou em qualquer outro lugar. Também porque seu *nome** atômico é 10, como a idade de meu irmão menor. (Cláudia)

Mais adiante, fazem uma construção com os cubos, ordenando-os pelo número atômico, do menor ao maior, da mesma maneira que os elementos da tabela periódica estão organizados. "Finalmente, para entender melhor a formulação inorgânica e o caráter eletronegativo dos elementos da tabela periódica, fizemos combinações entre nós e formulamos, por exemplo, SO2 o As2 S3".

Gestão compartilhada, liderança distribuída

Em seu início, a Escola Riera de Ribes, na cidade de Sant Pere de Ribes, Barcelona, foi estruturada de forma piramidal, com uma visão mais ampla sobre a gestão compartilhada. Desde 2005, são incluídas pequenas intervenções, como as teorias dos sistemas de relações humanas, que enfatizam dar valor a todos os componentes do sistema para sua melhoria. É preciso buscar o princípio da diversidade: todos somos iguais em essência, mas somos diferentes na escola, porque temos distintas funções nela. As primeiras tentativas de se materializar essa ideia ocorreram com os alunos. No ano de 2007, desde a assembleia de delegados, produziu-se uma mudança em suas funções: o objetivo é constituir uma equipe de pessoas que se converta em motor da melhoria e do bem-estar dos alunos da escola, a partir do valor que cada delegado tem, pela sua idade, pelo que representa, pelo momento que passa seu grupo e, ao mesmo tempo, pelo valor que os outros têm para um indivíduo e para toda a escola. "Fazemos isso desde o surgimento do documento *Saber estar na escola* e de diversas ações de melhoria da instituição. A mudança foi espetacular. Os alunos se sentem importantes na escola, em sua gestão; valorizam-na, e o sentimento de pertencimento à comunidade é altíssimo. No ano de 2010, com a incorporação da Unidad de Soporte a la Educación Especial (USEE), para os alunos com transtornos mentais e comportamentais, percebemos a necessidade de valorizar o lugar que cada um ocupa no sistema". Esse também foi o ano de substituição da equipe, de

---

* N. de T.: Grifo nosso, pois o certo seria "número". O autor quis manter a forma de expressão do aluno.

um momento de fragilidade relacional com as famílias e os professores e da aprovação de um novo decreto de direção escolar. A escola começa a atuar nestes dois âmbitos: compartilhar a ideia de inclusão, partindo da melhoria do conhecimento das pessoas sobre as doenças mentais, e compartilhar o conceito de gestão a partir da liderança compartilhada, para a continuidade do projeto de substituição da equipe diretiva.

> Depois de assessoramentos e debates, observa-se que o êxito em relação aos alunos com doenças mentais estava na manutenção do equilíbrio entre a intervenção dos especialistas e tutores e o contexto de aprendizagem singular da escola. Avança-se na ideia do sistema como um todo, superando a ideia de participação em que todo mundo tem o mesmo papel: se há muita participação, o sistema entra em colapso, existem muitas dificuldades e se custa a tomar decisões. É preciso ter confiança em quem toma a decisão, desde o lugar e a responsabilidade que tem no sistema. Progride-se em direção a uma instituição com a gestão da liderança distribuída, dentro de uma estrutura em que todas as pessoas estão conectadas e são estimuladas para que manifestem todas as suas competências, a fim de fazer crescer o projeto comum. (EQUIPE DOCENTE DA ESCOLA RIERA DE RIBES, 2012).

CONCLUSÃO: QUESTÕES PARA O DEBATE

1. *O rigor científico: para além do empirismo racionalista.* A partir dos paradigmas clássicos e dominantes da ciência e também de alguns setores da neurociência um tanto reducionistas, acusa-se a pedagogia sistêmica de não ter rigor científico, porque lhe faltam evidências e comprovações sobre seus resultados. Esta última ideia está certa, mas a pergunta principal é se, atualmente, à medida que a própria neurociência e outras correntes científicas iniciaram novos caminhos, incorporando outros elementos e perspectivas, tudo tem que ser demonstrável e, com frequência, de modo experimental e quantificável, quando se sabe que há dimensões nem sempre tangíveis e que não podem ser demonstradas, mas que são certas, porque já existem indícios e algumas evidências claras.

A contribuição de Lynne McTaggart (2011), por exemplo, que pesquisa, entre outras questões, o efeito dos vínculos e das conexões na melhoria do bem-estar individual e coletivo, é uma amostra fidedigna disso. Contudo, nos sistemas holísticos, em que se analisa o todo e não cada uma das partes separadamente, sempre acaba sendo mais complexa a avaliação de resultados. O mesmo ocorre no sistema educacional, de onde só obtemos os resultados dos alunos e que às vezes são muito questionáveis.

2. *O que é a pedagogia sistêmica: uma ideologia, uma seita, uma família ou simplesmente uma rede?* Vamos por partes. É certo que, no início, essa pedagogia –, como ocorre com outras propostas novas e não associadas prioritariamente ao pensamento racional, mas sim ao âmbito do sentir e das relações, com um universo conceitual e uma linguagem próprios e desconhecidos –, às vezes gera um pouco de estranheza e mistério e é percebida como algo esotérico, que se associa ao funcionamento de uma seita. Uma sensação que se desvanece, à medida que se entra ou simplesmente se conhece esse novo paradigma pedagógico. Ademais, o que hoje se entende pejorativamente por "seita" não tem relação com esse paradigma, porque não se trata de uma religião nem se controla a entrada e saída das pessoas ferreamente, nem se limita a liberdade de expressão. Outro aspecto atribuído é que dispõe de um certo fundo espiritual – a própria pedagogia sistêmica o reconhece – e que existe um certo ar de familiaridade ou de grande família entre os membros da rede. Isso é algo compreensível se, como vimos, for fundamentado em uma trama de afetos amorosos, em que se sente um calor muito próximo.

Quanto ao fato de se tratar ou não de uma ideologia, a questão requer muitos matizes, mas é evidente que apresenta um fundo ideológico, com algumas ideias tomadas de outras ciências e paradigmas educativos, outras são próprias e originais – sobretudo, as de Bert Hellinger – que constituem sua estrutura e essência, e outras estão em contínua evolução. Até que ponto se trata de um pensamento muito fechado? Talvez seja. Entretanto, se não fosse assim, até que ponto seria recomendável a sua abertura? Não poderia acontecer, caso se abrisse muito, de diluir-se e se desnaturalizar excessivamente? O mesmo poderia ocorrer, como comentamos ao nos referir às pedagogias da inclusão e da cooperação, caso se desenvolvesse muito rapidamente, sem se ancorar bem nos processos formativos e nas escolas, ou caso se institucionalizasse. Enfim, um dos eternos debates ideológicos, em qualquer campo social, oscila sempre entre o fechamento e a abertura.

3. *Sempre devemos olhar com bons olhos?* Essa expressão tão sistêmica, que é utilizada continuamente, provoca dúvidas. É justificável tratar com generosidade, amor e confiança todas as pessoas e em todas as situações? Onde estão os limites? Não se trata de uma posição demasiado idealista, boa e ingênua, quando se produzem casos reprováveis e manifestamente sancionáveis? A condenação não é também uma nobre manifestação da ética derivada de um contrato social democrático? E, em relação aos professores, sabe-se, pelo enfoque sistêmico, que um profissional não pode falar mal de outro. No entanto, isso não convém de maneira alguma, mesmo que seja só dentro do colegiado ou de outro espaço exclusivamente docente? Não se reforça assim, ainda que não se pretenda, o tão arraigado corporativismo docente? E que lugar existe para o necessário exercício da crítica e da avaliação docente? Embora essas reflexões devam ser de caráter prioritariamente positivo, tratando sempre de buscar as melhorias, podem negligenciar algumas situações que requerem um expediente disciplinar? Não podemos esquecer que os professores são predominantemente fruto da família e da sociedade, sobretudo quando se trata de um docente e funcionário público.

4. *Política e pedagogia: uma relação conflituosa.* Não se trata de insistir aqui na natureza política da educação, nem nos estreitos vínculos existentes entre esse binômio, mas sim de constatar a dissociação ou distância produzida entre as práticas políticas e as práticas pedagógicas. Por parte de muitos setores da inovação educativa, existe um descontentamento manifesto em relação às reformas na educação, às políticas de cortes de investimento ou a outras medidas

impopulares. Não obstante, também mostram um certo cansaço, ceticismo e, inclusive, renunciam a lutar para mudar essa situação. E tratando de contorná-la e administrá-la como podem, centram-se naquilo que lhes interessa: a renovação e a mudança na escola – atitude esta que não afeta, claro, unicamente a pedagogia sistêmica, mas também implica alguns de seus núcleos.

Além disso – e geralmente não lhes falta razão –, atacam diretamente os sindicatos do ensino, de modo discriminado ou indiscriminado, porque, em suas reivindicações, se esquecem muito da renovação pedagógica, e às vezes até assumem posições que são diretamente contrárias a ela. Este panorama, exposto necessariamente de forma esquemática, suscita uma questão de enorme importância: Como tomar consciência de que toda prática pedagógica implica uma práxis política para além das organizações especificamente políticas ou sindicais? E como administrar as discrepâncias e contradições, a fim de estruturar um movimento educativo que articule as legítimas reivindicações sindicais e laborais com as necessárias medidas e avanços na inovação educativa?

5. *Os vínculos geracionais.* O discurso sobre as características das gerações sistêmicas e sua influência na coesão das equipes é sumamente original e sugestivo. Contudo, acarreta algumas dúvidas. Existe suficiente trabalho de campo para definir os atributos próprios de cada geração? Esses traços de identidade representam a tendência majoritária ou, sobretudo, sua vanguarda ou setores mais visíveis? Até que ponto são identificados os membros de cada geração com as características que lhes são atribuídas? Não se estabelecem identidades muito estáticas, justamente em tempos de grandes transformações e mutações aceleradas, que geram identidades mais flexíveis, móveis e mutantes?

6. *O professor há de ser apenas o professor.* Essa afirmação, tão legítima do pensamento sistêmico, que discrimina, delimita e situa a função de cada agente educativo de acordo com o lugar que lhe corresponde, sem substituir nem invadir o terreno de outros, é muito necessária. Vivemos um momento em que cabe ao professor,

por diversas circunstâncias, assumir uma quantidade de tarefas e funções que, em teoria, não lhe correspondem. E, claro, é preciso ir esclarecendo-as ainda mais, em função dos novos tempos e demandas. No entanto, existe o perigo de que a especialização progressiva – os sistemas educacionais geram novos especialistas e figuras a cada dia – enfraqueça o papel do professor generalista e sua visão global para encarar distintas situações; ou de que não exista suficiente coordenação entre os diversos agentes, para conseguir que o trabalho das diferentes partes, em um processo de diálogo contínuo, atinja o todo.

7. Por fim, na prática, lamentavelmente, devido às políticas de redução de investimentos, a certos desmantelamentos dos serviços públicos e a outras situações imprevisíveis, tão frequentes nas escolas, será necessário que o professor assuma pontualmente o trabalho do orientador, do psicólogo ou do assistente social. Sendo assim, até que ponto esse esclarecimento e distinção de funções não é um tanto rígida, muito mecanicista e determinista? Em que situações excepcionais os professores devem assumir outras funções? Uma questão complexa e controvertida, que é tão bem ilustrada, por exemplo, com os papéis e responsabilidades que assume o diretor da escola infantil de *Hoy empieza todo*, um filme de Bertrand Tavernier de 1999, baseado em uma experiência real.

REFERÊNCIAS

AUCOUTURIER, B.; LAPIERRE, A. *Simbología del movimiento*: psicomotricidad y educación. Madrid: Científico-Médica, 1983.

BAUMAN, Z. *Amor líquido*. Madrid: Fondo de Cultura Económica, 2005.

DIOTIMA. *El perfume de la maestra*. Barcelona: Icaria, 2002.

EQUIPE DOCENTE DA ESCOLA RIERA DE RIBES. Fragmento de "Crecer dando valor a cada uno". *Aula de Innovación Educativa*, v. 211, p. 24-28, 2012.

HELLINGER, B. *Órdenes del amor*: cursos seleccionados de Bert Hellinger. Barcelona: Herder, 2001b.

HELLINGER, B. *Reconocer lo que es: conversaciones sobre implicaciones y desenlaces logrados*. Barcelona: Herder, 2001a.

LIPTON, B. *La biología de la transformación*: cómo apoyar la evolución espontánea de nuestra especie. Madrid: La Esfera de los Libros, 2010.

MATURANA, H. *El árbol del conocimiento*. Madrid: Universitaria, 2003.

McTAGGART, L. *El vínculo*: la conexión existente entre nosotros. Málaga: Sirio, 2011.

MORIN, E. *Los siete saberes necesarios para la educación del futuro*. Barcelona: Paidós, 2002.

PALACIOS, J. *La cuestión escolar*. Barcelona: Laia, 1978.

PARELLADA, C. Entrevista de Jaume Carbonell. *Cuadernos de Pedagogía*, v. 444, p. 44-46, 2014.

PARELLADA, C. Los paradigmas que sustentan la pedagogía sistémica. In: OLVERA, A.; TRAVESET, M.; PARELLADA, C. *Sintonizando las miradas*. México: CUDEC, 2011. p. 139-171.

PARELLADA, C. Mostrando los vínculos, urdiendo las redes, mirando al futuro. *Aula de Innovación Educativa*, v. 211, p. 10-17, 2012. (Monografía de pedagogía sistémica).

PARELLADA, C.; TRAVESET, M. *La xarxa amorosa per educar*: les idees clau de la pedagogía sistémica multidimensional. Barcelona: Octaedro, 2014.

ROGERS, C. *El proceso de convertirse en persona*. Barcelona: Paidós, 2000.

SENNET, R. *El respeto*. Barcelona: Anagrama, 2003.

TRAVESET, M. *La pedagogía sistémica*. Barcelona: Graó, 2007.

TRAVESET, M. Los vínculos y la educación desde la mirada de Bert Hellinger. In: OLVERA, A.; TRAVESET, M.; PARELLADA, C. *Sintonizando las miradas*. México: CUDEC, 2011. p. 173-209.

TRAVESET, M. Pedagogia sistémica multidimensional, una pedagogia holística i humana que ens fa evolucionar com a éssers conscients. In: PARELLADA, C.; TRAVESET, M. *La xarxa amorosa per educar*: les ideees clau de la pedagogía sistèmica multidimensional. Barcelona: Octaedro, 2014. p. 22-35.

TRAVESET, M. Pensar con el corazón, sentir con la mente. *Cuadernos de Pedagogía*, 360, p. 72-75, 2006.

WATZLAWICK, P. *Teoría de la comunicación humana*: interacciones, patologías y paradojas. Buenos Aires: Tiempo Contemporáneo, 1974.

7

As pedagogias do conhecimento integrado: os projetos de trabalho

Este relato sintetizado e os diálogos fragmentados de uma sala de aula, de crianças com 4 anos, fazem parte da experiência "De mãos dadas com os Voadores e as Voadoras Misteriosos",* que é apresentada neste capítulo, na seção "Experiências". Por trás dessas vozes infantis, se esconde um longo e exigente processo de trabalho e um conhecimento que se vai contextualizando e conectando a outros. Algo que, geralmente, não se visualiza, quando se contam com detalhes todas e cada uma das sequências do projeto de trabalho. Convém dizer isso, para que se saiba que esses diálogos não surgem por mágica.

Um diálogo com a morte para entender a vida

Na tentativa de conseguir os 1.000 *tsurus* ou mais, saímos pelas ruas do povoado acompanhados pelo pais, mães e avós. Vamos fixando cartazes pelas lojas e outros espaços emblemáticos. Nesse trânsito, a história ainda se faz maior. Enquanto a narramos, vamos deixando-nos tocar pela sua intensidade, e parece que vamos dialogando com a morte para entender nossa vida.

Marc Valdeperas: Eu não gosto de morrer; não quero que meu esqueleto saia.

---

* N. de T.: "De la mano de los Voladores y las Voladoras Misteriosos", turma de educação infantil de 4 anos, da Escola Serravella, da pequena cidade de Ullastrell, Barcelona. No relato "Planeta grullas o de cómo desear juntas" (2014), são apresentados diálogos sobre a vida e a morte, descobertas sobre os números e o infinito, bem como o envolvimento de toda a comunidade para conseguir encher sua cidade com milhares de origamis de *tsuru*, a ave sagrada do Japão, e assim fazer pedidos. Segundo uma lenda japonesa, se a pessoa fizer 1.000 *tsurus* em papel e com o pensamento voltado para um desejo, este poderá se realizar.

Martí: Quando você for um vô vai poder morrer. Falta muito. Primeiro tem que ser um pai e depois um vô.

Sergi Camps: Você vai se comportar bem muito antes de ser velho.

Martí: Agora todo mundo quis paz no mundo.

Sergi Camps: Tem mais povoados da Catalunha, a gente podia ir cheios de tsurus e dependurar eles.

Depois, quando vamos à casa geriátrica, esta nos impressiona como um lugar onde vemos refletidos alguns de nossos medos. Os avôs e as avós nos esperam sentados em círculo. Entramos na sala com a respiração contida e nos sentamos no meio. Sentimos uma mistura de contenção, medo e respeito, ao tentar nos comunicar com aquelas pessoas que nos olham silenciosas e atentas. Descobrimos o avô de Núria Puig, que parece não reconhecê-la totalmente. Ela me diz baixinho: "O meu avô não tem memória". Ao voltar à sala, falamos de como nos sentimos, tentando convencer todo o povoado a nos ajudar. O que mais nos impressionou foi a visita à casa geriátrica. Telma nos disse que ela tinha medo, já Sergi Bigordà comentou que ele não tinha sentido medo, porque "apenas estavam enrugados". Então se instala uma pergunta: Mas o que é não ter memória?

Núria Perés: Uma vez conhece você e outra não.

Sergi Camps: Quando você vê uma pessoa, é que você vê, e quando não vê por muito tempo, a memória já não está na pessoa e escapa.

Aïna: A vó Lola e o vô Pepe ainda têm memória, mas são velhinhos, mesmo que não tanto.

Aitor: Se não tem memória, o vô de Núria não pode fazer os tsurus.

Este último comentário nos leva a pensar o que faz nossa cabeça para fazer os tsurus.

Janna: Ah, o meu pai sabe fazer tsurus sem olhar o vídeo nem as instruções.

Magí: Tem a foto na cabeça e já sai fazendo, parece quando você tem a foto das palavras e lê.

Marc Arranz: Quando achamos que escapam, as palavras se escondem em um lugar do cérebro para que você não fale.

Falando do cérebro e da memória. Marc Valdeperas volta a lembrar-nos o que sentiu em relação aos tsurus e sua conexão com a vida e a morte: "Eu tenho medo porque não quero morrer! Quero os tsurus! Os tsurus me fazem dizer pra que não morra!".

Anguita *(2014)*

ANTECEDENTES E REFERÊNCIAS

A fragmentação do saber e o domínio disciplinar

O conhecimento escolar que foi sendo conformado pelas reformas educativas contemporâneas e pelos projetos curriculares de ensino, em todos os países, assenta-se na divisão social do trabalho e em suas consequências, na diferenciação curricular e na tradição escolástica e cartesiana. Salva alguma exceção, caracteriza-se pela separação, fragmentação e isolamento. Segundo Morin (2001):

> O enorme desenvolvimento que o conhecimento experimentou teve seu lugar no marco da especialização disciplinar ao longo do século XX; mas esse desenvolvimento está disperso, desunido, devido justamente a essa especialização que geralmente fragmenta contextos, globalidades e complexidades. Esta é a razão pela qual foram acumulados grandes obstáculos, para impedir o exercício de um conhecimento no próprio seio de nossos sistemas de ensino. (MORIN, 2001).

Esse parcelamento do saber nos compartimentos estanques disciplinares, que dificulta uma compreensão dos fenômenos naturais e acontecimentos sociais, que estão cada vez mais interdependentes, repercute também na subestimação ou exclusão, por parte do modelo disciplinar, de uma boa parte dos principais problemas cotidianos e globais – aqui se impõe a hegemonia das partes – e de todos os que têm relação com as emoções, paixões, desejos, sofrimentos e esperanças; de tudo aquilo demasiado complexo e que não cabe na lógica mecânica da quantificação e da medição. Por isso da separação entre a razão e a emoção, entre o corpo e a mente, a teoria e a prática (PÉREZ GÓMEZ, 2012).

A que corresponde esse acúmulo de cisões e desencontros entre os saberes legitimado pelo domínio das disciplinas científicas? As explicações têm a ver com a epistemologia, com o poder e o controle do conhecimento científico e humanístico e com as dinâmicas socioeconômicas e reproducionistas. Vamos por partes. O princípio epistemológico fundamenta-se na concepção, do século XIX, que identifica a estrutura lógica das disciplinas com a mesma que rege a realidade objetiva (HERNÁNDEZ; SANCHO, 1989). Essa correspondência justifica a classificação por matérias, convertendo-a em algo natural que arraiga e ordena a gramática da instituição escolar, mediante uma série de sequências fechadas que são transmitidas pelos professores com o apoio dos livros didáticos.

Outro fator que contribuiu para essa classificação e dissociação é a clássica desunião entre a cultura humanística e a científica; esta primeira que luta continuamente para conseguir maiores cotas de reconhecimento social e para controlar os diversos espaços de poder acadêmico e de influência na configuração do currículo. Esta não comunicação entre ambas as culturas prejudica tanto uma quanto a outra. A polêmica ciências/humanidades gerou rios de tinta: não nos compete entrar nela, mas convém destacar que, nas últimas reformas – digamos que falamos da LOMCE, da Espanha –, algumas áreas humanísticas foram evidentemente relegadas.

Na perspectiva socioeconômica, não podem ser evitados os efeitos da divisão social e técnica do trabalho, entre trabalho manual e intelectual, imposta pelo capitalismo e encarnada pelo *management* científico taylorista e pelas cadeias de montagem fordistas, em que a execução de tarefas rotineiras e monótonas transforma os operários em simples máquinas. Um processo que Chaplin denunciou com suficiente fidelidade em *Tempos Modernos*, de 1936. A taylorização refletiu-se no ensino, com o desenvolvimento dos postulados eficientistas, tecnocráticos e empresariais, em que se estabelece a divisão entre o saber especializado de acadêmicos e administradores da educação – que pensam, planejam e elaboram o currículo – e o saber prático dos professores, que se limitam a executá-lo, sem que medeie sequer um processo de reflexão (TORRES SANTOMÉ, 1994).

Com as teorias da reprodução, enfatizou-se a maneira que os estudantes de diferentes origens sociais recebem conhecimentos diversos, com o objetivo de garantir uma força laboral estratificada segundo a raça, o gênero e a classe social. Os estudos de Berstein e de outros muitos autores apontam a correspondência entre poder, conhecimento, disciplinas científicas e avaliação, conforme a origem social dos estudantes. Os historiadores do currículo, como Ivor Goodson, mostram que a diferenciação curricular entre conhecimentos e disciplinas superiores ou inferiores, fundamentais e secundárias, ou acadêmicas e utilitárias, começou já a conformar-se na escola britânica secundária do século XVIII.

> A análise histórica de Goodson revelou que os reformadores do ensino desenvolveram uma teoria do conhecimento específico de classe social, delineando os diferentes tipos de inteligência ou "mentalidades" para diferentes grupos sociais. Na verdade, a divisão manual-mental do trabalho encontrou uma expressão análoga no currículo e na segregação segundo os conhecimentos. (KINCHELOE, 2000).

Por sua parte, Fernando Hernández (2014) se refere à distinção feita na LOMCE entre dois grupos de matérias: as instrumentais (inglês, matemática, ciências e línguas) e "as que distraem" (artes, humanidades e ciências sociais) (ver Cap. 8).

A organização do conhecimento em disciplinas foi contestada pelas pedagogias inovadoras, com maior ou menor contundência e com argumentos de diferentes valores. Podemos acrescentar às críticas já apresentadas ainda outras. Primeiro, que as mentes moldadas por um limitado código disciplinar não evoluem ou perdem suas aptidões naturais para contextualizar os saberes e captar o que está relacionado. Segundo, a redução do conhecimento do todo ao conhecimento das partes supõe fracionar os problemas e reduzir o complexo ao simples, impondo-se o paradigma artificioso do determinismo mecanicista. Terceiro, a organização e transmissão do saber fragmentado dificulta as visões holísticas e sistêmicas que tanto ajudam a uma melhor compreensão do mundo. Quarto, o desenvolvimento disciplinar se baseia, principalmente, na acumulação e sobrecarga de informação, que não se estrutura nem se transforma em conhecimento, porque, como disse Montaigne e foi repetido inúmeras vezes, é melhor uma mente bem ordenada do que outra muito cheia. Quinto, há uma imposição de um modelo cultural que não atende aos interesses, necessidades, problemáticas, experiências e desejos dos alunos e de seu mundo cotidiano; há o excessivo peso da abstração. Sexto, a hegemonia de um modelo pedagógico tradicional de caráter meramente instrutivo, em que os professores centralizam todo o protagonismo e os alunos são os grandes ausentes. E, por último, existe o controle do currículo – com tudo que isso implica de ideias, visões e valores – por parte do poder político e da administração educativa, mediante a seleção dos conteúdos curriculares, a relevância e o tempo determinados para cada matéria, a escolha dos livros didáticos – este que é um dos grandes negócios do ensino, se não o maior –, em processo de reconversão digital.

O longo e complexo caminho da interdisciplinaridade e do conhecimento integrado-globalizado

O enfoque do conhecimento interdisciplinar está presente desde a Antiguidade. A primeira aposta pelo conhecimento integrado se deu na Escola de Alexandria, um centro de pesquisa e ensino neoplatônico, onde se misturavam aritmética, gramática, medicina, geografia, música ou astronomia; e, no transcurso do tempo, esse paradigma foi retomado por diversos filósofos, como Bacon e Descartes, renascentistas e enciclopedistas do Iluminismo, apenas citando alguns exemplos, até chegar aos estruturalistas e à teoria geral dos sistemas (TORRES SANTOMÉ, 1994).

O relato integrador, assumido por algumas equipes e centros de pesquisa, está fundamentado no caráter multidimensional do ser humano (biológico, psíquico, social, afetivo e racional) e da sociedade, no qual interagem dialeticamente as dimensões histórica, social, econômica, política, antropológica, religiosa, entre outras. Dimensões que mostram uma realidade diversa, contraditória e mutante, que abarca o conflito e a solidariedade. Morin (2001) explica com nitidez o sentido dessa nova perspectiva, que, como veremos mais adiante, vai além da interdisciplinaridade e se situa no transdisciplinar, onde a complexidade é uma de suas essências básicas:

> O conhecimento pertinente deve enfrentar a complexidade. A palavra "complexus" significa "'o que está tecido junto"; na realidade, há complexidade quando são inseparáveis os distintos elementos que constituem um todo (como o econômico, político, sociológico, psicológico, afetivo ou mitológico) e quando existe um tecido interdependente, interativo e inter-retroativo entre um objeto de conhecimento e seu contexto, entre as partes e o

todo, o todo, o todo e as partes ou as partes. Por isso, a complexidade é a união entre a unidade e a multiplicidade. (MORIN, 2001).

No campo específico da educação escolar, também as referências históricas e mais atuais são numerosas: Rousseau, Pestalozzi, Herbart, Fröbel, Robin, Claparède, Freinet, Piaget, Vygotsky, Freire, Ausubel, Novak, Berstein, Stenhouse, Bruner, etc. Muitos dos que postulam a interdisciplinaridade e a globalização do conhecimento estão implicados nos movimentos progressistas e de inovação educativa, como a Escola Nova na Europa e a Associação de Educadores Progressista nos Estados Unidos. Para todos eles, essa proposta curricular se converte em um mantra, em um dos elementos constitutivos de seu DNA. Porém, é preciso dizer que, sob esse conceito, são acolhidas práticas educativas diversas quanto ao grau de relação estabelecida apenas entre as disciplinas ou com outros saberes e experiências alheios ao currículo oficial normativo, que são definidos como um método de ensino ou como uma filosofia educativa; ou se formulam teorias e se experimentam práticas que são fundamentadas em argumentações psicológicas, epistemológicas ou sociológicas, ou com todas juntas (TORRES SANTOMÉ, 1994).

Em suas origens, o enfoque globalizador se associa ao sincretismo, entendido como a forma natural de se perceber as coisas e a realidade de uma maneira global e não fragmentada. Segundo Carbonell (2001):

> Ademais, a globalização se vincula ao processo educativo, que parte desta visão mais global e epidérmica para construir um conhecimento mais sólido e uma compreensão profunda da realidade, mediante a observação, associação, contraste e comparação, análise, desenvolvimento do pensamento reflexivo [...]. (CARBONELL, 2001).

Outros princípios e vantagens citados são: a abertura da escola para a vida e a incorporação dos problemas reais, para que os conhecimentos sejam mais relevantes; o desenvolvimento da capacidade de aprendizagem das crianças mediante a cooperação entre iguais; a superação do verbalismo, da decoreba e de outras deficiências da escola tradicional; a possibilidade de se estabelecer relações mais positivas; a possibilidade de que o aluno possa descobrir as dimensões éticas e sociais do conhecimento, relegadas a um segundo plano no currículo organizado por matérias; ou a avaliação mais centrada nos processos do que nos resultados (MARTÍN GARCÍA, 2013).

No decorrer dos primeiros 30 anos do século XX, desenvolvem-se três propostas globalizadoras de notável consistência teórica, que primeiro são experimentadas em uma escola e logo são aplicadas em outras, total ou parcialmente. Essas propostas constituem referências históricas de três autores que hoje merecem a categoria de clássicos e que são conhecidos em muitos países: Decroly, Dewey e Freinet. A divulgação de suas obras na Espanha foi importante, sobretudo durante a II República e no início da transição democrática. Não nos estenderemos em sua apresentação, pois se trata de pedagogias do século XX, que já foram amplamente comentadas (AUTORÍA COMPARTIDA, 2004). Aqui, apenas destacaremos aquilo que é mais significativo em relação ao conhecimento integrado.

Por ordem cronológica, cabe citar, em primeiro lugar, a Ovide Decroly e seu método das escolas de interesse, que experimentou na escola belga L´Ermitage, criada por ele sob o lema "Pela vida através da vida". A Decroly é atribuída a autoria do conceito de globalização no ensino. Sua concepção psicopedagógica assenta-se na tese de que as crianças têm uma percepção global do seu entorno e que essa qualidade deve ser levada em conta por uma escola que queira respeitar as características e os interesses da infância. Para isso, parte-se de um tema vinculado às necessidades básicas da infância (moradia, alimentação, segurança, entre outras) e do estudo sobre o meio em que vive, ao qual se integram todas as matérias escolares mediante atividades de observação, associação e expressão. A proposta das escolas de interesse foi aplicada em algumas das escolas catalãs mais renovadoras, como a Escola de Bosc de Montjuic (1914), por parte de Rosa Sensat – e depois da Guerra Civil espanhola, de uma maneira mais ortodoxa, nas próprias escolas Decroly –, e, de forma mais desigual e com diversas adaptações, em muitas outras instituições escolares.

Contudo, a contribuição do filósofo e pedagogo John Dewey é, sem dúvida, uma das de maior densidade e lucidez intelectual dentro do pensamento pedagógico, e a que mais se conecta com a versão atual e transgressiva dos projetos de trabalho, o que será comentado mais adiante (veja a seção "Marcas comuns de identidade"). Para Dewey, atento tanto às experiências da infância quanto aos temas sociais, o motor da aprendizagem se articula em torno deste triângulo: a ação e a experiência – cabe relembrar sua célebre máxima "Aprender fazendo"; a reflexão; e a problematização de uma realidade complexa – o pensamento sempre tem em sua origem uma situação problemática, que tem que ser revelada e resolvida a partir da globalização. Suas ideias inspiraram o método de projetos de Kilpatrick e sua aplicação na escola: o conhecimento se organiza em projetos que incluem todos os aspectos do processo de aprendizagem, mediante a participação livre e ativa dos alunos nas atividades e a educação democrática no âmbito escolar e comunitário. Diversos autores criticaram esse método ao considerá-lo uma proposta muito fechada e engessada. De qualquer forma, o que perdura ainda hoje é o pensamento de Dewey, que se projeta em sombras diversas e poderosas.

Por último, é preciso mencionar o professor francês Célestin Freinet, que, por meio da livre expressão e do tateio experimental, consegue que as crianças cheguem a vivências e conhecimentos aprendidos de maneira natural com esse tateio. Sua escola se converte em um espaço contextualizado de pesquisa, onde se combina a atividade individual com a coletiva para gerar projetos e produções. Sua pedagogia teve um grande eco internacional e suscitou uma ampla rede de cooperativas com a Escola Moderna, onde se mantém viva para a troca de ideias, experiências e materiais. Na Espanha, a expressão organizativa dessa pedagogia é o Movimiento Cooperativo de Escuela Popular (MCEP). Além disso, muitas escolas seguiram as ideias de Freinet: algumas mantendo a essência de sua pedagogia popular na totalidade, outras resgatando apenas algumas de suas técnicas.

A pedagogia Freinet teve uma grande influência na Itália por meio do Movimento de Cooperação Educativa (MCE), cujas práticas e teorias enriqueceram e sistematizaram as diversas sequências do tateio experimental e da pesquisa educativa, ao mesmo tempo em que buscaram alternativas para uma escola mais democrática, criativa e popular. Esse movimento teve certa influência na Espanha, sobretudo durante os anos da transição democrática. Basta lembrar nomes, como os de Tonucci, Lodi, Rodari, Chiari, Alfieri, Pettini.

Também não podemos nos esquecer das contribuições de Paulo Freire em torno da leitura crítica da realidade a partir do diálogo e da alfabetização com as palavras geradoras – propostas substanciosas para o conhecimento integrado (ver Cap. 2); ou as contribuições de Lorenzo Milani, em sua Escuela de Barbiana, onde a leitura do jornal e sua posterior discussão, contrastando pontos de vista diferentes, facilita a relação de diversos conteúdos escolares e extraescolares, a fim de uma compreensão global da realidade (ver Cap. 4).

As tradições e propostas em torno da integração e da globalização do conhecimento tomaram diversas direções. Apenas daremos conta de algumas que tiveram difusão na Espanha, seja pela publicação de textos ou porque foram tomadas como pontos de referência para a elaboração e aplicação de projetos, gerais ou específicos, de alguma área do conhecimento. Como exemplo inicial, podemos citar o *Humanities Curriculum Project*, dirigido por Lawrence Stenhouse, projeto de desenvolvimento curricular que se constrói na ação e se sustenta em cinco pilares:

- a visão do conhecimento como algo problemático;
- a comparação como base da compreensão;
- o estudo da realidade concebida em seu conjunto e em suas diversidades;
- a organização do conhecimento em espiral, que permite tratar das mesmas temáticas com um grau crescente de complexidade, com as necessárias voltas para trás, para detectar que relações se estabelecem, quais faltam ou falham e para onde se deve avançar;
- a metodologia da pesquisa-ação.

Alguns dos temas abordados são a guerra, a família, a relação entre os sexos, a pobreza, a vida nas cidades ou as relações raciais.

O segundo projeto, dirigido por Jerome S. Bruner (1915), *Man: a Course of Study* (MACOS), consiste em um curso de ciências sociais, em que se fazem três questionamentos: O que é propriamente humano nas pessoas? Como empreenderam esse caminho? Como podem chegar a desenvolver sua humanidade? Depois de diversas atividades de pesquisa, consulta de fontes e reflexão, e com o apoio de um bom conjunto de materiais curriculares, promovem-se certas habilidades dos alunos, para que sejam conscientes do potencial do ser humano, e também lhes são apresentados modelos práticos para analisar o mundo em que vivem.

Segundo Pérez Gómez (2012), outros enfoques curriculares interdisciplinares propõem um currículo baseado em problemas ou situações, mais dinâmico e flexível,

> [...] que permita o aparecimento do "currículo emergente"; aquele que facilita que cada aprendiz e cada grupo, em qualquer momento e apoiados em seus interesses e propósitos, apresentem novas propostas de conteúdos, problemas e focos de interesse. (PÉREZ GÓMEZ, 2012).

Esses currículos devem contemplar as competências ou qualidades humanas básicas: conhecimentos, habilidades, emoções, atitudes e valores.

Há autores que falam de unidades integradas, nas quais o princípio de organização mais poderoso é a relevância, como Hargreaves et al. (2001),

> Os professores organizaram unidades de estudo que estabelecem conexões com assuntos reais das vidas de seus estudantes e com pessoas, ideias e acontecimentos externos à sala de aula. Levaram até mesmo a comunidade a seus alunos, mediante "viagens de campo", ou se aventuraram imaginariamente dentro dela por meio de simulações ou jogos de RPG. Transportaram o mundo até as salas de aula, e as salas de aula ao mundo. (HARGREAVES et al., 2001).

O currículo integrado se converte, portanto, em um veículo para relacionar a escola com o indivíduo, a família, o futuro trabalho e a condição política e social de cidadania. Por sua parte, Beane (2005) afirma que "[...] o único currículo integrado e autêntico é o que nasce dos interesses e preocupações dos alunos". Esse mesmo autor, que estudou a fundo a evolução e as implicações do currículo integrado nos Estados Unidos e no restante da América, destaca a importância dos princípios ou contextos organizadores, que abarcam os problemas importantes que conectam o currículo escolar com o mundo externo mais amplo. Beane distingue quatro tipos de enfoques: a integração das experiências; a integração social; a integração dos conhecimentos; e a integração como projeto curricular.

Jurjo Torres (1994) se refere à dificuldade, quanto ao tempo e a questões econômicas, de elaborar projetos curriculares integrados e apresenta propostas mais concretas e delimitadas, como as unidades didáticas integradas: "[...] uma proposta de trabalho da qual participa um determinado número de áreas de conhecimento ou disciplinas, destinadas a cobrir um período temporal relativamente curto" (JURJO TORRES, 1994), que incluem conceitos, procedimentos e valores. Além disso, o autor propõe um plano depois da realização de um diagnóstico prévio: metas educativas, seleção do tópico de pesquisa, elaboração de um plano de pesquisa, de recursos e materiais adequados, agrupamento de alunos, definição das exigências organizativas, como o espaço e o tempo, e do papel do professor, avaliação, redação e apresentação das conclusões do trabalho.

Também Antoni Zabala (1999) alude ao enfoque globalizador das unidades por áreas e oferece diversos exemplos baseados nos seguintes princípios e fases (neste caso, correspondentes à área de conhecimento do meio e das ciências sociais): motivação, apresentação do objeto de estudo em sua complexidade e processo de análise (identificação e evidência das diferentes questões que nascem do conhecimento e da intervenção na realidade; delimitação do objeto de estudo; identificação dos instrumentos conceituais e metodológicos que podem nos ajudar a dar resposta aos problemas elencados; utilização do saber disciplinar ou de saberes disciplinares para chegar a um conhecimento que é parcial; integração das diferentes contribuições e reconstrução; visão global; e estratégias de memorização).

De que falamos quando falamos de projetos de trabalho? Da interdisciplinaridade à transdisciplinaridade

Como vimos, a integração do conhecimento é um conceito genérico – também às vezes muito amplo e confuso – que implica diversos graus de integração. Assim, fala-se de multidisciplinaridade (estado ou grau inferior), de interdisciplinaridade (estado ou grau médio) e da transdisciplinaridade (estado ou grau superior). Na interdisciplinaridade, produz-se uma interação entre duas ou mais disciplinas, ou o reconhecimento de outras identidades disciplinarias, com graus distintos de inter-relação, transferência e inter-relação, mas sempre sob o predomínio, quando não a exclusividade, das disciplinas do currículo. Matização que não é insignificante, porque dentro da perspectiva transdisciplinar, sem contar o maior nível de interação entre os distintos saberes, o peculiar e substancial é que se transcende o conhecimento disciplinar e se entra no pensamento complexo, um dos desafios mais emblemáticos do século XXI, segundo Hessel e Morin (2012):

Em toda parte, se reconhece a necessidade da interdisciplinaridade, esperando que se reconheça a importância da transdisciplinaridade, seja por meio do estudo da saúde, da velhice, da arquitetura e dos fenômenos urbanos, ou por meio da energia, dos materiais de síntese e das formas de arte produzidas pelas novas tecnologias. Agora, bem, a transdisciplinaridade apenas supõe uma solução no âmbito de um pensamento complexo. (HESSEL; MORIN, 2012).

Há uma versão dos projetos de trabalho muito difundida – há algum tempo é um dos atrativos que têm estado na moda – e que ainda está muito sujeita ao currículo por matérias, sendo concebida como um método ou estratégia que, com algumas matizações e adaptações, segue estes passos: apresentação do problema, perguntas sobre o que os alunos sabem ou querem saber, busca de fontes de informação, elaboração de um índice e organização do trabalho, elaboração e síntese da informação, comunicação e avaliação do que foi realizado. Trata-se de uma visão muito fechada e limitada que não evolui. Ao contrário, a denominada "perspectiva educativa de projetos de trabalho" – PEPT ou simplesmente "projetos de trabalho" – é uma concepção em constante transformação, com distintas aberturas e em clara sintonia com a transdisciplinaridade. Por isso, decidimos centrar-nos nesta perspectiva, tanto na hora de definirmos as marcas de identidade quanto na de escolhermos as experiências aqui apresentadas.

A perspectiva educativa dos projetos de trabalho começou com o grupo Minerva e hoje está vinculada ao grupo de Projetos de Trabalho do ICE, da Universidade de Barcelona. Os membros mantêm contato com colegas de outras comunidades autônomas e, a cada dois anos, convocam jornadas. A PEPT não combina com nenhuma das tradições pedagógicas expostas, mas sim valoriza e aprende com as contribuições de Dewey, Stenhouse, Freire e das escolas infantis de Reggio Emilia. E, acima de tudo, ela aposta na transversalidade e complexidade antes descritas.

Além disso, a PEPT diferencia-se dos projetos de trabalho anteriormente apresentados, pois considera que estes não são nem um método, nem uma estratégia didática nem uma receita pedagógica que se aplica, seguindo uns passos e sequência previamente estabelecidos. Segundo Hernández e Ventura (2008),

Preocupa-nos que a concepção educativa (e política), presente nos projetos de trabalho, acabe convertida em uma receita didática ou em um enfoque pedagógico. Com isso se reduziria o capital transgressor e criativo dos projetos de trabalho (pois enfrenta uma concepção do conhecimento não fragmentado, propõe um currículo integrado a partir de temas e problemas emergentes, resgata o sujeito biográfico, revaloriza a função política da instituição escolar e o papel de intelectual público do docente) a uma série de passos que acabam sendo um resgate das escolas de interesse – com outro nome – ou uma modernização das unidades didáticas que mantinham uma visão fragmentada e hierárquica do currículo, que se articula em torno de disciplinas escolares. (HERNÁNDEZ; VENTURA, 2008).

Nesse sentido, a PEPT se distancia das outras versões e concretizações do conhecimento integrado-globalizado-interdisciplinar, impulsionadas pelo marco do planejamento curricular da LOGSE, a reforma espanhola de 1990, ou pelo atual enfoque curricular da LOE, a reforma espanhola de 2006, que é baseado nas competências. Não obstante, essa perspectiva foi evoluindo desde temas fechados e, de certa forma, pautados, para uma maior abertura, incorporando as visões e os ingredientes educativos que são expostos à continuação.

MARCAS COMUNS DE IDENTIDADE

Dada a diversidade de propostas em torno do conhecimento integrado, como vimos, apenas nos centraremos na perspectiva educativa dos projetos de trabalho (PEPT), já que se trata da concepção mais inovadora e que melhor se ajusta aos desafios sociais e culturais da sociedade do século XXI.

Uma nova visão da escola

Até agora falamos, principalmente, sobre o que não é a perspectiva educativa dos projetos de trabalho. Neste momento, destacaremos sua essência e traços constitutivos. Um dos textos mais esclarecedores neste sentido é o prólogo da segunda edição de *La organización del currículo por proyectos de trabajo*, escrito por Fernando Hernández e Montserrat Ventura (2008). Nele se explicitam quatro concepções inter-relacionadas:

a. Uma visão política vinculada à democracia radical, em que os cidadãos são protagonistas ativos na tomada de decisões sobre assuntos que lhes sejam concernentes. Da mesma forma, na escola os alunos expressam livremente sua voz e aprendem a tomar decisões e a assumir responsabilidades.

b. Uma visão educativa, que considera a instituição escolar como parte de uma comunidade de aprendizagem aberta, em que os indivíduos aprendem com os outros e a pesquisa sobre temas emergentes tem um papel fundamental nesses intercâmbios.

c. Uma visão curricular baseada no currículo integrado transdisciplinar, em que as decisões são fruto de um diálogo contínuo com o conhecimento, com as diferentes realidades, as escolas e os sujeitos, e não o resultado de uma imposição do governo, moldada pelos livros didáticos ou condicionada pelo interesses profissionais dos docentes.

d. Uma perspectiva do conhecimento que estimula o desejo contínuo dos alunos de pesquisar e aprender, dentro e fora da escola, com a lupa posta na complexidade do conhecimento vinculado a uma maior compreensão da realidade.

É evidente, portanto, que não se trata de um método, mas de uma nova concepção integral da educação e de uma forma diferente de pensar e estar na escola, que rompe com currículos engessados e com a obsessão pela programação de atividades e pela busca de resultados. Pelo contrário, a escola é concebida como um espaço cheio de experiências compartilhadas e refletidas, com distintas rotas de acesso ao conhecimento, que facilitam uma aprendizagem mais sólida, crítica e compreensiva. Utilizam-se diversas metáforas – estas têm uma forte carga simbólica e funcionam como pontes cognitivas entre o conhecido e o novo; entre as expressões usadas está a da "viagem", entendida não como um pacote turístico pré-programado, mas sim como uma aventura, como uma longa viagem, em que a rota inicial vai sendo deixada para se tomar outros caminhos, com muitas idas e voltas, caminhadas e paradas, sempre em função do que se descobre e interessa e da intensidade da experiência. Por isso, com frequência, fala-se de "projeto de projetos", de "rede de itinerários" ou de um "conjunto complexo de processos conectados e relacionados entre si", para designar um processo dinâmico em que se aprende, desaprende e reaprende constantemente (STOLL; FINK; EARL, 2004).

Os projetos de trabalho constituem, definitivamente, o tecido de relações e saberes que se vai construindo na vida da sala de aula. Marisol Anguita (2014) ilustra essa ideia com esta imagem tão gráfica:

> Imaginemos uma sala cheia de olhos, vozes, histórias, desejos, mistérios, medos [...] Presenteemo-nos uma sala de aula como um espaço simbólico de expressão, de reinvenção, onde podemos escutar o ruído da vida invadindo tudo, invadindo-nos.

Conversação cultural

O conhecimento é uma conversação com a cultura e com a vida, que enriquece o olhar de seres em construção. De acordo com Hernández e Ventura (2008),

> Aprender está relacionado com a elaboração de uma conversação cultural, em que se trata, sobretudo, de aprender a dar sentido, conectando-se com as perguntas que deram origem aos problemas que abordamos e com as questões que os sujeitos levantam sobre si mesmos e o mundo, para poder, por fim, transferir tudo isso a outras situações. (HERNÁNDEZ; VENTURA, 2008).

Nesta conversa, pontes vão sendo estendidas entre os sentidos das aprendizagens que os alunos vivenciam com outros anteriormente, com o meio, com as famílias e outras pessoas da comunidade, de modo que o professor se situa como outro aprendiz junto aos alunos. Afinal de contas, as conversações valiosas para a aquisição de novos conhecimentos ocorrem com a realidade, com outras pessoas e com alguém individualmente. Trata-se, como diz Pérez Gómez (2012), de uma abertura a diferentes campos do saber, a novos modelos de relações, a novos mapas interpretativos para entender as distintas variáveis e dimensões dos fenômenos da vida contemporânea, tanto no território natural quanto no social ou cultural.

Nesta viagem, os alunos são sempre os que definem a direção dos diálogos que vão acontecendo, de forma dispersa ou mais relacionada.

A conexão com o que se aprende tem uma dupla dimensão: cognitiva e emocional. Carmen Díez (2006) fala de entrar no plano afetivo de seus alunos:

> Ver como pensam, relacionam e compartilham sentimentos e vivências, quando há um ambiente aberto que o propicie, quando se tem a sensação clara e segura de que há um grupo que escuta o que alguém tem para dizer.

Ademais, a conversação se converte em um espaço de diálogo, onde fluem a troca e a ajuda mútua e se aprende a olhar – não apenas a ver – e a olhar-se, a escutar, a questionar-se e a pensar. Um espaço repleto de informações, conceitos, ideias, valores, símbolos, linguagens, opiniões, argumentações, relatos, entre outros: porque tudo isso, bem conectado, é o que proporciona experiências significativas e conhecimentos relevantes. Toda conversação cultural resulta em uma narrativa, em uma história para ser contada aos outros.

Compartilhar perguntas, questionamentos e hipóteses

Não é o mesmo propor um projeto sobre "os golfinhos" com crianças do 1º ano do ensino fundamental – refiro-me ao clássico estudo sobre como são por dentro e por fora – do que trabalhar a partir da questão de por que os golfinhos do mar Mediterrâneo comem tantos plásticos. O título do projeto, por si só, não implica movimento, nem necessidade de percurso, nem desafios. No entanto, o questionamento mobiliza o grupo para uma complexa busca de informação, esta que precisa ser contrastada a partir de diferentes pontos de vista dos âmbitos físico, biológico, ecológico, econômico ou social. Geralmente, é difícil questionar com as perguntas-chave que sustentam uma discussão, mas quando emergem questões, ou somos capazes de inferi-las, o projeto muda a pré-disposição, de modo que se despertam no grupo desejos de conhecer as diferentes versões de sua pergunta (VENTURA, 2013).

Aqui apresento um exemplo muito emblemático da radical transição que opera desde os projetos de trabalho com temas bastante rígidos e estáticos, até os projetos concebidos como questionamentos que abrem novas possibilidades de interpretação e problematização da realidade. F. Hernández (2010), referindo-se à mesma situação, incorpora novos elementos de análise:

Percebemos que a pergunta (por que os animais comem tantos plásticos) havia estado presente nas crianças, mas não a incorporávamos, pois não apenas reduzíamos o marco de interpretação, como também o da ação em sala de aula. Esse processo implicou analisar, em profundidade, as conversações nas aulas e pesquisar nossa escuta como docentes. Uma tarefa que nos permitiu compartilhar questionamentos (de alunos e professores) com muito mais intensidade; contemplar a possibilidade de não encontrar respostas únicas e, portanto, respeitar diferentes visões; e buscar a informação contínua para poder interpretar as perguntas ou hipóteses. (HERNÁNDEZ, 2010).

As perguntas propõem desafios, e estes resultam em conflitos cognitivos que estimulam o desenvolvimento; ajudam a nos questionar sobre nós mesmos, sobre o ser humano, a verdade e um monte de coisas que dão sentido a nossas vidas; despertam interesses e curiosidades; ajudam a esclarecer conceitos, a questionar ideias, a estabelecer relações e a ordenar saberes. E servem também para visualizar o percurso feito e o momento em que se encontra o projeto: Onde estamos agora em relação à nossa rede de conexões? Ou que relações estamos encontrando entre os distintos itinerários? Jorge Wagensberg (2012) destaca, em um dos seus livros, alguns aforismos que destacam o poder da pergunta: "Mudar de resposta é evolução, mudar de pergunta é revolução"; e outro: "Toda resposta tem direito a mudar de pergunta".

Questionamento sobre os problemas reais

No capítulo "As pedagogias não institucionais", destacamos a enorme quantidade de conhecimento, aprendizagem e formação relevantes que é gerada, cada vez mais, fora da escola. Nos projetos de trabalho também se enfatizou o entorno sociocultural, ao se entender que é onde estão os problemas reais atualmente, apesar da existência de um currículo demasiado fechado e obsoleto. É conveniente ter presente a ideia de Dewey: o pensamento tem lugar, quando uma pessoa tem um problema para compreender algo. Ou a que sustenta Stoll, Fink e Earl (2004): "Os humanos não apenas são capazes de encontrar problemas que devem resolver; parece que gostam de fazer isso".

Os projetos de trabalho são utilizados desde os conteúdos disciplinares às chamadas alfabetizações emergentes ou múltiplas, sejam estas visuais, científicas ou culturais – sem relação alguma com a concepção clássica de aprendizagem da leitura e escrita. O novo horizonte da economia, sociedade e cultura do século XXI requer que se aprenda a relacionar os meios de comunicação tradicionais com os emergentes; a promover valorizações criativas e de distintas formas, que circulam pelo filtro da subjetividade, e a comunicar-se usando formas de compreensão sistêmicas ou holísticas. Por isso, nas experiências de aprendizagem que problematizam a realidade, e em suas correspondentes narrativas, usam-se diversos textos e meios: escritos, visuais, artísticos, gestuais, multimídia, *performances*, entre outros. As oportunidades, os lugares e os tempos de aprendizagem são ampliados e enriquecidos. Assim, pode-se aprender em qualquer lugar e situação, sem levar em conta as folhas e datas do calendário, porque o aprender está em contínua evolução, portanto, deve ser avaliado dentro desse processo.

Nessa tessitura, a sala de aula se converte em um espaço aberto, onde penetram ideias, saberes, desejos, linguagens e realidades; onde se travam conversações e se geram vínculos; e onde, de maneira individual e coletiva, os alunos crescem em sua experiência de aprendizagem. Uma nova viagem que costuma iniciar com dúvidas, problemas ou desejos que, de certa forma, estiveram presentes – ou continuam estando – em outros itinerários ou projetos. Uma viagem que entra e indaga nos lugares de interesse e nas situações imprevistas que favorecem uma experiência tranquila e intensa. Os significados que os alunos constroem são levados muito a sério, permitindo-se a reflexão e a metacognição, captando-se o emergente, coletando-se dados e perspectivas da realidade para ir enriquecendo o tecido... Com a finalidade, como propõe Carnell e Lodge (2002), de que os estudantes se convertam em especialistas da aprendizagem e possam dar sentido a suas experiências nesse âmbito, em diferentes contextos e com diversos propósitos. Ou, como diz Marisol Anguita (2014), "[...] para continuar pesquisando todo o mundo, sabendo que o mundo também somos nós".

Aprendizagem situada

Diferentemente de outras visões tradicionais da cognição, que consideram o sujeito individual como unidade básica de análise, Vygotsky teoriza com sólidos dados e argumentações que a aprendizagem humana depende do entorno social e cultural, além da mente humana, e que as potencialidades dessa última descansam na cultura desenvolvida historicamente e representada em diversos sistemas de signos e símbolos. Os projetos de trabalho se inspiram nessa perspectiva socioconstrutivista: "A aprendizagem se realiza de maneira situada, isto é, o contexto em que uma pessoa aprende tem um papel fundamental naquilo que aprende" (HERNÁNDEZ; VENTURA, 2008). É o que dizia Freire com não há texto sem contexto. Também Morin (2001) expressa essa ideia muito bem:

> O conhecimento das informações ou dados isolados é insuficiente. É preciso situar a informação e os dados em seu contexto para que adquiram sentido. Para ter sentido, a palavra necessita do texto, que é seu próprio contexto, e o texto necessita do contexto onde se enuncia. (MORIN, 2001).

A relação com o entorno se produz mediante a participação e a interação social entre os seres humanos, com os materiais e os sistemas de representação. Busca-se que na sala de aula haja atividades autênticas de aprendizagem, que se definem como "as práticas comuns de uma cultura" (BROWN et al., 1989) e que são similares às realizadas pelos pragmáticos de um campo de estudo ou de um tema. Ademais, quanto mais contextualizado está um conhecimento, melhor se aprende e se compreende.

Inclusão e pluralidade de vozes

O conhecimento oficial que regula um currículo bastante restritivo, e que os livros didáticos terminam restringindo ainda mais, conforma, com frequência, um relato muito uniforme, que reduz e simplifica uma realidade crescentemente complexa. Há muitas vozes ausentes ou silenciadas pela cultura hegemônica. O trabalho por projetos, na medida em que interroga o conhecimento, problematiza a realidade e desconfia das fotografias e situações estáveis, mobiliza a curiosidade e as capacidades dos aprendizes, para tratar de desvelar tudo que está oculto em uma sociedade que se construiu – esta é a tese dominante – como algo natural, neutro, necessário e de sentido comum: como a única alternativa possível. As perguntas são óbvias: De onde se fala e se constrói o discurso? Que interesses favorece e qual determinada situação prejudica? Por que se selecionam alguns conhecimentos e se afastam outros?

A perspectiva inclusiva enfoca alguns dos problemas sociais mais graves e que têm relação com as diversas formas de injustiça, discriminação e exclusão, pela negação das diferenças em razão da origem social, econômica, étnica, religiosa ou de gênero. A escola, entendida como uma comunidade de aprendizagem democrática, impulsiona a trama de questionamentos e experiências, em que os alunos expressam livremente os pontos de vista mais diversos e em que cabem as distintas interpretações, visões e opiniões sobre os temas pesquisados. Somente a partir da pluralidade de vozes é que se pode ir compreendendo a complexidade dos fenômenos atuais.

A aprendizagem relacional: uma viagem da informação ao conhecimento

A informação se converte em conhecimento, quando se estabelecem conexões, contextualiza-se, detectam-se diferenças e similitudes, organiza-se e se interpreta. Apenas assim adquire sentido e ajuda a compreender algo do mundo. O grande desafio é

> [...] passar de transmitir e reproduzir informação – esta que é encontrada no Google – para se abrir a um processo de conhecimento, em que a informação é questionada, contextualizada e posta em relação para, em um processo relacional, chegar a constituir experiências de saber, nas quais quem aprende se sente envolvido com o que aprende. Porque tem a ver com ele ou ela e com sua necessidade de dar sentido ao mundo, à sua relação com os outros e consigo mesmo. Para isso, é preciso transitar desde uma informação declarativa até processos de indagação em torno de problemas relacionados a situações da vida real, que requerem conhecimentos disciplinares, mas também a experiência dos atores que intervêm nos processos dos quais nos aproximamos. (HERNÁNDEZ, 2013).

Nessa aprendizagem relacional emerge um tecido de desejos e indagações que desenvolvem uma variada e rica trama de relações com os saberes, com os sujeitos e com o mundo em que vivemos. Também entre o sujeito que aprende e a aprendizagem; entre o estabelecido e o emergente; entre os pensares, os sentires e as narrativas; entre o individual e o coletivo; entre o dentro e o fora; entre a escola, a família e a comunidade; entre os que aprendem, aquilo sobre o que se indaga e os modos de se constituir em sujeito do saber.

Trata-se de uma viagem de aventura, em que às vezes se transita por autoestradas e outras por atalhos, embora geralmente se prefira circular mais lento por estradas secundárias, mais cheias de vida e acontecimentos, onde o aluno possa estabelecer pontes para um envolvimento pessoal, porque sempre se constrói o conhecimento em relação com a biografia. Acontecimentos e experiências que vão transformando as vidas de alunos e professores e que vão mudando sua visão de mundo.

> Um movimento que implica também a criação de novos espaços de reflexão, com novos percursos geográfico-espaciais, que favoreçam as formas de estar (aqui e em outros lugares), que contemplam os deslocamentos e as comunicações na proximidade ou na distância. (VENTURA, 2013).

A trama de relações requer uma atenção e um cuidado muito especial. Por isso, Marisol Anguita, citando o cantor Jorge Drexler, diz que é preciso amar a trama mais que o desenlace.

A narrativa como construção da identidade

"Por meio de nossas narrações construímos uma versão de nós mesmos no mundo, e por meio das narrações, uma cultura oferece modelos de identidade e ação a seus membros" (BRUNER, 1998). Essa visão vai ao encontro da maneira de pensar e contar histórias nos projetos. Histórias que concernem a todos os membros da comunidade de aprendizagem: alunos, professores, famílias e outros membros da comunidade que intervêm em alguma fase do processo; e que versam sobre suas vivências e experiências, sobre algumas aprendizagens adquiridas, sobre algum problema que lhes preocupa ou sobre qualquer outra questão.

A narração é aberta e contínua e vai documentando a orientação dos diálogos; as atividades realizadas; as decisões que se tomam; os caminhos que se vão abrindo e conectando; as idas e voltas durante a viagem; o que se vai tecendo dentro e fora da escola; e, definitivamente, a trama que se vai construindo. Nesta viagem, recorre-se aos distintos formatos e linguagens da alfabetização antes expostos. Na primeira infância, por exemplo, adquirem uma grande relevância, devido ao seu potencial educativo, as caixas de vida, que, com a ajuda das famílias, vão enchendo-se de objetos, recordações e desejos que são compartilhados na sala de aula: uma maneira de se ir relacionando as diferentes subjetividades. E quando o projeto ou os projetos finalizam – mesmo que, de certa forma, sejam inacabados, porque a viagem continua – a narração toma a forma de *performance*, de obra de arte, de exposição ou de produção multimídia. Isso acontece quando as vozes individuais confluem para um discurso coletivo.

Sem desejo e paixão não há projeto

A curiosidade é um atributo inerente à condição humana, que se manifesta desde a mais tenra idade. As crianças sentem curiosidade pelo mundo que as rodeia. Há um filme, *E Buda desabou de vergonha* (2007), que narra, de forma bela e minuciosa, os obstáculos que um menino tem que superar para satisfazer seu desejo de frequentar a escola. Poderíamos citar muitos exemplos de professores que seduzem, apaixonam e contagiam pelo seu amor ao conhecimento!

> Como todo pai ou docente sabe, as crianças fazem perguntas continuamente e elaboram hipóteses, em sua tentativa de estabelecer conexões que as ajudarão a compreender o mundo ao seu redor. (STOLL; FINK; EARL, 2004).

Também é certo que há modos de ensinar e aprender e de estar na escola que reprimem e matam esse desejo. A curiosidade, o desejo e a paixão necessitam de determinados contextos, oportunidades e ingredientes educativos, para que possam ter espaço e crescer até limites impensáveis. Os projetos reúnem, sem dúvida, esses requisitos, ao oferecerem uma viagem-aventura repleta de pesquisas, descobertas, dúvidas, compreensões, múltiplas linguagens e um monte de surpresas e situações imprevisíveis.

O lugar dos professores como criadores de circunstâncias

Todas as pedagogias costumam construir definições, imagens, metáforas e representações dos professores. No trabalho por projetos, às vezes se recorre ao papel de intelectual crítico, mas ultimamente se utiliza com frequência a expressão de Ferdinand Deligny, que define o educador como um "criador de circunstâncias". Neste caso, ele se refere ao vasto campo das indagações, relações e modos de se constituir como sujeito do saber.

Além disso, considera que o professor, como ocorre com os alunos, é um aprendiz que aprende junto a eles, acompanhando-os na viagem-aventura, que media nos diálogos e em outros momentos da aprendizagem, compartilhando dúvidas e também se envolvendo em sua biografia. Por isso, de vez em quando se fazem perguntas como estas: o que está acontecendo comigo? Os professores não estão sozinhos em sua intervenção educativa, em que mediam, de forma esporádica, mas intensiva, pais, mães ou responsáveis, membros da comunidade e profissionais de diversos campos do saber. Por trás da aventura dos projetos, há intencionalidades e critérios educativos sólidos, que vão sendo repensados em função da prática. Não há, portanto, improvisação, mas sim muita reflexão e incerteza. Em todo caso, este modelo de professor se distancia totalmente do de transmissor de conteúdos, de executor do que dizem outros ou de especialista em estratégias de aprendizagem e competências básicas.

EXPERIÊNCIAS

Foram incluídas aqui cinco experiências, e se mostra a maneira de enfocar os projetos no decorrer dos últimos anos: dois de educação infantil e três de ensino fundamental.

Velázquez tem dois "z"

Apresentamos a síntese de um dos projetos de trabalho de Mari Carmen Díez, do qual selecionamos algumas vozes da própria autora.

> Para mim, como de costume, o que mais ficou e me emocionou no projeto "As meninas" foi voltar a entrar na casa afetiva de meus alunos. Ver como pensam, como se relacionam e compartilham sentimentos e vivências, quando há um ambiente aberto que propicia isso, quando se tem a sensação clara e segura de que existe um grupo que escuta o que alguém tem a dizer. Desde o início, viram-se os rodeios de aproximação ao tema que lhes era proposto, ao mais puro estilo do momento evolutivo. Os alunos se situavam na cena que era para pesquisar, olhando a si mesmos, localizando diferenças e semelhanças

com seus gostos e experiências, buscando identificações que os ajudassem a entender aquilo que estava sendo oferecido e apresentado. Nesta ocasião, foi Miguel quem, ao ver a imagem de "As meninas",* estreou nestes misteres identificativos, dizendo com júbilo: "Velázquez tem dois 'z'!". Comentário que refletia uma primeira conexão "pessoal" com o pintor, já que Miguel é o "padrinho" da letra "z" por tê-la em seus dois sobrenomes: Pérez Pérez. A partir daí, surgem outras identificações. Uma das crianças se dá conta da presença do cachorro na pintura, e elas começam a falar deste e de outros animais, trançando brincalhonas conversas. Buscam músicas, improvisam poemas, criam uma canção – a dança de "As meninas" –, dançam... O diálogo deriva para o que as meninas e os meninos da pintura "levam" em seu corpo. Também falam do tempo, do antes e do agora, dos anos transcorridos e da morte. "Eu não sei por que morriam os filhos se eram reis..."; "Seria bom se não pudessem morrer as crianças, apenas os vovozinhos"; "Assim nós não morríamos".

Logo vem o tema do poder: o quanto o rei e a rainha mandavam, e também o de Velázquez, sobre seu escravo, que ele libertou; e aparecem os bobos da corte, que lhes causam graça e estranheza. Há teatro, consultas ao dicionário e anotações. Finalmente, ficam sabendo que o quadro "As meninas" tinha sido apunhalado e escrevem ao Museu do Prado: "Olá. Queremos saber se é verdade ou não que alguém cravou um punhal no quadro 'As meninas'. E, se é verdade, quem cravou? Por que cravou? [...]". Não há resposta, mas se formulam diversas hipóteses. Ao longo das três semanas que ocupamos no projeto, surgiram muitos sentimentos: admiração, inveja, ciúmes, raiva, pena, alegria, entre outros. Era como se seguíssemos o fio de uma conversação, sempre aberta e interminável. Era como... Era como se o que se falava representasse o discurso grupal, como se houvesse uma "múltipla" voz que continha os ecos das vozes de todos. Uma voz que nomeava os temas que faltavam ser descobertos, os que assustavam, os que atraíam.

Díez *(2006), crianças de 4 anos*

---

* N. de R.T.: Quadro pintado pelo artista espanhol Diego Velázquez, em 1656. Encontra-se atualmente no Museu do Prado, em Madrid.

De mãos dadas com os Voadores Misteriosos

A revista *Cuadernos de Pedagogía* (2014) fez uma encomenda especial: pediu que as crianças dessa turma e sua professora, Marisol Anguita, da Escuela Serravella de Ullastret, Barcelona, relatassem o projeto que desenvolvem de encher seu povoado com milhares de *tsurus* em origami e assim ter seus desejos realizados. Essa experiência, publicada em várias páginas da revista na internet, entre março e junho de 2014, guarda vários diálogos sobre a vida e a morte (transcritos no relato inicial deste capítulo). Descobertas sobre os números e o infinito e o envolvimento de toda a comunidade para conseguir seu objetivo.

> A experiência que vai contar gira em torno de Sadako Sasaki, uma menina japonesa que, em 1953, teve leucemia por causa dos efeitos radioativos da bomba de Hiroshima. Enquanto estava hospitalizada, Sadako decidiu confeccionar 1.000 tsurus de papel, porque, segundo uma antiga lenda no Japão, qualquer pessoa que elabore 1.000 tsurus pode fazer um pedido. Sadako conseguiu completar 644 tsurus antes de morrer, em 1955, e seus colegas de escola chegaram aos 1.000 um tempo depois.
>
> **Lourdes Martí**, *jornalista e diretora de Cuadernos de Pedagogía*

Em seguida, são extraídos alguns fragmentos do relato de Marisol Anguita:

> Nossa aventura começa depois de decidir que o nome que nos representa durante este curso escolar, em nossa classe de crianças de 4 anos, será o de "Voadores Misteriosos". Este nome fala de nosso desejo de voar, de nos propor desafios que nos levem ao limite e nos permitam ser intérpretes ativos de nosso mundo. O relato de Sadako comove as crianças e lhes dá asas, para dialogar com a história dos *tsurus* e fazer dela sua própria história. Propõem-se a encher a cidade de *tsurus* e colocam mãos à obra, pedindo a colaboração de outras turmas e das famílias. Uma coisa leva a outra: a história de Sadako, a guerra, a morte, os desejos e a esperança que desprende e o que significa. Tudo isso faz parte de suas vidas e as ajuda a fazer seus pedidos juntas.

No Carnaval se disfarçam de pessoas voadoras, e na sala de aula misturam-se os desejos com as indagações sobre os números e seus mistérios. Chegam a reunir 3 mil *tsurus*, trabalhando intensamente avôs e avós, pais e mães, professores e até bebês. As crianças decidem fazer três pedidos: o de Sadako, da paz no mundo; o de todas e muito repetido de que acabem a escola nova; e o terceiro, que cada uma escolhe o seu. Os desejos não terminam aqui. Núria concorda com seus colegas de que este trabalho de desejar é difícil e que deve seguir: "Devemos continuar desejando, desejando, desejando, para fazer mais pedidos".

Anguita *(2014)*

Relações entre saberes

Este é o resumo da experiência levada a cabo e contada por Maite Sbert, com um grupo de alunos de 5º e 6º anos do ensino fundamental, do Colégio Es Pont, em Palma de Mallorca, na Espanha.

Um de nossos objetivos foi explicitar, em um máximo de situações possíveis, as relações existentes entre as partes do triângulo formado pelas práticas escolares, os diferentes segmentos do conhecimento e os acontecimentos cotidianos, produzidos ou não na escola. Esta experiência pretende que os alunos sejam conscientes de tais conexões e propõe algumas atividades e sequências para tornar isso possível.

Em primeiro lugar, identifica-se o tema, algo necessário para se buscar os pontos de conexão fundamentais, a partir dos quais se estabelecem outras relações: Estão propondo um só tema ou são vários que se entrecruzam, que se encontram latentes no conjunto do enunciado? Isso se exemplifica com uma obra de arte (um fragmento de "O Jardim das Delícias Terrenas",* de Hieronymus Bosch) e uma entrevista jornalística (uma conversa com Jaume Sisa e Pau Riba). Logo, são incluídos exemplos de como emergem e se trabalham as conexões entre as diferentes áreas da aprendizagem, como a filoso-

---

* N. de T.: O quadro do holandês está exposto no Museu do Prado, em Madrid, e teria sido pintado entre 1480 e 1490. A obra é um conjunto de três pinturas unidas por uma moldura tríplice. Ela retrata Adão e Eva em uma espécie de jardim utópico em contraste com o inferno.

fia e a linguagem. Descobrem-se as semelhanças entre os textos de Lipman,* do Projeto de Filosofia 6/18, e os projetos de trabalho, abrindo-se um novo espaço de relação.

Mais adiante, se conecta com a educação artística, e com a matemática e a história. Nas galerias de arte e nos museus, ativam-se mecanismos relacionais para perceber como o cognitivo e o emocional se retroalimentam.

A princípio, os questionamentos surgem do professor, mas aos poucos os alunos vão apropriando-se deles, transformando-os, elaborando outros novos. Falar sobre o papel do saber na vida leva a se compartilhar o gosto por aprender e, com o tempo, a se entender que nem toda aprendizagem é sempre prazerosa, que as vias de acesso ao conhecimento não são sempre fáceis. Apenas alguns dias antes de acabar este artigo, ao sair de uma sessão de educação artística, repleta de dificuldades, Dani exclama: "Tudo o que é bonito é sempre difícil".

Sbert *(1994)*

Como vamos ser iguais?

A narração literal desse projeto tem sua origem no que a professora Carmina Álvarez relembrou a um aluno, de 6º ano do ensino fundamental, da Escuela Bernat de Boïl, em Barcelona, quando perguntou à classe que expectativas tinham sobre o curso que se iniciava, e esse mesmo aluno disse: "Eu não espero nada porque sou um burro e só sei fazer idiotices". Ao que ela riu e acrescentou: "Pois eu já não sou um burro, agora sou uma girafa, um elefante... Não! Passei de potro a cavalo (na cultura cigana, o cavalo é o animal mais apreciado)".

Esta resposta, junto a outras de mesmo nível, foi o resultado do trabalho realizado durante todo um curso com sete alunos de etnia cigana,

---

* N. de R.T.: Mathew Lipman - filósofo norte-americano que criou, no final da década de 1960, o Programa de Filosofia para Crianças, com o objetivo de desenvolver suas habilidades cognitivas por meio do discurso de temas filosóficos. Sua intenção era fazer com que as crianças fossem capazes de pensar bem. Tal atividade seria desenvolvida paralelamente ao currículo escolar, com o objetivo de compensar as supostas deficiências da educação convencional quanto ao desenvolvimento da racionalidade das crianças.

um marroquino, três catalanas de língua espanhola, duas equatorianas e duas bolivianas. Um dos projetos realizados se centrou nas perguntas que surgiram, em razão de se ter lido um artigo de divulgação infantil sobre as pesquisas com ratos, que demonstravam que os seres humanos eram mais próximos geneticamente a esses animais do que aos primatas. As questões suscitadas foram:

José: Mas como vamos ser iguais aos ratos?

Dani: É impossível que nós ciganos venhamos do macaco, e menos ainda dos ratos!

Sandra: Isso do macaco trabalhamos no 4º.

José: Esses serão vocês, os *payos*,* ou os marroquinos, nós não!

Julia: Mas o *profe* de religião nos explicou que o homem foi criado por Deus.

Josué: E isso, o que você nos diz disso *profe*?

A discussão resultou na necessidade de se buscar informação sobre "A origem do homem segundo as teorias darwinistas e a criação segundo a religião católica". Buscamos a informação nos livros didáticos que tínhamos na escola.

Em pleno processo de elaboração de textos sobre as duas posições – que poderíamos chamar metafísicas –, o trabalho nos conduziu a outro tema, "A origem dos planetas", de modo que necessitávamos centrar-nos na evolução do homem e lhes tinha entusiasmado conhecer mais a fundo a origem da Terra. Afastamos o primeiro tema e seguimos com o segundo, para o qual desenvolvemos um pequeno projeto com o seguinte roteiro de trabalho:

– O sistema planetário: planetas e características.

– A Terra: formação, características, oceanos, continentes.

– Os primeiros habitantes, migrações e assentamentos.

Finalmente, unimos os dois temas e chegamos a uma série de conclusões. O tema podia ter dois enfoques: o religioso e o científico; entendemos a religião como uma questão de fé e reconhecemos que

---

* N. de T.: Para os ciganos, pessoa que não pertence à sua raça.

o enfoque científico tinha cada vez mais sentido para todo o grupo. Algumas vozes de alunos expressaram suas opiniões:

Julia: Pois eu vejo como bom isso da evolução do homem.

Paco: Eu também.

José: Não sei o que pensar. Não acho engraçado isso do macaco, mas do que trabalhamos eu gostei.

Dani: Não entendo como podemos mudar tanto. Eu não pareço com um macaco!

Souhir: O que eu mais gostei foi isso do *big bang*.

A participação foi massiva e, apesar dos diferentes níveis de aprendizagem, cada aluno pôde trabalhar segundo a compreensão que ia adquirindo de cada tema. Levando-se em conta o nível geral do grupo e a sua pouca experiência com trabalho por projetos, fizemos juntos, no quadro, a síntese de cada um dos tópicos estudados, permitindo assim a participação de toda a turma.

Álvarez *(2004)*

É real a realidade?

Uma mesma exposição do fotógrafo Joan Fontcuberta dá conta de dois itinerários de pesquisa, em duas escolas distintas. No entanto, as duas compartilham a intenção de olhar a realidade e o conhecimento a partir de uma postura crítica. As montagens do fotógrafo colocam os alunos do ensino fundamental na incerteza de forma permanente e os ensinam a não acreditar em tudo o que veem, a contrastar e a ir além do aparente. Essa experiência é escrita como uma conversa, em que os alunos também são acompanhados por outras pessoas com quem vão dialogando. Aqui apresento alguns fragmentos selecionados da pesquisa: de onde vimos, a exposição fotográfica, a volta à escola e o intercâmbio de opiniões. Na sequência, concluímos o capítulo.

Mercè de Febrer (MF) (Escola Cervantes): Vimos analisar diferentes olhares de três artistas: Velázquez, Picasso e Hernández Pijoan, e as influências de suas biografias sobre suas visões de mundo.

Mercè Ventura (MV) (Escola Isabel de Villena): O caminho começa ao finalizar um itinerário de pesquisa a partir da indagação: como os filmes fotográficos são feitos? [...] desde a exposição, podemos seguir trabalhando e questionando a realidade que as imagens nos mostram e assim nos instalarmos na dúvida que nos provocam.

MF: Nossa intenção é ver se as imagens que construiu são reais ou falsas e que esta busca nos ajude a situar-nos em um olhar que duvida, que interpreta criticamente qualquer informação que usamos.

MV: Partimos da ideia de que Fontcuberta quer manipular-nos. Assim, vamos à exposição sabendo um pouco de sua proposta, conscientes de que inventa histórias, que é simpático, que é um pai de família, que usa barba, que nos quer fazer duvidar.

MF: Ao voltar à escola, reconstruímos a história dos milagres. Isso é o que mais nos chama a atenção. Mas não o fazemos como uma compilação, senão como um processo de vínculo de cada pessoa com o que nos provoca e revela de nós mesmos o pensamento de Fontcuberta, como uma forma de projeção individual. Isso significa que cada pessoa do grupo escolhe o milagre com o qual se sente mais identificada e estabelece vínculos com sua vida.

MV: Na escola recuperamos a informação sobre Fontcuberta, o que faz e como se disfarça para criar suas personagens. Essa indagação sobre sua obra e biografia nos desperta o desejo de pensar em um personagem e inventar uma história para acreditarmos nela, tal como faz Fontcuberta.

Logo os alunos entram em contato com o artista e dialogam com ele e continuam pensando em suas descobertas. Finalmente, estas duas professoras compartilham suas ideias e opiniões.

MV: Me interessei pelo que você contou dos milagres, dessa ponte que leva para o envolvimento pessoal... Ajuda seu grupo a identificar-se desde a questão de quem são eles.

MF: Para mim, do seu relato, me pareceu transcendente o vínculo que você estabelece com o itinerário anterior, sobre os efeitos especiais. Porque é certo, sempre em um processo de indagação, um novo percurso começa com as dúvidas, os problemas, os desejos que gerou um caminho anterior ou um paralelo.

Ventura *(2010)*

CONCLUSÃO: QUESTÕES PARA O DEBATE

1. *Por que há professores que se envolvem nos projetos de trabalho?* De onde nasce esse desejo? Que pensamentos e ações fazem desse docente outro? Seu desejo nasce da faísca acendida durante uma atividade de formação? Da leitura de um livro ou artigo? Da visita a outra escola? Da reflexão de um assessor ou de qualquer outro profissional da educação? Responde mais a uma convicção social e política, à consciência sobre a necessária mudança da escola e o processo de ensino e aprendizagem ou responde a um forte compromisso e respeito à infância para dignificá-la? O que pesa mais?

    O desejo de engajamento desses professores responde, talvez, a uma mostra de gratidão para com a educação que receberam ou, pelo contrário, à vontade ou necessidade de dar às novas gerações as oportunidades que lhes foram negadas? Como se deu a história de sua formação e atuação docente? De onde seguem aprendendo? O que continua mantendo-os vivos: a soma das convicções mencionadas? O prazer que lhes dá trabalhar dessa outra maneira e a ideia defendida de que têm que seguir adiante, explorando novas aprendizagens? Quem entra nesses projetos envolve-se por toda a vida?

    Além disso, em relação aos estudantes e futuros docentes, que conselhos, que tipo de prática e de aprendizagem seria preciso oferecer-lhes, para que se juntem à comunidade de "criadores de oportunidades", que vão tecendo saberes e deveres? Os professores envolvidos nos projetos são uma minoria, sobretudo na perspectiva educativa que foi aqui sendo esclarecida. No entanto, não se trata de uma "espécie" em perigo de extinção, mas sim de um coletivo em fase de lenta expansão.

2. *Como se lida com a incerteza dos professores?* Como se comprovou, a perspectiva dos projetos de trabalho está muito distante da programação escolar prévia no modo "pacote turístico", em que tudo está previsto com detalhes, embora, na escola, sempre surjam imprevistos. O fato de corresponder a uma aprendizagem não dirigida, em que fluem os itinerários em função

dos interesses e das perguntas dos alunos, requer um forte grau de concentração, escuta, conexão com a realidade e, principalmente, de incerteza. Apesar das satisfações dos projetos de trabalho, segundo sua forma de realização, não chega a ser muito complicado e exaustivo, quando se juntam a eles outras incertezas da vida cotidiana ou as hipotéticas incompreensões por parte do colegiado, da direção escolar e das famílias? Sim, porque não são muitas as equipes docentes que incorporem esta perspectiva educativa em seu projeto. Portanto, à solidão da sala de aula se une a solidão da escola e outras.

Para enfrentar o isolamento, a solidão e a incerteza, são necessárias algumas âncoras e apoios. A relação com os alunos é um deles, e, junto a isso, a cumplicidade das famílias, que, em muitas ocasiões, são uma peça-chave para progredir e enriquecer os projetos. Respeito ao colegiado e à direção da escola, e caso não se consiga sintonia pedagógica e colaboração, deve-se evitar, ao menos, gerar um clima de discórdia e obstrução. É preciso buscar os apoios e recursos dentro da escola (colegas colaboradores, espaços de formação e reflexão, atividades conjuntas, em que convergem modos de ensinar e aprender diferentes, entre outros) e também fora (participação em jornadas ou seminários; em grupos e redes para intercâmbio de ideias, experiências e narrativas; colaboração de amigos críticos e assessores, que observam, escutam, propõem perguntas e ajudam a compreender o sentido do que se está fazendo).

3. *De onde vêm as resistências à integração do conhecimento?* Sem dúvida, na educação infantil há mais projetos: este segmento permite uma maior autonomia docente; há um caráter mais global e não especializado da aprendizagem; uma menor pressão administrativa, familiar ou social com relação ao currículo e ao rendimento, entre outros. No ensino fundamental, a situação complica um pouco, mas ainda existe uma cultura pedagógica sensível a essas propostas inovadoras e uma suficiente margem de atuação para concretizá-las. E no ensino médio, a resistência é muito maior, devido à tradicional e férrea fundamentação no

código disciplinar e na compartimentação do saber. Aqui o professor é, antes de tudo, da sua disciplina (como de matemática, de línguas ou história), primando pelo enfoque mais instrutivo que educativo.

Existem muitos professores em suas disciplinas, mas, como indica J. A. Beane (2005), "[...] nem sequer podem imaginar que sua querida disciplina ou atividade, de algum modo, possa estar relegada da integração do currículo". As disciplinas não se convertem em um meio, senão no fim do ensino, e qualquer tentativa de se questionar seu *status* dominante – o que se percebe como a melhor garantia para conseguir a qualidade de ensino e o chamado nível educativo – pode supor uma ameaça para seu território particular, para sua identidade profissional e para sua forma de vida. Além disso, a aventura dos projetos desperta todo tipo de medo e insegurança, ademais da perda de tradições e rotinas muito arraigadas. É uma pena, como diz Berstein, que uma série de feitos, princípios e destrezas, selecionados para serem incluídos em uma ou outra área curricular, não possam ser todos utilizados de uma forma inter-relacionada, para atender a propósitos mais amplos da vida real.

4. *E o que ocorre nas faculdades de educação?* A fragmentação do saber chega à sua máxima expressão nas faculdades de educação, onde crescem as especialidades e subespecialidades, e a superespecialização do saber se acentua com a oferta dos cursos de pós-graduação, mestrados ou doutorados. As disciplinas e áreas do conhecimento estão cada vez mais isoladas umas das outras, e os professores universitários cada dia sabem mais de um corpo reduzido de conhecimentos e menos sobre o saber educativo geral.

A aplicação do Plano Bolonha* na Espanha não fez mais do que separar ainda mais as faculdades e os departamentos, que lutam para alcançar novas cotas de poder no controle do currículo. Neste

---

* N. de T.: A Declaração foi assinada em 1999 pelos ministros da educação de 29 países membros da União Europeia, na cidade italiana de Bolonha. O objetivo principal é aumentar a competitividade internacional do sistema europeu de ensino superior.

sentido, como, onde e quem protagoniza o necessário debate sobre a função social da educação? Ou como se administra a discussão e a criação de um pensamento pedagógico crítico? É evidente que não contribui para isso a miséria das verbas públicas e as condições precárias – sem falar da exploração das novas gerações e das não tão novas – de professores universitários, mais pendentes, obviamente, à sua promoção e carreira docente para obter um mínimo de estabilidade que outra coisa.

5. *Uma marca que vende.* Já comentamos, em mais de uma ocasião, que os projetos estão na moda e que surgem substitutivas e grosseiras imitações por todas as partes, reproduzindo mediante novos formatos a divisão por disciplinas ou reduzindo-as a uma mera estratégia. As orientações do currículo oficial e as atuais políticas de avaliação absolutamente não costumam promover as versões mais sólidas e inovadoras dos projetos – na verdade, entram em flagrante contradição – e, com frequência, tratam de ignorá-los, marginalizá-los ou isolá-los. Mas vejamos, também não têm nenhuma vergonha nem escrúpulo de se apropriar da marca "projetos de trabalho", esvaziá-la de conteúdo, suavizá-la e considerar tudo isso inovação. Nesse processo, também contribui o trabalho das editoras de livros didáticos e materiais curriculares, que, com o objetivo de se modernizar minimamente e abrir novos nichos de mercado entre os professores, tratam de lançar outros produtos "alternativos" ou transformam os livros didáticos impressos ou digitais em "livros de texto globalizados" – com todos os detalhes possíveis e necessários –, sobretudo para os cursos inferiores.

6. *E como fica a avaliação?* Que resultados meu filho vai obter nas provas estandarizadas – sejam internacionais ou nacionais – e nos exames finais? O que acontecerá quando termine o ensino médio? É lógico que trabalhar por projetos suscite surpresa, receio, incompreensão e não aceitação iniciais nas famílias – também em outros atores da comunidade educativa –, porque, em geral, esta é uma forma muito distinta de aprendizagem daquela

que conheceram em sua escolaridade. No entanto, também é certo que, com o passar do tempo, as famílias saibam descobrir e reconhecer, por meio das sensações e vivências transmitidas pelos seus próprios filhos, o bem das ações de muitos professores que trabalham com rigor e entusiasmo, a partir desta ou de outras perspectivas educativas inovadoras.

Em contrapartida, diversos estudos mostram evidências de que os alunos formados desta maneira obtêm iguais ou melhores resultados que a média estudantil nas provas de competências básicas ou outras; e que acessam ao ensino médio com uma boa bagagem.

7. *Sim, há alternativas, e não apenas individuais.* A crítica às dificuldades de se contemplar um currículo integrado, sobretudo no ensino médio e universitário, obviamente tem relação com a corrente geral dos ventos dominantes. Entretanto, nas escolas, também se podem abrir janelas, para que penetrem esses ventos e tomem outra direção. Assim ocorreu, ocorre e seguirá ocorrendo, porque os espaços alternativos e de resistência jamais podem ser silenciados e afogados totalmente. O que fazer? Embora o inventário possa ser bastante extenso, aqui apresento uma amostra de algumas dessas práticas relevantes que estão sendo realizadas na Espanha. Em algumas escolas, as matérias dos cursos do ESO se concentram basicamente em três docentes, que tratam de estabelecer conexões entre essas disciplinas. Nos créditos de síntese, ao final do ESO, ou no trabalho de pesquisa ao término do *bachillerato*,* há estudantes que realizam trabalhos com um forte grau de conectividade entre os diferentes conteúdos disciplinares e os problemas emblemáticos do seu entorno.

Nas faculdades de educação, há professores que liberam um tempo de suas matérias para os alunos desenvolverem conjuntamente projetos globalizadores (também se poderia chegar a um acordo para que uma porcentagem dos docentes da faculdade se dedicasse a esse tipo de iniciativa). No período de estágio dos futuros

---

* N. de T.: Ver nota na p. 21.

professores, pedagogos, educadores sociais e outros profissionais da educação, são criados espaços para se refletir sobre a prática, para se visualizar a complexa trama sistêmica do sistema educacional e para se familiarizar com a filosofia dos projetos de trabalho. Por último, existem professores universitários que enfocam em suas aulas uma perspectiva minimamente interdisciplinar ou que desenvolvem projetos de pesquisa, em que mobilizam saberes de diversos campos e uma sábia combinação de linguagens e códigos; às vezes fazem isso, pesquisando com professores não universitários e juntos a estes.

REFERÊNCIAS

ÁLVAREZ, C. Afrontar la diversidad en el aula. *Cuadernos de Pedagogía*, v. 332, p. 56-58, 2004.

ANGUITA, M. Voladores y voladoras misteriosas: planeta grullas o de cómo desear juntas. *Cuadernos de Pedagogía*, v. 448, p. 22-27, 2014.

AUTORÍA COMPARTIDA. Proyectos de trabajo. *Cuadernos de Pedagogía*, v. 332, p. 45-78, 2004.

BEANE, J. A. *La integración del currículum*. Madrid: Morata, 2005.

BROWN, J. S. et al. Situated cognition and he cultura of learning. *Educational Researcher*, v. 18, p. 32-42, 1989.

BRUNER, J. *La educación, puerta de la cultura*. Madrid: Visor, 1998.

CARBONELL, J. *La aventura de innovar*. Madrid: Morata, 2001.

CARNELL, E.; LODGE, C. *Supporting effective learning*. Londres: Paul Chapman, 2002.

DÍEZ NAVARRO, M. C. *Arte en la escuela infantil*. Buenos Aires: Novedades Educativas, 2006.

FEBRER, M; VENTURA, M. ¿Es real la realidad?. *Cuadernos de Pedagogía*, v. 400, p. 26-29, 2010.

HARGREAVES, A. et al. *Aprender a cambiar*. Barcelona: Octaedro, 2001.

HERNÁNDEZ, F. Los proyectos, tejidos de relaciones y saberes. *Cuadernos de Pedagogía*, v. 400, p. 77-80, 2010.

HERNÁNDEZ, F. Las materias que distraen o la utilidad de lo inútil. *Cuadernos de Pedagogía*, v. 447, p. 62-65, 2014.

HERNÁNDEZ, F. Pensar las relaciones desde una perspectiva transdisciplinar. *Pàtio Ensino Médio*, v. 16, p. 14-17, 2013.

HERNÁNDEZ, F.; SANCHO, J. M. *Para enseñar no basta con saber la asignatura*. Barcelona: Laia, 1989. (Cuadernos de Pedagogía).

HERNÁNDEZ, F.; VENTURA, M. *La organización del currículum por proyectos de trabajo*. Barcelona: Octaedro, 2008.

HESSEL, S.; MORIN, E. *El camino de la esperanza*. Barcelona: Destino, 2012.

KINCHELOE, J. L. Introducción. In: GOODSON, I. F. *El cambio en el currículum*. Barcelona: Octaedro, 2000.

MARTÍN GARCÍA, X. *Investigar i aprendre*: com organitzar un projecte. Barcelona: ICE--Horsori, 2013.

MORIN, E. *La mente bien ordenada*. Barcelona: Seix Barral, 2000.

MORIN, E. *Los siete saberes necesarios para la educación del futuro*. Barcelona: Paidós, 2001.

PÉREZ GÓMEZ, A. I. *Educarse en la era digital*. Madrid: Morata, 2012.

STOLL, S.; FINK, D.; EARL, D. *Sobre el aprender y el tiempo que requiere*. Barcelona: Octaedro, 2004.

TORRES SANTOMÉ, J. *Globalización e interdisciplinariedad*: el currículum integrado. Madrid: Morata, 1994.

VENTURA, M. La perspectiva educativa de los proyectos de trabajo como motor de cambio en la organización del currículum y en la gestión del tiempo y el espacio. *Investigación en la Escuela*, v. 79, p. 19-29, 2013.

VILAR, S. *La nueva racionalidad:* comprender la complejidad con métodos transdisciplinares. Barcelona: Kairós, 1997.

WAGENSBERG, J. *Más árboles*: 1116 aforismos para navegar por la realidad. Barcelona: Tusquets, 2012.

ZABALA, A. *Enfoque globalizador y pensamiento complejo*. Barcelona: Graó, 1999.

LEITURAS SUGERIDAS

DÍEZ NAVARRO, M. C. *La oreja verde de la escuela:* trabajo por proyectos y vida cotidiana en la escuela infantil. Madrid: Ediciones de la Torre, 1995.

GORP, A. V. et al. (Ed.). *Ovide Decroly*: la función de globalización y la enseñanza. Madrid: Biblioteca Nueva, 2006.

SHARPE, R.; BEETHAN, H.; FREITAS, S. *Rethinking for a digital age*: how learners are shaping their own experiences. New York: Routledge, 2010.

STENHOUSE, L. *Investigación y desarrollo del currículum*. Madrid: Morata, 1984.

8

As pedagogias das diversas inteligências

Sinto muito, de coração

O dia em que voltei à aula, depois de meu irmão ter morrido, foi um dia muito especial. Ao entrar, várias meninas vieram em bando me cumprimentar. Fui beijando todos, enquanto iam perguntando coisas: É verdade que seu irmão morreu? Quem te contou? O que aconteceu? Você chorou? [...]

Sem mais espera, passei brevemente a lhes explicar que meu irmão tinha tido um infarto, que tinha parado o seu coração. Quem nos contou foram os amigos que estavam com ele, porque quando aconteceu estava passeando com sua moto nova. Também lhes disse que não podia acreditar até que o visse e o tocasse e que tinha estado muito triste e chorado muito, por isso não tinha podido nem ir trabalhar.

Iker me perguntou, se eu podia levar à classe fotos dele, e lhes mostrei umas quantas que tinha pego. Então, começaram a falar de todos os seus cachorros, gatos, peixes e hamsters que haviam morrido. Nomearam-nos misturados aos avós, tios, bisavôs... Não era a primeira vez que falavam disso, este é um tema que costuma ser suscitado nestas idades iniciais, em que as crianças começam a intuir que isso de morrer pode ser verdade e pode afetar a todos.

– Minha tia morreu também, o coração parou como foi com seu irmão.

– Meu avô também morreu, estava com o coração mal, não passava o sangue.

– Meu avô – você conhecia – não morreu assim. Ele se deitou e morreu dormindo.

– Isso aconteceu porque tinha uma doença muito grave.

– *Sim, era câncer, por isso seu cabelo caiu e não podia nem ficar em pé, meu pai tinha que lhe dar a mão.*
– *Sinto muito.*
– *Pois a mãe de um amigo de meu irmão também morreu, e não era velhinha.*
– *Quando morre alguém, sempre dá pena, mas se for velho, parece que se compreende e se aceita melhor do que se for jovem.*
– *Em minha família todos estão vivos.*
– *Fico feliz.*
– *Meu avô morreu. Estava no hospital, e as coisas não deram certo.*
– *Minha bisavó está muito velhinha.*
– *Meu bisavô também.*
– *Sim, a vida é assim. As pessoas nascem e morrem.*
– *Meu gato Gilbert morreu porque foi atropelado por um carro.*
– *Os animais também morrem.*
– *Como meu peixe.*
– *E meu hamster.*
– *Meu cachorro morreu ontem mesmo, mas me sobra o outro, eu tinha dois.*
– *E se você sentir a falta dele, o que vai fazer?*
– *Tenho o outro, e também tenho uma foto dele. Vou olhar para ela.*
– *Eu me lembro do que faziam com meu gato, colocavam ele em cima da minha barriga para que eu me esquentasse.*
– *É bom se lembrar de quem morreu e contar aos amigos, assim você não se sente sozinho com a dor.*
– *Mas eu serei cientista quando for maior e fabricarei outro gato igualzinho ao Gilbert.*
– *Isso não pode acontecer.*
– *Sim, eu digo que sim e sim!*
– *Vocês perceberam que, hoje, os pais de vocês vinham e me diziam algo?*
– *Sim, te abraçavam e te diziam algo bom.*
– *Meu pai te disse: "Sinto muito de coração". Escutei.*
– *Sim, as pessoas fazem essas coisas para consolar quem perdeu alguém. Alguns dizem assim: "Meus pêsames"; outros: "Sinto muito"; ou "Sinto de*

coração". Outros apenas abraçam. Tudo isso ajuda a não se sentir sozinho e triste.

Então lhes contei sobre meu irmão Tono. De pequeno, eu o assustava com Tati, uma vespa que era "minha amiga", dizia que ela o picaria, se ele não me desse atenção... E já maior, ele era tão alegre e bom esportista, que sabia escalar montanhas, descer barrancos, surfar, andar de bicicleta, moto, canoa... Alina propõe desenhá-lo, olhando as fotos, e Aitana quer que coloquemos seu nome no "Passapalavra" (coleção de palavras que damos muito valor). Eu lhes peço para deixá-lo na "lista dos irmãos, mesmo que não viva mais". Todos concordam, mas que ponha ao lado uma cruz ou um coração partido. Desenho os dois. Leio para eles um conto muito bonito que se chama "Assim é a vida", de Ana Luisa Ramírez, de onde sai o tema do amor junto a outras frustrações mais cotidianas. Eles me pedem para eu ler toda a semana.

A partir daí, as coisas empreendem um ritmo habitual. Pepe afirma que sabe fazer a conta de diminuição e eu lhe peço para demonstrar. Ele vai até o quadro desenha um círculo com dois pirulitos dentro e diz:

– Eu tinha dois pirulitos, veio Marvin e me tirou um. Assim me sobra apenas um. Isso é diminuir.

– Sim, parabéns Pepe, e obrigada por explicar.

– Todo mundo começou a fazer suposições como a de Pepe, mas a seu modo.

– A de Cecília era:

Tenho sete unhas e me retiram duas, me sobram... cinco.

Eu ia distribuindo várias avaliações a todos os contábeis em meio ao alvoroço. Depois fiz um silêncio e resumi um pouco: ou seja, um dia veio Nico, disse que sabia somar e demonstrou; hoje Pepe disse que sabia diminuir e também demonstrou, de modo que vocês sabem fazer duas coisas importantes: somar e diminuir.

Alina toma então a palavra e fala apaixonadamente de sua estadia em um hotel:

– Podíamos comer o que quiséssemos no café da manhã, até tortinhas e arroz com leite. E tinha um menino francês com a pele escura e o cabelo muito preto. Estava cheio de piscinas...

– E onde ficava esse hotel tão bom?

– Não sei, mas isso não é importante. O mais importante é que tinha gel--xampu.

Momento precioso.
Hoje não vivemos um dia comum de escola. Foi mais bem um encontro entre pessoas de diferentes idades. Falamos da morte como realidade inexplicável. Compartilhamos experiências, sentimentos e costumes. O tema interessava a todos. Ninguém trivializava, nem se assustava.
Eu pude sorrir graças a eles, ao gel-xampu e à teimosia animista de Pablo, que queria fazer um clone de seu gato. A vida soma momentos entranháveis. Será preciso acumulá-los para enfrentar as dores.

Mari Carmen Díez Navarro

ANTECEDENTES E REFERÊNCIAS

A hegemonia da razão

No início da civilização – e ainda hoje em algumas sociedades –, pensamentos e sentimentos aparecem estreitamente entrelaçados e integrados. Além disso, na Grécia clássica as fronteiras entre o social, filosófico, conhecimento, emoções e religião são muito imprecisas, e todos esses componentes se relacionam entre si. A consonância entre a vida cotidiana e a tragédia é um exemplo emblemático disso; como também são as diversas contribuições filosóficas que destacam as conexões entre a aquisição de conhecimentos e a sabedoria, com as virtudes morais para a conquista da felicidade, ou as conexões entre os saberes científico, artístico e experimental. Entretanto, com o passar do tempo, essa visão integradora se rompe: valoriza-se o abstrato sobre o concreto, o intelectual sobre o prático; o corpo se converte no símbolo da emoção e da imperfeição; e todas as certezas e verdades se polarizam em torno da religião e da razão.

No Renascimento, cristaliza-se o dualismo entre a ciência e a vida, que transitam por caminhos diferentes. A conjunção do pensamento iluminista e do novo discurso político que introduz a Revolução Francesa e a Revolução Industrial, cujos efeitos perduram na maioria das sociedades ocidentais contemporâneas, conformam a hegemonia da razão – da racionalidade cartesiana e técnica –, bem como a divisão entre a parte intelectual e a manual. Além disso, elas se separam, e se relega a importância de outras dimensões da inteligência associadas à arte, às humanidades ou às emoções. "Vemos aparecer conceitos como os de sentimento e razão, coração e cérebro, que são tão fortemente enfrentados, como se um pertencesse à oposição e o outro, ao partido do governo" (MORENO, 1998).

A maioria das ideias sobre inteligência, no decorrer do século XX e hoje em dia, tem tido seus correspondentes desenvolvimentos no campo da educação e das teorias da aprendizagem, embora prevaleça uma concepção tradicional muito limitada, descontextualizada e unidimensionalmente racional-intelectual: aquela que conduz ao saber objetivo e quantificável, do qual se excluem os sentimentos e que estabelece hierarquias entre os distintos conhecimentos.

Pérez Gómez (2012) alerta sobre o obstáculo que isso supõe na sociedade da informação e do conhecimento:

> Desde a Revolução Industrial, primou-se pela ciência, pela lógica e pelo reducionismo da intuição, das concepções holísticas e da criatividade, impôs-se uma cultura acadêmica que hierarquiza os campos do saber: primeiro a matemática, a linguagem e as ciências naturais; depois as ciências sociais e as humanidades; e por último as artes. Não obstante, na era digital já não tem sentido nem a dissociação nem a hierarquia disciplinar. Em uma era em que o mundo é confuso, misturado, mutante, inovador, interconectado, massificado e interdependente, a mistura de perspectivas cognitivas, de campos interdisciplinares, a relevância do *design*, a inovação e a criatividade tornam obsoletos esses pressupostos modernistas.

Entre visões reducionistas e integrais

O nascimento da psicologia como disciplina científica tem um valor significativo; os estudos de Alfred Binet, na França, no começo do século XX, para medir a inteligência intelectual, que logo se estendem a outros países europeus e aos Estados Unidos. O ícone dessa medição (o coeficiente intelectual de cada pessoa) são os testes de inteligência, que se convertem em prova incontestável de cientificidade e que rapidamente se popularizam, criando--se o grande império da "testologia". Se alguém quiser saber qual é seu grau de inteligência, basta submeter-se a um teste. Logo viriam as descobertas de Ivan Pavlov, que resultaram no behaviorismo, baseado nos programas e atividades de estímulo, de ampla fundamentação nas propostas educativas mais empiristas e tecnocráticas.

As concepções limitadas e deterministas da inteligência, que argumentam que esta depende da herança genética e que se mantém fixa, ou seja, estável ao longo do tempo, são questionadas por filósofos, cientistas, pedagogos, psicólogos e educadores, que tratam de mostrar que a influência e a interação com o meio também são determinantes para a inteligência. Defendem que esta pode modificar-se com o tempo, em função das interações e da conjunção de outros elementos que a ativem. A seguir, apresento alguns exemplos que funcionam como indício dessa ideia. Baruch Spinoza foi um dos primeiros a romper a dicotomia até então vigente entre corpo e mente. Herbert Spencer faz uma proposta articulada de educação intelectual, moral e física e elabora, como questão central, como se deve viver, como tratar o corpo e a mente; como utilizar a felicidade que a natureza oferece; como se comportar como cidadão; ou como aproveitar as faculdades em benefício de si próprio e dos outros.

John Dewey considera que o "eu" não é uma mente separada que constrói conhecimento das coisas por sua conta e à margem da realidade, mostrando-se muito comprometido com um enfoque cooperativo de ensino, que o leva a falar de "inteligência cooperativa" ou de "inteligência coletiva" em distintos contextos. Maria Montessori pesquisa a fundo o comportamento da infância e, entre outras descobertas, estabelece a estreita relação existente entre a atividade sensorial e o desenvolvimento da mente; algo que ela mesma comprova em *Casa dei Bambini*, em que cria um ambiente adequado para que as crianças experimentem diversos materiais sensoriais. Albert Einstein sustenta que a mente intuitiva é um presente sagrado e a mente racional é uma fiel empregada; e que o mistério é a coisa mais bonita que podemos experimentar, assim como a fonte de toda a arte e ciência verdadeiras.

Adolphe Ferrière conta que o internato escolar no campo – modelo proposto pelo Movimiento Escuela Nueva – é um espaço físico e humano ótimo para a ação total e global sobre a criança: intelectual, moral – mediante a experiência, a atitude crítica e a liberdade –, coletiva, no seio da vida democrática da república escolar. Por último, Celéstin Freinet entende que a inteligência não é uma faculdade específica que funciona como um circuito fechado, como o pensamento escolástico, independente dos demais elementos vitais do indivíduo, que apenas cultiva uma forma abstrata de inteligência (ou seja, que se limita a reproduzir uma informação verbal memorizada) à margem da realidade.

Jean Piaget supõe, sem dúvida, um ponto de inflexão dentro da psicologia cognitiva, ao elaborar uma das teorias mais amplas e sólidas sobre o desenvolvimento intelectual no Centro Internacional de Epistemologia Genética de Genebra, o qual dirigiu até sua morte. A diferença básica entre ele, Binet e os outros psicólogos é que sua proposta não é medir a inteligência, mas tentar explicar os mecanismos de seu funcionamento e sua construção, com um detalhado estudo das diversas etapas evolutivas. A revolução cognitiva de Piaget introduz novas perguntas, pontos de vista, conceitos, esquemas e interpretações que enfrentam o behaviorismo. No entanto, dá origem à definição e aplicação no processo de ensino e aprendizagem da perspectiva construtivista, que, com diversas adaptações e revisões, desfrutou de uma ampla presença nas reformas curriculares – como é o caso da LOGSE na Espanha – e nas salas de aula, sendo tão aplaudida quanto questionada.

Um de seus discípulos, Lawrence Kohlberg, prossegue os estudos sobre o juízo moral piagetiano e avança na definição dos estados evolutivos morais. Sua obra tem uma grande repercussão nas instituições educativas por suas contribuições em torno das pautas que regulam uma escola democrática, a resolução de dilemas morais ou o exercício argumentativo entre os direitos e as liberdades individuais e coletivas, que frequentemente colidem. Uma de suas colaboradoras, C. Gilligan, introduz a perspectiva de gênero e sustenta que os meninos pensam diferente das meninas: estas privilegiam os vínculos com os demais e as responsabilidades no cuidado mais do que o cumprimento abstrato de deveres – ela é uma das percursoras da ética do cuidado. Piaget sempre é criticado por não ter se ocupado das emoções e porque em suas pesquisas se centrou em um sujeito individual, à margem de seu contexto social.

Vygotsky (1896-1934) incide precisamente na importância fundamental do contexto para explicar o desenvolvimento dos seres humanos. Outra de suas contribuições relevantes em relação à inteligência é o conceito de andaime* de aprendizagem ou de zona de desenvolvimento proximal: a distância entre o nível atual de desenvolvimento do aluno (o que sabe por sua conta) e o nível de desenvolvimento possível (o que poderia chegar a realizar com a intervenção e ajuda do professor ou de seus colegas). Um conceito que posteriormente será aperfeiçoado por Jerome Bruner e outros psicólogos.

As inteligências múltiplas de Gardner

Este é um dos movimentos que revoluciona o estudo da inteligência. Howard Gardner, depois de muitos anos de pesquisa sobre o cérebro humano, com seus colaboradores na Harvard University, no marco do Projeto Zero, chega a questionar a identificação exclusiva da inteligência com o raciocínio lógico e amplia esse conceito a outros campos do comportamento humano. Assim, define a inteligência como a capacidade de resolver problemas e gerar outros novos, de encontrar soluções, criar produtos e oferecer serviços valiosos dentro do próprio âmbito cultural.

Para a elaboração de sua teoria – com uma perspectiva pluridisciplinar que inclui a genética, a neurologia, a antropologia, a psicologia e a educação –, mergulha na evolução da espécie humana ao longo de milhões de anos e estuda tanto pessoas consideradas prodígios, em distintos âmbitos, quanto pessoas com graves deficiências, para ver como se organiza o cérebro e que partes são responsáveis pelas diferentes ativações e movimentos.

> Meus estudos sobre crianças e adultos com lesões cerebrais me convenceram de que a cognição humana é multifacetada e que o melhor modo de considerar o intelecto humano é vê-lo como um conjunto de faculdades relevantes autônomas. (GARDNER, 1995).

Essas faculdades são chamadas de inteligências múltiplas. Em seu livro *Estructuras de la mente. Las inteligencias múltiples* (GARDNER, 1983),

---

* N. de R.T.: Tradução para o termo *andamiaje* (espanhol) ou *scaffolding* (inglês) que significa criar ou fornecer andaime, apoiar. Conceito chave da teoria de Vygotsky, em que é dado papel de destaque para a mediação do professor ou dos pares na capacidade de resolução de problemas do aluno. No contexto educacional, esse termo refere-se a uma estratégia de ensino utilizada para auxiliar o aluno a alcançar um nível de aprendizagem mais avançado (dominar uma tarefa ou um conceito). O aluno recebe um suporte, é "criado um andaime" durante seu processo de aprendizagem, por meio de mediação e assessoramento adequados.

um sucesso mundial de vendas, descreve-as com todos os detalhes, indicando em que zona do hemisfério direito ou esquerdo se localizam, bem como suas características e funções. Inicialmente são estas sete: linguístico-verbal, lógico-matemática, visoespacial, musical-rítmica, corporal-cinestésica, intrapessoal e interpessoal, às quais mais adiante incorpora a naturalista (algumas destas serão comentadas na seção seguinte).

Essa sistematização leva Gardner a concluir o seguinte: todas as pessoas possuem oito inteligências; que a maioria pode desenvolver cada competência até alcançar um nível adequado; que, em geral, as inteligências funcionam juntas e de modo complexo; e que existem muitas maneiras de ser inteligente em cada categoria. Gardner ilustra essa ideia com a seguinte metáfora:

> Todos nós temos uma série de distintos computadores em nossos cérebros [...]. Possuímos uma série de sistemas ou artefatos pelos quais conhecemos o mundo, e penso, atualmente, que temos oito computadores, oito inteligências; temos oito, mas podemos dizer seguramente que há mais. (GARDNER, 2008).

Fala-se inclusive de uma nona, a existencial. Outros autores criticam o pesquisador pela redução das inteligências a esse número e seus critérios para selecioná-las, argumentando que existem evidências de que poderiam ser muitas mais.

Howard Gardner sempre mostrou um grande interesse para que sua teoria da inteligência se torne também uma teoria da aprendizagem, relacionando-se com o desenvolvimento da compreensão dos alunos, pois entende que esta pode melhorar, caso sejam oferecidas vias de acesso adequadas: narrativas, atividades numéricas, estéticas, interpessoais, entre outras, para além das tipicamente linguísticas e lógicas. Sua aplicação nas salas de aula de diversos níveis educativos é possível, sobretudo, porque a maioria das inteligências está relacionada com as áreas do currículo e porque dispõe de um amplo repertório de estratégias, técnicas e atividades, simples ou mais complexas, de diversa duração (ver exemplo do Colégio Montserrat, na seção "Experiências").

Novos movimentos que ampliam o conceito de inteligência

Daniel Goleman coloca e populariza na agenda educativa o conceito de inteligência emocional, a partir da publicação de outro *bestseller* de enorme influência: *La inteligencia emocional* (GOLEMAN, 1995) – mais tarde publicará uma segunda parte sobre a inteligência social –, que se centra no conhecimento e na gestão das próprias emoções, dando mais consistência à inteligência intrapessoal definida por Gardner.

A partir da difusão das inteligências múltiplas, produzem-se muitas outras tipificações e classificações, fruto de seus pertinentes estudos. Assim, Robert Sternberg (1996) aborda a inteligência funcional, produzindo um compêndio articulado de outras três inteligências: a acadêmica ou analítica, a criativa e a prática. Art Costa e Bena Kallic (2008) especificam e esmiúçam as inteligências anteriores em 16 hábitos da mente: ser perseverante, administrar a impulsividade, pensar de forma flexível, questionar e propor problemas, aplicar conhecimentos antigos em novas situações, criar, imaginar e inovar, assumir riscos, aplicar o sentido do humor, pensar de forma interdependente, entre outros. "Seu objetivo é ir além da superfície da mente e identificar um número maior daqueles instrumentos psicológicos que fazem a orquestra da inteligência funcionar" (LUCAS; CLAXTON, 2014).

As listas, sistematizações e abordagens da inteligência são numerosas e diversas. Bill Lucas e Guy Claxton (2014) formulam a proposta dos "cinco R" – os termos em inglês começam por esta letra:

- Inclinação por aprender, emocionalmente e na prática.
- Recursos adequados para saber como empregar distintas abordagens sobre a aprendizagem.
- Resiliência: ser capaz de lidar com a dificuldade e se recuperar da frustração e do erro.
- Recordação: recuperação de diferentes estratégias de aprendizagem empregadas em outros contextos.
- Reflexividade: deter-se, estudar a situação e refletir sobre seu próprio pensamento.

Outro movimento dentro de um âmbito diferente, mas que também ajuda a ampliar o campo teórico e prático da inteligência, consiste na publicação do chamado "Relatório Delors": *La educación encierra un tesoro*

(1996),* no qual se afirma que a educação deve contribuir para o desenvolvimento global de cada pessoa: corpo e mente, sensibilidade, sentido estético, criatividade, responsabilidade individual, espiritualidade, etc. Uma das conclusões do relatório é que a educação, para enfrentar os desafios do século XXI, deverá sustentar-se no desenvolvimento desses quatro pilares básicos: aprender para conhecer, aprender para fazer, aprender a viver junto e aprender a ser.

Entre as contribuições espanholas com certa originalidade e densidade, cabe citar a extensa obra, no estilo de ensaio divulgador, de José Antonio Marina (1943). Em *Teoría de la inteligencia creadora* (1992), apresenta a tese que marcará sua trajetória futura, ao integrar as ciências cognitivas, a neurologia, a inteligência artificial, a psicolinguística, a psicologia cognitiva e a filosofia. O conceito de inteligência apoia-se na capacidade de cada um de dirigir o próprio comportamento, utilizando a informação que capta e elabora, descobrindo possibilidades novas na realidade, selecionando metas e executando-as; portanto, a inteligência se dirige para a ação. Seus textos transitam da neurologia à ética, centrando-se, por último, no estudo da inteligência executiva, que se nutre da cognição e da emoção, e nas instituições e organizações.

As referências são inomináveis – e serão mais no futuro –, porque a neurociência e outras disciplinas avançam a um ritmo acelerado, apresentando novos dados, matizes, perspectivas e interpretações que enriquecem as inteligências existentes ou outras novas. Então, temos que falar de inteligência no singular (composta de muitas subdivisões, componentes ou dimensões) ou é mais esclarecedor empregá-la no plural? Não entraremos neste debate, como também não discutiremos sobre qual é a melhor forma de nomeá-la: se é preferível falar de "inteligências", "capacidades", "talentos", "habilidades", "competências", "hábitos", "disposições", "potencialidades", entre outras, e quais são suas similitudes e diferenças. Neste livro, recorremos ao termo "inteligência", mas somos conscientes de que esses outros, em muitos casos, podem confundir-se ou identificar-se com alguns dos conceitos que acabamos de apresentar.

---

* N. de R.T.: Relatório para a UNESCO da Comissão Internacional sobre Educação para o século XXI coordenado por Jacques Delors. O relatório foi editado sob a forma de livro intitulado: "Educação: Um Tesouro a Descobrir".

MARCAS DE IDENTIDADE

As características ou os atributos que se apresentam guardam relação com o que se explicou em outros capítulos, portanto, há aspectos que simplesmente são mencionados. No entanto, o público leitor saberá apreciar que os pontos expostos nem sempre geram consenso, pois obviamente existem diversos pontos de vista sobre a escola e a educação, assim como múltiplas vias para se ter acesso ao conhecimento. De qualquer forma, todos eles apontam para o objetivo de favorecer ao máximo os diversos aspectos do desenvolvimento infantil e juvenil; ou seja, de criar espaços e tempos educativos para que a educação integral seja possível.

A inteligência é multidimensional e se constrói sendo utilizada

Atualmente, nos âmbitos considerados inovadores, não se defende, de maneira alguma, a visão simples que reduz a inteligência a um componente, como se fez no passado. Ela é composta. Robert Sternberg a compreende como a soma complexa de ingredientes. Outros autores a definem como uma complicada mistura de competências e habilidades muito diversas. Um dos elementos essenciais da inovação educativa é, precisamente, evitar o isolamento e a separação das diversas capacidades e, em consequência, conseguir o máximo de articulação entre elas. As metáforas do computador, da orquestra, do trabalho em equipe, ou de qualquer projeto individual e coletivo, servem para exemplificar essa ideia de inteligência. Além disso, as visões sistêmicas e holísticas, imprescindíveis para se enfrentar os desafios do presente-futuro, requerem essa convergência de dimensões.

Também já não é aceitável a visão genética determinista, que entende a inteligência como um atributo fixo condicionante por toda a vida. Lucas e Claxton (2004) empregam uma metáfora muito visual para explicá-la:

> O cérebro humano parece mais um músculo em crescimento do que um frasco de determinada medida. E, portanto, pode expandir-se. Basta você acreditar que pode ser mais inteligente, para que essa possibilidade se converta em uma realidade!

Na verdade, trata-se da disposição e das expectativas dos próprios alunos, mas também das que são projetadas sobre eles pela instituição escolar, pelos professores e pela família. Dar rótulos aos estudantes, além de ser um processo nada científico e rigoroso, é abrir as portas ao fracasso e abandono.

Do contrário, suficientes evidências inclusivas têm sido mostradas, quando se confia nas possibilidades das crianças e dos jovens; e se lhes oferecem oportunidades, começam a crescer e inclusive a "voar". Também ficou estanque a polêmica que dominou um dos grandes debates do século passado em torno da influência da herança e do meio. E existem suficientes evidências de que os alunos aprendem e se desenvolvem melhor em contato com sua realidade e experiência cotidiana, com seus colegas e outras pessoas. Em resumo, a inteligência se constrói sendo utilizada.

As inteligências se relacionam com as diversas áreas do currículo

Na proposta de Gardner e em muitas outras teorias da aprendizagem, sob uma denominação como "inteligências", "competências" ou outras palavras, essa relação está sempre muito presente. Assim, na inteligência linguístico-verbal, estão em jogo as representações do pensamento pela viagem com as palavras: seus sons, seus significados, suas funções e suas trocas; os diversos usos da linguagem, como coletar, selecionar, ordenar, contextualizar e analisar a informação, que a transformam em conhecimento; e as práticas orais e escritas para tecer conversações e narrativas. Na inteligência lógico-matemática, trabalham-se os modelos, as relações lógicas e as figuras geométricas e se entra no mundo mágico e real dos números, com seus cálculos e todo tipo de operação vinculada à vida cotidiana. Na inteligência musical, captam-se sons, timbres e ritmos, estimulando-se a percepção e as produções. "As notas representam para a inteligência emocional o mesmo que as palavras para a inteligência linguística" (ANTUNES, 2011).

Na inteligência pictórica e artística, exercita-se a sensibilidade para produzir movimento e beleza, desenhos, pinturas e outras criações. Recentes pesquisas destacam o papel das artes como movimento interdisciplinar que estabelece pontes com outras matérias e habilidades do currículo, porque o objetivo não é ensinar apenas artes, mas ensinar por meio delas; é o de criar produtos e também vidas (EISNER, 2004). Além disso, destaca-se a projeção social de diversos projetos artísticos que explicitam "[...] os efeitos benéficos da integração das artes no desenvolvimento social e emocional, no pensamento crítico e na aprendizagem dos estudantes" (HERNÁNDEZ, 2014). A inteligência visoespacial promove a capacidade de pensar em três dimensões, para formar na mente as imagens ou representações espaciais, e a de operar com essas dimensões de diversas formas. A inteligência corporal-cinestésica libera o conjunto do potencial corporal (conhecimentos, ideias e sentimentos), para gerar pensamento com as mãos: tanto ao construir algo real quanto ao comunicar, porque os gestos enriquecem e assentam as ideias. E a inteligência naturalista estimula o conhecimento e a sensibilidade para com o entorno natural e a defesa dos valores ecológicos.

Algumas considerações. A primeira é que muitas dessas inteligências não operam de maneira isolada, mas interdependente – entre essas e entre outras que serão comentadas posteriormente. Há algumas que são comuns a todas; este é o caso, por exemplo, das inteligências criativas e emocionais. A segunda é que se deve romper com a ideia tradicionalmente tão arraigada de que as inteligências linguística e matemática sejam de ordem superior e que figurem sempre no pedestal, fruto da divisão social do trabalho e de uma visão muito economicista, ao passo que as outras sejam menos valorizadas – algumas inteligências e áreas mais do que outras – e sejam relegadas a uma posição inferior.

Fernando Hernández (2014) comenta que, na apresentação da Ley Orgánica de Mejora de la Calidad Educativa (LOMCE), na Espanha, por parte do ministro José Ignacio Wert, em 2012. Ele dividiu o que se deve aprender na educação secundária em dois grupos ou matérias, as instrumentais (inglês, matemática, ciências e línguas) e "as que distraem" (artes, humanidades e ciências sociais). Uma divisão que vem de longe e que também se dá em outras reformas educacionais. As diversas provas estandarizadas, sejam internacionais ou locais, com o PISA sendo a principal, não fizeram mais do que reforçar essa diferença. Não podemos esquecer que a avaliação do PISA depende da Organización para la Cooperación y el Desarrollo Económico (OCDE), e que, portanto, nas provas, se reforçam as matérias instrumentais – aquelas consideradas úteis para o desenvolvimento econômico e o mercado de trabalho; as outras considerações educativas, como as matérias restantes, ocupam um segundo plano.

A inteligência emocional facilita o acesso a todo tipo de conhecimento

Os distintos registros e movimentos das emoções permitem penetrar tanto em nossa própria subjetividade interior, quanto no vasto mundo de conhecimentos e pensamentos inscritos no processo de ensino e aprendizagem. H. Gardner define esta inteligência; mas, como dissemos, é D. Goleman quem cunha e desenvolve amplamente o conceito de inteligência emocional, que agrupa o conjunto de habilidades psicológicas que permitem avaliar e expressar, de maneira equilibrada, nossas próprias emoções, entender os demais e utilizar essa informação para guiar nossa forma de pensar e nosso comportamento.

Sua teoria condensa-se nestes pontos: conhecer as próprias emoções, aprender a lidar com elas, motivar-se e estabelecer boas relações com os demais. Há um mantra que se repete de vez em quando: "conheça-se e queira-se", metaconhecimento e autoestima. Conhecer-se a si mesmo, saber o que você sabe e o que ignora, suas possibilidades e debilidades; e conhecer seus desejos, o que você quer e não quer fazer, em que ponto você se encontra no caminho. Querer-se e valorizar-se, mas também exigir-se e propor-se novos desafios. Neste âmbito, não se costuma falar propriamente de boas e más emoções, senão de emoções mais efetivas, úteis e adaptativas. Há um componente emocional que cada dia adquire mais relevância na educação: a ternura, que se associa à confiança; atenção ao cuidado, carinho e à relação amorosa. A experiência da ternura é algo pessoal, que expressa o desejo de manter vínculos e laços, abrindo novos espaços baseados no respeito:

> Na experiência da ternura estão presentes os diversos sentimentos que a rodeiam: doçura, aproximação e proximidade, medo de perder o que se quer. Porém, ao mesmo tempo em que nos faz sentir o maior e o mais bonito indivíduo, a dimensão emocional também é tão quebradiça, que lhe outorga à ternura a condição de vulnerabilidade. (JOVER, 2012).

Outros dois conceitos interconectados e de grande valor são os de surpresa e mistério. A surpresa é a chama que acende a curiosidade e a disposição para com o conhecimento; é o que provoca a motivação e é o ponto de partida para uma aprendizagem relevante e profunda, o que acompanha o ser humano na sua viagem interior para o exterior. Enquanto a surpresa enriquece as rotinas e abre as portas para a novidade e o desconhecido, que sempre se apresenta com um certo fulgor e uma sensação de mistério; porque, como dizia Einstein, a experiência mais bela e profunda que o homem pode ter é o sentido do mistério. Assim nos lembra Catherine l'Ecuyer (2013) em *Educar en el assombro*:

> As crianças assumem naturalmente a existência do mistério, porque é o que mantém vivo o desejo de aprender, de conhecer. O que é o mistério? O mistério não é aquilo que não se entende. É o que nunca acabamos de conhecer. É o inesgotável. Por isso, as crianças ficam fascinadas ante o mistério, porque veem nele uma oportunidade de conhecer infinitamente. E como as crianças nascem na surpresa, e a surpresa é o desejo de conhecer, o mistério as fascina. (L'ECUYER, 2013).

A pesquisa e a prática educativa cotidiana mostram quantidades de evidências em torno da estreita relação existente entre o campo das emoções, sentimentos e desejos com o ato de conhecimento e o processo de aprendizagem (conversações, análises, associações, resolução de problemas, decisões, etc.).

> A razão e a emoção não são duas forças que se enfrentam, convivem e trabalham geralmente unidas com o propósito de conseguir a sobrevivência mais satisfatória. Abraçamos ou desprezamos ideias, situações ou pessoas, em virtude das emoções que nos despertam. (PÉREZ GÓMEZ, 2012).

Apesar disso, ainda há escolas que subestimam sua importância e inclusive as contêm ou rechaçam, ao considerarem que são um estorvo ou uma distração para a conquista dos objetivos cognitivos, que conformam o coração do currículo; uma tendência que se vai acentuando progressivamente depois do período da educação infantil.

Nas escolas, são aplicados programas específicos de treinamento e desenvolvimento emocional – existem vários, de todos os gostos e qualidades. Há salas de aula e escolas onde a dimensão emocional faz parte do DNA de seu projeto educativo e do modo de ensinar e aprender, e está fundida em um todo indivisível com outras dimensões da educação integral, tal como se pode apreciar nas teorias e práticas expostas em diversos capítulos deste livro.

A inteligência social melhora a convivência e aprofunda a democracia

Estas são algumas das palavras-chave: fraternidade, convivência, cooperação, empatia, ajuda mútua, respeito e diálogo. Estes são alguns dos verbos que colocam em ação esses conceitos: compartilhar problemas e soluções, trocar com os demais, aprender a pensar pensando nos outros. "Somos cada um, porque estamos em relação com os outros. Sem sociabilidade não alcançaríamos a condição de cidadania" (JOVER, 2012). Todas as culturas populares e tradições da sabedoria revelam que a qualidade das relações é a base da convivência. E, conforme se comentou em outras partes deste livro, a cooperação é o melhor meio para garantir a inclusão escolar e social.

A inteligência social, muito unida à emocional, também foi estudada por Goleman, que fixou duas categorias. A primeira é a consciência social: a escuta atenta, a compreensão dos pensamentos, sentimentos e interesses dos demais; e o conhecimento do funcionamento dos grupos sociais. E a segunda compreende diversas habilidades sociais. Não obstante, o atributo básico deste tipo de inteligência coletiva reside na dialética indivíduo-sociedade e no modo em que se organizam, democraticamente, as instituições sociais, e entre essas a escola. "O indivíduo e a sociedade existem reciprocamente. A democracia permite a relação rica e complexa indivíduo-sociedade, em que ambos podem ajudar-se, desenvolver-se, regular-se e controlar-se mutuamente" (MORIN, 2001).

Participação de todos os agentes implicados; diálogo aberto e permanente; e acompanhamento e controle democrático das responsabilidades e compromissos adquiridos individual e coletivamente: sobre esse triângulo, a comunidade escolar e os diversos projetos formativos da educação não formal se constroem, fortalecem-se e enriquecem.

A inteligência distributiva, ou quando o bom uso das ferramentas inteligentes nos tornam mais inteligentes,

> Os seres humanos evoluíram até ser uns incríveis criadores e buscadores de ferramentas, e de ser capazes de empregá-las. Do mesmo modo que um computador se torna mais potente quando se conecta com diversos dispositivos externos (discos rígidos, modems, impressoras, câmeras e outros), também ampliamos nossa inteligência mediante o uso competente de uma

ampla variedade de artefatos. Desde um telefone até um metrô, passando pelas regras de cálculo, óculos, gráficos ou internet, a inteligência para o mundo real quase sempre depende do que David Perkins denominou como *pessoa plus*. (LUCAS; CLAXTON, 2014).

Este texto apresenta três ideias básicas sobre a inteligência distributiva ou em expansão. A primeira concerne à exploração contínua do entorno físico e mental por parte do ser humano, no transcurso da humanidade, para produzir as ferramentas necessárias que melhorem a qualidade de vida, o acesso à informação, os meios de comunicação e os sistemas de expressão e representação simbólica. A segunda tem a ver com o bom uso das novas aplicações, a fim de desenvolver o pensamento e a criatividade e de melhorar as relações humanas e a convivência. Falta explicar – como já se fez no capítulo sobre as pedagogias não institucionais –, que as potenciais vantagens das tecnologias da informação, da comunicação e da aprendizagem podem transformar-se, em função de um mau uso ou de um uso incontrolável, em desinformação, não comunicação e "desaprendizagem". E a terceira ideia alude a outra questao que não é irrelevante: na verdade, estamos rodeados de novas ferramentas e tecnologias, mas nem sempre existe a possibilidade de utilizá-las, seja por razões socioeconômicas e culturais – a desigualdade tem um forte impacto no uso e no modo de se mover dentro das TICs –, ou por desconhecimento, medo e resistência à mudança de hábitos.

As dimensões estratégica, intuitiva e prático-executiva transformam o pensamento em ação

De que modo as pessoas podem ser mais inteligentes sendo mais explícitas com o que fazem? Essa é a grande pergunta que se propõe a inteligência ou o pensamento estratégico. Ser estratégico significa saber em que momento é preciso refletir, deixar-se levar ou tomar decisões e agir. É também a capacidade de controlar os impulsos, de tirar proveito da experiência para antecipar a incerteza, de adquirir outras capacidades e, definitivamente, de ampliar sua capacidade de aprendizagem. Lucas e Claxton (2014) identificam quatro conceitos na inteligência estratégica: metacognição, autorregulação, reflexão e transferência. John Flavell (1979) se aprofunda na metacognição, distinguindo três elementos: conhecer-se a si mesmo, conhecer a tarefa e conhecer as estratégias. A autorregulação compõe quatro sequências: reflexão; planejamento e ativação; supervisão, controle e reação; e reflexão. "Os alunos que se autorregulam vão se tornando, progressivamente, seus próprios professores" (LUCAS; CLAXTON, 2014).

A reflexão estratégica se alimentou, em boa medida, da teoria de Donald Schön em torno da "reflexão na ação" e da "reflexão sobre a ação". A prática profissional reflexiva, seguida de perto por setores espanhóis inovadores, permite ao docente a construção de conhecimentos por meio da solução de problemas da prática. Isso implica desenvolver um tipo de conhecimento para as ações, para fazer escolhas e decidir mediante estratégias e metodologias de inovação. Por último, a transferência mostra as distintas vinculações entre o que se está aprendendo com outras situações, contextos e áreas do conhecimento. Outros autores relacionam essa inteligência com a criatividade (inteligência criativa), com a capacidade de ter ideias, de adotar outro olhar mais aberto e de utilizar a imaginação para descobrir novas possibilidades. Um dos exemplos de inteligência estratégica é o projeto "Filosofia para crianças" (ver seção "Experiências"), em que se ensinam os alunos a pensar sobre as grandes questões que ajudam a responsabilizar-se pela própria aprendizagem.

A pesquisa educativa mostra que, para o desenvolvimento da inteligência estratégica e a transformação do pensamento em ação, não basta o exercício da mente abstrata, racional, explícita e consciente, é preciso também a capacidade de aprender habilidades complexas e de resolver problemas de maneira inconsciente. Assim, fala-se de inteligência intuitiva, que complementa o esforço do pensamento, da coleta de informação e da experimentação. Em todo processo de aprendizagem, sempre surgem pressentimentos, simples suposições e leituras entre linhas, que algumas análises sobre o desenvolvimento humano qualificaram como revelações pré-conscientes. Ou seja, a fronteira entre o consciente e o inconsciente nem sempre é nítida.

Essas visões sobre a inteligência, de caráter mais prático, tomam diversas direções e, atualmente, estão tendo uma grande influência dentro das organizações. Uma delas é a executiva. José Antonio Marina (2012), um de seus principais teóricos, sustenta que essa inteligência é a que se encarrega de organizar os conhecimentos, sentimentos, desejos, deveres e projetos. Ele a associa à educação do talento: a capacidade de escolher metas valiosas, aproveitar os conhecimentos adequados, mobilizar as emoções criadoras, a energia, o valor e a tenacidade suficientes. Um talento individual que alimenta o coletivo – daí que fale também de inteligência coletiva e compartilhada – e que permite às pessoas aprender eficientemente ao longo de toda a vida. "Aprender não é assimilar conceitos ou ideias, mas sim competências, capacidades, faculdades" (MARINA, 2012). Tal é a convicção e aposta deste filósofo por este movimento, que o leva a afirmar que, depois de uma primeira etapa de domínio da inteligência cognitiva e de uma segunda fase de hegemonia da inteligência emocional, chegou a era da inteligência executiva, que organiza e dirige as outras.

A inteligência ética dá sentido e credibilidade às outras inteligências

Utopia, justiça, direitos humanos, igualdade, respeito à vida e à terra, solidariedade, generosidade, sensibilidade, acolhimento, alteridade, harmonia, rebeldia pacífica, esperança, bem comum, bondade, dúvida, reflexão, felicidade, responsabilidade, amor, compaixão, o bem viver e o bem comum. Aqui, temos uma lista de virtudes que se proclamam em diferentes âmbitos e discussões, e que a escola tem a responsabilidade de ensinar. Em contrapartida, apresentamos outra lista dos contrários, que reflete as imperfeições e misérias da condição humana: ambição, egoísmo, corrupção, mentira, manipulação – com as palavras e os números –, consumismo, individualismo, competitividade, relativismo e vazio moral, violência, crueldade, maus-tratos, utilitarismo, modelo de sucesso que sacraliza o dinheiro e a fama, o ter e o ter acima do ser, comportamentos mafiosos, agressividade, intransigência, culto ao "deus mercado" e ao rei da selva, dogmatismo, etc. Essas misérias são a cara e a cruz dos seres humanos, capazes do melhor, mas também do pior, embora o mais frequente seja uma combinação de ambas condutas em distintos graus.

Ao que se deve tudo isso? Existem, desde então, muitas explicações, mas, aqui, nos limitamos a apontar as que têm relação com alguns abismos. Um deles é a crescente brecha gerada pela distribuição de bens e desigualdade econômica e social. Há um abismo que separa o desenvolvimento científico do progresso humano, que tantos desastres e barbáries provocou, e outro entre a ciência e a consciência; a ciência sem consciência é uma ruína da alma. "Somos *Homo sapiens* do ponto de vista dos conhecimentos, permanecemos como *Homo demens* do ponto de vista de nossa qualidade relacional e consciência" (VIVERET, 2013). E um terceiro abismo, embora haja mais, é a falta de coerência e a distância entre a retórica do discurso político e a realidade das práticas e atuações políticas, ou entre os ideais que se difundem e os meios que se utilizam. Como se pensa e se trabalha todas essas questões na escola?

Mas o que é a inteligência ética? A partir de distintas perspectivas ideológicas e disciplinares, são estabelecidos marcos morais e normativos que regulam o comportamento, a fim de prevenir e controlar o egoísmo, a ambição e outras chagas sociais. Estes são como um compêndio de valores, virtudes e soluções, para garantir o bem-estar individual e coletivo dentro da melhor convivência harmônica, como uma investigação do valioso e do que realmente importa, conforme expressão de Wittgenstein, ou simplesmente como um sólido salva-vidas. Para Lucas e Claxton (2014), é "[...] a capacidade de agir de forma que ajudemos os demais, sendo atentos e compassivos".

O conceito de compaixão foi amplamente analisado por Joan Carles Mèlich (2010), que recupera a memória histórica não como recordação, mas por sua carga simbólica relacionada ao futuro, realçando o valor do testemunho e o exemplo educativo. Sua tese sobre a ética da compaixão está fundamentada, sobretudo, nos relatos de sobreviventes dos campos de concentração e extermínio nazistas. Adela Cortina distingue claramente entre valores reativos e projetivos. E para Marina (2013), a ética "[...] não é um conjunto de normas, é um projeto da inteligência humana para nos afastar da selva, para resolver nossos conflitos da melhor maneira possível, para vivermos uma vida nobre".

A escola não é neutra, e, portanto, os discursos éticos, as propostas morais, ou a escala de valores e virtudes, também estão conotados política e ideologicamente. Isso não impede que, acima de tudo, exista um patrimônio ético comum que pode ser – e aí se dirigem os ininterruptos esforços – aceitável e aceito desde a mais ampla pluralidade, que se cristaliza na Declaração Universal dos Direitos Humanos (1948) e na Convenção dos Direitos da Criança (1989).

Às vezes, a inteligência se relaciona diretamente com uma dimensão espiritual ou existencial – há quem também a defina como uma inteligência específica – que propõe as grandes questões existenciais sobre a identidade, o sentido da vida, a origem do mal ou o potencial da vida interior para gerar atitudes solidárias, como refere Boff (2012):

> Ser espiritual é despertar a dimensão mais profunda que há em nós, que nos faz sensíveis à solidariedade, à justiça para todos, à cooperação, à fraternidade universal, à admiração e ao amor incondicional. E controlar seus opostos. (BOFF, 2012).

Trata-se de um posicionamento que não tem relação com uma religião e a aceitação de seus dogmas. Essa dimensão espiritual também se define em termos de revolução que afeta o modelo de vida e de cidadania. Segundo Argullol (2014), é preciso

> [...] educar o homem em um novo contrato existencial, com seus direitos e seus deveres, mesmo que a vida, longe de ser um objeto de saque, fosse um sujeito de harmonia. Claro que isso implicaria fazer uma verdadeira revolução espiritual, algo mais delicado do que qualquer revolução de outro tipo. (ARGULLOL, 2014).

E o que fazer com a escola? Seguir com a tarefa de educar cada uma das inteligências dos alunos; impregnar de valores e virtudes qualquer processo de ensino e aprendizagem; converter a escola e a comunidade em um projeto de forte compromisso ético. Além disso, conscientizar as futuras gerações para que façam a sua reivindicação social contra um conjunto de mazelas, o que Ulrich Beck define como a exigência do nunca mais: nunca mais às bombas de Hiroshima e Nagasaki, nunca mais a Auschwitz e aos campos de concentração nazistas, nunca mais ao acidente nuclear de Chernobil, nunca mais à maré negra provocada pelo navio Prestige* na costa galega ou nunca mais aos tantos crimes contra a humanidade, dos quais muitos seguem impunes.

---

* N. de T.: Navio petroleiro que afundou na costa da Galícia, Espanha, em 13 de novembro de 2012, causando uma grande catástrofe ambiental com o vazamento de óleo.

EXPERIÊNCIAS

Escolas infantis de Reggio Emilia

> A criança tem cem linguagens; cem mãos, cem pensamentos; cem modos de pensar, de brincar e de falar...; cem modos de escutar, de amar; cem alegrias para cantar e entender; cem modos de descobrir; cem modos de inventar, de sonhar. (HOYUELOS, 2004).

Estes são alguns fragmentos do texto que Loris Malaguzzi, criador e alma destas escolas, escreveu para a exposição *As cem linguagens das crianças*, que percorreu meio mundo e na qual, mais do que respostas, propuseram-se cem perguntas, cem questionamentos, cem hipóteses e cem teses para os cem direitos da infância (HOYUELOS, 2004). Linguagens que recriam uma aventura educativa que, desde os anos de 1960, tece experiências, pensamentos, debates, pesquisas teóricas e ideais éticos e sociais nesta cidade, no norte da Itália.

Parte-se da convicção profunda das potencialidades do ser humano, que, no caso das crianças, Malaguzzi sustenta que são ilimitadas; e se há um limite, este se encontra na pessoa que olha a criança, não nela. Para esse educador, as crianças são uma gramática da fantasia e da criatividade. Reggio está cheia de belas metáforas para explicar o sentido dessa experiência vanguardista de educação infantil: a criança como exploradora incansável dos "campos" da mente e da fantasia; a criança como construtora ativa da realidade... E "[...] a metáfora das cem linguagens é o voo, com os pés na terra, em direção ao futuro humano do provável e do possível, se a cultura e a escola respeitam os direitos da infância" (HOYUELOS, 2004).

A beleza é percebida também no ambiente e nos espaços, que são pensados e organizados em colaboração com as famílias, com o objetivo de facilitar todo tipo de relação entre as crianças e entre estas e os adultos. Neste entorno acolhedor, em que a ética sempre acompanha a estética, ocorrem as oficinas adequadas às formas de ver, ouvir, falar, representar, narrar e produzir dos pequenos. Há lugar para os projetos de pesquisa, em que as crianças enfrentam situações problemáticas, experimentam e se questionam, em busca de razões e evidências para interpretar e compreender. Assim, por exemplo, luzes e sombras, transparências e cores convidam a explorar e inventar histórias em um espaço ambíguo, entre a magia e a ciência; pesquisam a cidade, conversando com seus cidadãos; deduzem e lançam hipóteses na cozinha, fabricam papel, dialogam com a luz por meio de diferentes técnicas, entre outros. Uma riqueza de experiências que mostra que a inteligência se desperta usando-a, e que a razão e a emoção se fundem continuamente.

Inteligências múltiplas no Colégio Montserrat

Há quase duas décadas, aplica-se a teoria das inteligências múltiplas de Gardner nesta escola barcelonense, a fim de melhorar a compreensão dos alunos e para ajudá-los a ser mais competentes (DEL POZO, 2008). Como ponto de partida, consideremos a sua própria definição de inteligência: "[...] capacidade de resolver problemas e/ou elaborar produtos que sejam valiosos em uma ou mais culturas". Trata-se de uma habilidade que é preciso adquirir, exercitar e desenvolver, facilitando oportunidades. Em seguida, são reproduzidos alguns fragmentos, na forma de síntese, do texto "Paisagens para a personalização da aprendizagem", elaborado por essa escola, em que se explicam os distintos passos para planejar um ambiente escolar que favoreça a personalização, desde a sua concepção até o acompanhamento.

> Para que os alunos possam conduzir e administrar sua própria aprendizagem, torna-se necessário o que poderíamos chamar uma *paisagem de aprendizagem*, um entorno tanto físico quanto virtual, cheio de todos os tipos de experiência de aprendizagem – muito mais do que cada um utilizará. Podemos planejar uma "paleta de atividades por inteligências múltiplas", que ajudem o aluno a compreender conceitos, ou podemos elaborar atividades a partir de uma "tabela Gardner-Bloom", que permita uma diversidade não apenas quanto às inteligências, mas também quanto aos níveis de pensamento.
>
> Quando se queira oferecer este tipo de personalização em um ambiente, nós nos perguntamos: como conseguir o equilíbrio entre liberdade e estrutura? Como comunicar aos alunos as oportunidades que existem e lhes comunicar o que é opcional? Como estabelecer com clareza as metas e os fatos intermediários que assegurem o êxito? Quando há múltiplas opções e diversos iti-

nerários de aprendizagem, é preciso comunicar claramente aos alunos quais são estas oportunidades. Eles devem saber que lhes oferecem diversas possibilidades e descobrir o que podem escolher. [...] E como cada aluno estará seguindo uma aprendizagem personalizada, totalmente diferente umas das outras, é indispensável um *sistema de acompanhamento*, para que tanto o professor quanto o próprio aluno saibam, em cada momento, onde este se encontra e quais são os próximos passos em seu itinerário.

As tecnologias facilitam a personalização, já que cada aluno poderá chegar à compreensão, à medida que desenvolve suas inteligências e se torna cada vez mais competente, quando lhe oferecermos oportunidades de aplicação contextualizada de suas capacidades ou de resolução de problemas da vida real.

Escolas Waldorf Micael: o caminho do corpo e da arte

Esta escola, situada em Las Rozas, Madrid, é a primeira que surge na Espanha, em 1979, e abarca todos os níveis educativos. Faz parte da rede já centenária da Pedagogia Waldorf – a primeira escola criada na Alemanha foi em 1919. Trata-se de uma das apostas mais inovadoras a favor da educação integral e humanista, que impulsiona o desenvolvimento do ser humano em toda a sua globalidade: corpo e mente, ciência e arte, educação emocional e espiritual. Sempre se aprende fazendo, e o abstrato é vivenciado com o real. Os rituais de acolhimento adquirem uma grande relevância, com o objetivo de se conhecer melhor os alunos, estreitar as relações e reforçar o sentido de pertencimento à comunidade. Rudolf Steiner, fundador e teórico dessas escolas, hoje espalhadas por muitos países, diz que, na vida, mais valioso que o saber é o caminho que se faz para adquiri-lo. A missão do professor é a de retirar obstáculos do caminho dos alunos e favorecer o desenvolvimento de suas capacidades.

A escola Micael recorre também a esse caminho para o conhecimento e crescimento, sustentando-os em dois sólidos pilares: o movimento do corpo e a arte. Nos jardins Waldorf, cria-se um ambiente familiar para que as crianças dominem mais habilidades físicas do que intelectuais, porque se parte do princípio de que "os dedos ágeis formam mentes ágeis". Nessa etapa, a atividade principal é a brincadeira, na qual não apenas se desenvolve a habilidade corporal, mas também a fantasia, que, mais tarde, converte-se em iniciativa pessoal, em pensamento criativo. Além disso, com o movimento do corpo se aprendem palavras, números e outros muitos conceitos.

Uma das singularidades mais autênticas deste colégio é a inteligência artística. O trabalho com a arte (pintura, escultura, desenho, escultura, música, declamação e dramatização) está presente em todas as idades e serve para abordar qualquer disciplina. Por meio das práticas artísticas, os alunos submergem no processo de pesquisa, testando, equivocando-se, corrigindo e aperfeiçoando, além de adquirirem disciplina no exercício da vontade e se experimentam o prazer e a beleza. Essa é uma forma também de desenvolver o potencial para a comunicação com os demais e para que aflorem sentimentos e pensamentos. Assim, descobre-se como a escuridão pictórica de Rembrandt se transforma em uma força em si mesma; como a luz pode despertar um sentimento de calor ou admiração; ou como, ao trabalhar com um material, a cavidade que se esculpe se associa ao vazio espiritual ou existencial da adolescência. O conceito de vazio gera muitas brincadeiras e é também apreciado em obras de Antoni Tàpies ou Eduardo Chillida,* cujo processo artístico para o conhecimento adquire uma dimensão espiritual.

Filosofia para crianças

Depois da leitura em voz alta de um texto sobre a questão filosófica "Quem sou eu?", acontece este diálogo com os alunos de 7º ano do ensino fundamental, do Colégio Pau Vila de Esparraguera, em Barcelona.

Mireia: Eu acredito que nosso corpo e nós não somos o mesmo.

Joan: Nosso corpo é uma parte de nós, portanto nós não somos só um corpo.

Marc: Tem coisas de nós mesmos que não podemos tocar como tocamos nosso corpo; por exemplo, a inteligência.

María: Isso também acontece com as recordações.

Mireia: E com os sentimentos.

---

* N. de T.: Antoni Tàpies foi um pintor e escultor espanhol (1923-2012), e Eduardo Chillida foi um grande escultor espanhol (1924-2002).

Eva: Mas quando você está triste e chora, pode tocar as lágrimas.

Claudia: Sim, é verdade, mas quando minha mãe corta cebola também chora e não está triste.

Daniel: Os gostos também são nossos, e não podemos tocar.

Quico: Eu acho que isso acontece porque o Eu é tua personalidade, e o corpo é teu aspecto físico.

Ingrid: Por isso, se você tira do corpo o Eu, já não é o mesmo.

Professora: Agora estamos falando do Eu, mas o que vocês querem dizer quando utilizam a palavra "Eu"?

Daniel: O Eu quer dizer que se você morrer, não tem o Eu.

Mireia: Se mudar o Você, já não é o Eu.

Essa sequência educativa faz parte do programa conhecido na Catalunha por Filosofia 3-18 e se articula em torno do Grupo IREF.* Nas outras comunidades autônomas, tem o nome de "Filosofia para crianças" e é promovido em escolas homônimas. Essas instituições seguem a proposta de Matthew Lipman: *Philosophy for Children*, oferecendo formação, diversas atividades e produção de material. Trata-se de um programa que não se relaciona com o ensino mais comum dessa disciplina. Em primeiro lugar, porque são os próprios alunos que fazem as aulas, e, em segundo, porque aflora um pensamento global, transdisciplinar, aberto e complexo, que envolve as outras matérias e a comunidade educativa. Assim, os professores e alunos incursionam por um caminho em que aprendem a se questionar, argumentar, desenvolver o juízo e compreender as múltiplas relações existentes no conhecimento. Os alunos de distintos níveis de ensino não superior aprendem a pensar filosoficamente e a desenvolver um pensamento crítico e criativo. Para isso, dispõem de narrativas romanceadas – traduzidas ou adaptadas pelo projeto Lipman –, em que os protagonistas suscitam discussões lógicas, éticas, estéticas ou epistemológicas que se relacionam com a bagagem experiencial dos alunos.

---

* N. de T.: Associação sem fins lucrativos que promove o Projeto Filosofia 3-18, cujos membros são professores da educação infantil até o ensino superior.

CONCLUSÃO: QUESTÕES PARA O DEBATE

1. *O que fazer quando o justo não é o legal?* Aqui temos um dos grandes dilemas éticos que percorreu e condicionou a história da humanidade. Já em sua época, Kant formulou com nitidez a distinção entre legalidade e moralidade: "Aquilo que é *legal* não há de ser necessariamente *moral*". Um binômio que também poderia ser lido em termos de legalidade e democracia. Isso nos remete, lógico, aos regimes políticos ditatoriais e autoritários, mas também aos sistemas democráticos imperfeitos ou precariamente democráticos, porque em suas constituições e leis não se contemplam ou não se respeitam suficientemente os direitos humanos e democráticos, a soberania popular e o bem comum. Essa discordância se manifesta também entre a chamada *Ideal-Politik* e a *Real-Politik*; ou seja, entre os ideais contemplados nos textos legais e as políticas executadas na prática.

    A pergunta que se faz é quase óbvia. Não é um direito cidadão, inclusive um dever e exigência ética, em determinadas situações, exercer certo grau de contestação, rebeldia e resistência pacífica: chame-o de objeção, desobediência civil ou insubmissão? Não se pode esquecer que, historicamente, a maioria das leis aprovadas nos parlamentos, que representaram um avanço democrático e uma conquista social, foi fruto da pressão e das mobilizações sociais. No campo educativo não faltam exemplos sobre essa necessidade objetiva de desobediência. Podemos citar aqui a LOMCE e umas quantas situações: na Espanha, de cada uma de suas comunidades autônomas e de qualquer outro país. E o que fazer a partir da escola? Certas pedagogias, como as que descrevemos, que educam a inteligência social e ética, que propõem problemas e dilemas focados na realidade, para compreender um pouco melhor o mundo, não podem evitar essas questões. Além disso, não se pode esquecer que as escolas, assim como qualquer outra instituição educativa, são espaços de aprendizagem democráticos, que criam suas próprias regras para garantir a convivência e a participação democrática.

2. *As boas teorias se transformam em boas práticas?* Pudemos observar que, a partir das distintas visões em torno da inteligência, foram construídas teorias educativas e de aprendizagem de certa consistência e que tiveram resultados bem-sucedidos nas salas de aula. As experiências selecionadas são apenas uma amostra. Contudo, muitas vezes, ocorre justamente o contrário: dessas teorias saem cópias que não têm nada a ver com o original. Gardner conta a história de uma situação que contemplou em um vídeo, em que adolescentes engatinhavam, enquanto na tela aparecia o título "inteligência corporal-sinestésica", diante do qual comentou horrorizado: "Isso não é mais do que um monte de garotos engatinhando pelo chão" (GARDNER, 1999).

Outras vezes, as inteligências múltiplas – e isso serve também para outras propostas – se traduzem simplesmente em um novo conteúdo curricular, que deve ser aprendido e memorizado, seguindo-se as pautas didáticas tradicionais da fragmentação do currículo, dando-se às diferentes inteligências o mesmo tratamento disciplinar – que resiste às abordagens inter ou transdisciplinares. Trata-se de aplicações mecânicas de uma técnica isolada, carente de objetivos, conteúdo e contexto. Isso ocorre também com o mantra do "aprender a aprender", quando muitas técnicas e estratégias usadas são meros truques ou receitas que pouco contribuem para o desenvolvimento da inteligência.

Algo similar sucede com a maneira de se lidar com as longas listas de competências; embora seja justo reconhecer que às vezes estas são utilizadas com muito cuidado e eficiência, para aprender a pensar criticamente, para enfrentar e entender a realidade ou para elaborar projetos individuais e coletivos. Por outro lado, insistimos ao longo do livro na necessidade – porque assim impõem os desafios do presente-futuro – de tratar, de modo integrado e sistêmico, os diferentes conhecimentos e de estabelecer contínuas relações entre todas as dimensões da inteligência, seja no singular ou plural. Mas uma coisa é integrar e a outra é simplesmente sobrepor, acrescentar e somar sem nenhum critério organizador.

3. *Muda o conceito ou simplesmente a linguagem?* Ao referir-nos ao conceito de inteligência, já comentamos que existem diferenças apreciáveis ou substantivas entre as diversas visões e componentes, mas frequentemente há conceitos que são sinônimos, mesmo com nomenclatura diferente. No campo da pedagogia, como não é fácil inventar novas ideias e projetos, inventam-se constantemente novas linguagens para nomear o que já é velho e conhecido, fato que gera certas cerimônias da confusão. Basta nos aprofundarmos um pouco na história da educação para constatarmos isso. Ao que obedece esta explosão de terminologia e tecnicismos educativos?

   Arriscamos algumas hipóteses: como não se pode mudar a realidade, modifica-se a linguagem, seguindo a máxima de Lampedusa: "Algo tem que mudar para que não mude nada", que L. Visconti filmou magistralmente em *Il Gattopardo*, de 1963 – pode ser comprovado, por exemplo, analisando-se a linguagem das reformas educacionais. Uma segunda outra hipótese tem relação com as modas que vêm e vão como as marés, e que precisam de novos vocábulos para realçar a pedagogia da vez. Por fim, a terceira responde aos interesses acadêmicos corporativos e às lutas de poder para converter em patrimônio as distintas áreas.

   Em contrapartida, para compreender o que se esconde atrás de cada novo e velho conceito, convém discriminar a sua autoria, o seu contexto de uso, os objetivos explicitados e os interesses ocultos com os quais se relacionam. Nesse sentido, pode variar muito a relevância na aplicação das inteligências múltiplas, o sentido e o alcance da inteligência ética, o grau de relação estabelecido entre emoção e razão ou o significado das competências básicas. Sobre estas questões discorre o livro *Educar por competencias, ¿qué hay de nuevo?*, de Gimeno Sacristán, de 2008.

4. *Qual é e qual deveria ser o lugar das administrações educativas frente às inovações?* Essas instâncias conhecem realmente as inovações ou estão interessadas em conhecê-las? Em caso negativo, quais são as razões de seu desinteresse e/ou ignorância: a tradição

tão arraigada da imobilidade e a resistência à mudança; o fato de não as considerar rentáveis nem prioritárias; a falta de sensibilidade; o medo, se as inovações crescerem muito, tanto quantitativa como qualitativamente, de não poderem controlá-las?; ou talvez a conjunção de todas essas razões? Geralmente, os governos estão mais preocupados com a estrutura macro do sistema educacional (o envoltório) do que com o que se faz em sala de aula (conteúdo substancial).

Se, pelo contrário, essas instâncias conhecem e mostram certo grau de sensibilidade e reconhecimento pelas inovações, o que aprendem com elas? Serve para incorporá-las às suas políticas educativas, a favor de uma melhoria da qualidade do ensino e para experimentar outros modelos de formação inicial e contínua dos professores mais inovadores? Como fomentam e incentivam essas inovações? Concedem aos professores algum tipo de recurso adicional ou lhes organizam uma estrutura distinta (criação e estabilidade de equipes docentes, flexibilidade no currículo, na concepção de espaços e na distribuição de horários, gestão escolar melhorada, etc.), para que as experiências inovadoras mais vanguardistas possam se consolidar? Tais inovações são objeto de supervisão, pesquisa e posterior valorização, que resultem em benefício para toda a rede escolar e sistema educacional?

Esse *status* diferente não permite supor uma situação de privilégio para estas escolas, embora temos que ser cuidadosos com estes processos para não ultrapassar certos limites. De qualquer forma, este é um debate do qual não podemos fugir, e é preciso sermos conscientes de que a bola não apenas está no telhado do governo, mas que também compete aos sindicatos, que seguem em posições engessadas e retrógradas – sobretudo os mais corporativos – em relação à inovação educativa.

5. *Sempre há esperança.* Dissemos e repetimos: apesar dos muitos obstáculos e da névoa que às vezes não permitem olhar o horizonte com clareza, há sempre lugar para a esperança. Isso ocorre porque, em meio a um oceano de incertezas, sempre existem

barcos sólidos para seguir adiante. Além disso, o fato de se comprovar, cotidianamente, o crescimento e os avanços das crianças e adolescentes produz enormes recompensas. E também, contra o que geralmente se costuma dizer, porque existe um reconhecimento social e uma atitude de confiança e gratidão por parte das famílias. Porém, convém não se deixar levar por um otimismo ingênuo. Tem que ser consciente de que, para avançar na inovação, é preciso saber o que se sabe, o que produziu êxitos e fracassos, de onde e com quem se aprendeu e se é possível seguir aprendendo. Além de saber que são necessárias muitas horas de reflexão, de intercâmbio de dúvidas e experiências, também precisa-se de grandes doses de paciência, perseverança e curiosidade pelo que acontece no mundo, pelas vidas de seus próprios alunos e pelo conhecimento de si mesmo.

REFERÊNCIAS

ANTUNES, C. *Estimular las inteligencias múltiples*. Madrid: Narcea, 2011.

ARGULLOL, R. La vida como saqueo. *El País*, 2 jul. 2014.

BOFF, L. *El cuidado necesario*. Madrid: Trotta, 2012.

CORTINA, A.*¿Para qué sirve realmente la ética?* Barcelona: Paidós, 2013.

DELORS, J. *La educación encierra un tesoro*: informe a la UNESCO de la Comisión Internacional sobre la educación para el siglo XXI, presidida por Jacques Delors. Madrid: Santillana, 1996.

DEL POZO, M. (Coord.) Inteligencias múltiples. *Cuadernos de Pedagogía*, v. 376, p. 48-79, 2008.

EISNER, E. W. *El arte y la creación de la mente*. Barcelona: Paidós, 2004.

FLAVELL, J. Metacognition and cognitive monitoring: a new area of cognitive-development inquiry. *American Psychologist*, v. 34, p. 906-911, 1979.

GARDNER, H. *Estructuras de la mente*: la teoría de las inteligencias múltiples. Madrid: Fondo de Cultura Económica, 1994.

GARDNER, H. Howard Gardner en el Colegio Montserrat. *Cuadernos de Pedagogía*, v. 376, p. 49-51, 2008.

GARDNER, H. *La inteligencia reformulada*: las inteligencias múltiples en el siglo XXI. Barcelona: Paidós, 2010.

GARDNER, H. *Mentes creativas*. Barcelona: Paidós, 1995.

GILLIGAN, C. *In a different voice*: psychological theory and women's development. Massachusetts: Harvard University Press, 1982.

GIMENO SACRISTÁN, J. (Comp.). *Educar por competencias, ¿qué hay de nuevo?* Madrid: Morata, 2008.

GOLEMAN, D. *Inteligencia emocional*. Barcelona: Kairós, 1996.

HERNÁNDEZ, F. Las materias que distraen o la utilidad de lo inútil. *Cuadernos de Pedagogía*, v. 447, p. 62-65, 2004.

HOYUELOS, A. *La ética en el pensamiento y la obra de Loris Malaguzzi*. Barcelona: Octaedro, 2004.

JOVER, D. *Educar, trabajar, emprender*. Barcelona: Icaria, 2012.

KOHLBERG, L. *Psicología del desarrollo moral*. Bilbao: Desclée de Brouwer, 1992.

L'ECUYER, C. *Educar en el asombro*. Barcelona: Plataforma, 2013.

LIPMAN, M. *Pensamiento complejo y educación*. Madrid: Ediciones de la Torre, 1989.

LUCAS, B.; CLAXTON, G. *Nuevas inteligencias, nuevos aprendizajes*. Madrid: Narcea, 2014.

MARINA, J. A. *L'educació del talent*: el paper de l'escola i el de les famílies. Barcelona: Fundació Jaume Bofill, 2012.

MARINA, J. A. Prólogo. In: BATLLE, R. *El aprendizaje-servicio en España*: el contagio de una revolución pedagógica necesaria. Madrid: PPC, 2013.

MARINA, J. A. *Teoría de la inteligencia creadora*. Barcelona: Anagrama, 1995.

MÈLICH, J. C. *Ética de la compasión*. Barcelona: Herder, 2010.

MONTESSORI, M. *El método de la pedagogía científica aplicado a la educación de la infancia*. Madrid: Biblioteca Nueva, 2003.

MORENO, M. Sobre el pensamiento y otros sentimientos. *Cuadernos de Pedagogía*, v. 271, p. 12-20, 1998.

MORIN, E. *Los siete saberes necesarios para la educación del futuro*. Barcelona: Paidós, 2001.

PÉREZ GÓMEZ, A. *Educarse en la era digital*. Madrid: Morata, 2012.

PERKINS, D. *La escuela inteligente. Del adiestramiento de la memoria a la educación de la mente*. Barcelona: Gedisa, 1999.

VIVERET, P. *La causa humana*. Barcelona: Icaria, 2013.

LEITURAS SUGERIDAS

CARLGREN, F: una educación hacia libertad. Madrid: Rudolf Seiner, 2004.

CLOUDER, C.; RAWSON, M. *Educación Waldorf*. Madrid: Rudolf Steiner, 2011.

ESCUELAS INFANTILES DE REGGIO EMILIA. *La inteligencia se construye usándola*. Madrid: Morata, 1995.

SHÖN, D. *La formación de profesionales reflexivos*. Barcelona: Paidós, 1992.

VYGOTSKI, L. *El desarrollo de los procesos superiores*. Madrid: Austral, 2012.

Epílogo

"A memória, quando se ativa, contém mais sementes de futuro do que restos do passado." São palavras de Jaume Carbonell. Ele as escreveu há 15 anos e abriam o prólogo de um livro que, de certa maneira, pode ser considerado o prelúdio deste: *Pedagogias do século XX*. Era o compêndio de 11 caderninhos que a revista *Cuadernos de Pedagogía* foi publicando durante um ano inteiro devido ao seu 25º aniversário. Cada caderninho centrou-se em um educador (10 homens e uma mulher): todos compartilhavam o fato de ter tentado transformar a escola e, além disso, ter deixado um sólido legado, para que outros continuassem no empenho. Nesse momento, a seleção (não estão todos os que são, mas são todos os que estão), ou seja, o risco de deixar na rua alguém imprescindível foi uma das principais preocupações. Curiosamente, a outra foi o temor de que se apagasse "a chama da utopia". Era o ano 2000, notava-se uma leve ameaça a essa chama e se receava o idealismo da transição. Assomava o perigo de se cair em um debate meramente pragmático e técnico.

Que longe está agora o desejo da transição, mas também que distante esse ano 2000. Por isso, as palavras de Jaume Carbonell ganham força especial ao lê-las hoje. É evidente que os temores desse momento eram fundamentados, mas é certo, ao mesmo tempo, que a memória do passado pode fazer germinar a semente do futuro. A prova é este livro, que nasce daquele Pedagogias do século XX e o faz com uma essência moderna.

Este é um livro de propósito ambicioso, atrevido: É possível definir em volume as pedagogias de um século que acabamos de estrear? Quantos livros mais poderão ter esse mesmo título no transcurso do século XXI? E quantas dessas pedagogias não avançarão além da conclusão de seu capítulo correspondente? Qui lo sa.*

O livro é atrevido, como é atrevido o autor. Para se lançar nesta ambiciosa aventura (a de perfilar um pouco de futuro em um projeto como este), Jaume Carbonell contou com uma estrutura regular que constitui uma das principais garantias de seu texto:

- Antecedentes e referências: a memória
- Marcas comuns de identidade: o discurso
- Experiências: o presente
- Questões para o debate: o futuro

Vou centrar-me nos dois últimos, porque os dois primeiros se referem a vozes mais cimentadas do que a minha. A seção "Experiências" tem o estilo de uma crônica jornalística. Crônica – não reportagem –, porque o autor impregna a descrição com sua própria opinião. É uma opinião forjada ao longo de muito tempo e em muitos lugares: não em vão, o autor percorreu a Espanha inteira, caderno em mãos. Este é um livro que certamente começou a ser escrito há 40 anos. A seleção de experiências é pessoal, e isso se adverte no início: não está tudo que existe, somente o que nos interessa.

Quanto deve o jornalismo à voz sossegada do cronista! A crise econômica e a precariedade profissional desse ofício estão convertendo o cronista de passo lento em rara avis.** No entanto, uma sociedade livre e bem informada, o tipo de sociedade que todos queremos, precisa de um jornalismo com o qual possa sentir-se cúmplice, que transmita emoção e empatia, que ajude a compreender melhor o mundo em que vivemos e que seja capaz de estabelecer um vínculo profundo com seus desejos. Olhem, observem e compartilhem a informação. Essa era a encomenda social que recebeu o jornalismo; uma encomenda hoje corrompida pelos índices de audiência, quando não pela manipulação. Por tudo isso, reivindico a importância das pequenas mostras de crônica fundamentada.

---

* N. de R.T.: "Quem saberá?"
** N. de R.T.: Derivado do latim, que significa "pássaro raro". No contexto refere-se a "pessoa única".

A outra seção que me cativou é "Questões para o debate", porque em cada uma delas, em cada um desses finais de capítulo, o livro alça voo.

As boas teorias se transformam sempre em boas práticas? Até que ponto pervertemos o discurso ou nos perverteram? Ideologia, pedagogia, ou talvez falamos de uma seita? Quem desenhou a linha do rigor científico? Sempre tem que se olhar com bons olhos? Que tempo necessita a educação que queremos? Estamos dispostos a dá-lo? Estaremos sobrecarregando o sistema de atividades? São experimentos? Qual é a função do especialista e que lugar ocupa em relação ao papel do professor? Algumas práticas requerem um longo e paciente treinamento: estamos dispostos a concedê-lo? É ouro tudo o que reluz? Será que a educação não formal está cada dia mais formal e a pedagogia crítica, cada vez menos crítica? Estamos desenhando um modelo ao qual só terão acesso as elites? Que dificuldades, resistências e contradições vive a inclusão?

Digo que o livro alça voo em todas essas perguntas, porque nas suas múltiplas respostas tudo é ainda possível. Essas questões e as reflexões que as contextualizam são as sombras de tudo que se vai narrando, são as ideias que questionam os modelos, mas também são as que apontam o futuro. E nesse "alçar o voo", nesse decolar, reconheço – e aplaudo! – o atrevimento do autor. Quem se não Jaume Carbonell para cutucar a onça com vara curta?

Ano de 2015: resta muito tempo pela frente e nenhum de nós verá este século acabar. Porém, algo resultará de todos esses capítulos, fundamentos, discursos, marcas de identidade; das escolas visitadas e inclusive das questões para o debate: não podemos saber o que será, mas o que for será em rede. As tendências pedagógicas que hoje estão transformando a escola estão baseadas na rede de muitos nós e, sobretudo, na flexibilidade dos fios que a compõem. Ocorrem nos grandes projetos, na universidade e no conjunto da sociedade: as tendências bem-sucedidas, as que movem as pessoas estão tecidas em forma de rede. Por isso, talvez, o índice deste livro está composto por grupos de pedagogias, não por nomes próprios. Sem dúvida, outro acerto do autor foi ter optado por esse agrupamento. O porvir está anunciado, dizem, mas agora intuímos algo mais sobre as promessas que encerra.

Lourdes Martí Soler
Jornalista. Diretora da revista Cuadernos de pedagogía

GRÁFICAODISSÉIA
Av. França, 954 - Navegantes - Cep 90230-220 - Porto Alegre - RS - Brasil
Fone: (51) 3303.5555 - vendas@graficaodisseia.com.br
www.graficaodisseia.com.br